# 民族自決と非戦

## 大正デモクラシー中国論の命運

著／ 高井潔司

集広舎

# 民族自決と非戦

## 大正デモクラシー中国論の命運

高井潔司
Kiyoshi Takai

集広舎

カバー写真　宣教師として奉天で活動していた清水安三（桜美林学園 提供）

# 民族自決と非戦

## 大正デモクラシー中国論の命運

# 目次

序章　なぜ「中国論」を論じるのか　11



第二章　大正デモクラシー中国論の前提としての明治中国論　33

凡例

（　）は原文にある註、〔　〕は引用にあたって加えた註。

# 序章

# なぜ「中国論」を論じるのか

## 第一節　大正デモクラシー中国論とは

本書は、公益法人「新聞通信調査会」発行の月刊『メディア展望』に、二〇一八年八月から約三年間にわたって連載した「大正デモクラシー中国論の命運」をベースに、全面的に書き改め刊行したものである。もともとこの連載では、大正デモクラシーの息吹を受け、対外的にも国際協調、中国・朝鮮の民族自決を支持する立場に立つ人々の中国論やメディアの中国報道を、「大正デモクラシー中国論」として位置づけ、その展開を後付けながら、日本が太平洋戦争へとなだれ込む中で、それらがどのような運命をたどったかを検証した。人物としては、清水安三《しみずやすぞう》、吉野作造、石橋湛山《いしばしたんざん》、尾崎秀実《おざきほつみ》、橘樸《たちばなしらき》ら、またメディアとしては大阪朝日新聞などを中心に取り上げた。それらと対照、比較するための中国論として、内藤湖南《ないとうこなん》、石原莞爾《いしわらかんじ》らを絡ませながら、議論を展開した。

当初は連載終了後、少し手直ししての刊行と考えていた。しかし、三年にわたる長い連載の中で、新しい視点や資料に接し、構想は全面的な見直しに追い込まれた。とりわけ連載開始当初、私の視野に入っていなかった明治期の人々の中国論も取り上げることの必要性、またその重要性も見えてきたからである。その結果、連載終了から三年を経てまだまだ検討の余地を残しながら、仕上げることになった。ボリュームも、連載当時の三、四倍になってしまった。

戦前の中国論を明治にさかのぼって検討するという視点の必要性は、「戦前の日本において、対中国の問題を考える時、『文明化した日本が、非文明のシナに文明を及ぼす』という思考のフレイムを、全く持たなかった人々があっただろうか。と同時に、『それが中国に対して、いかなる意味を持つか』、『日本は東洋に対して、いかなる使命をもつか』ということを究極にまでつきつめた思想は、はたして存在しただろうか」と、問いかけた野村浩一『近代日本の中国認識』（研文出版、一九八一年）に接して痛感した。

例えば、大正デモクラシーの道筋を開き、中国に対しても開明的な姿勢を持ちながらも、対華二一カ条を突きつける内閣の総理の役割を演じた大隈重信《おおくましげのぶ》などがその典型である。明治維新を成し遂げ、西欧化に成功し、日清戦争に勝利する中で、政治家だけでなく、知識層の間にも、中国に対する優越感が芽生え、「アジアの盟主」として、遅れた中国をどう導くかとの「上から目線」で、中国、アジアを捉《とら》える流れが生まれた。それが明治、大正の主流の大衆世論をも形成していった。（第二章、三章を参照）大正期と昭和前期においても、日本の主流の中国論にその影響が色濃く残っている。

「大正デモクラシー中国論」は、明治期の中国に対する優越感、甚だしい場合は中国蔑視《べっし》の影響を受けながら、辛亥《しんがい》革命、五四運動などの事件を目撃し、その分析を通して、中国蔑視の風潮を克服し、中国・朝鮮の民族運動、民族自決の高まりを支持し、日本の中国侵略を批判する立場に立った。

現在に眼を転じてみると、「民主主義対専制主義」といった構図で、中国を批判する昨今の中国論、中国報道にも、中国に対する歴史的優越感、蔑視の傾向が強くみられる。その後の日本の運命を大きく変えた明治から昭和にかけての中国論の検証とその反省は、現在の中国論を見直す上でも重要な意味を持っていると言えよう。

## 第二節　軍部、メディア、大衆世論の相互作用検証の必要性

軍部の暴走や対中強硬論以上に、大正デモクラシー中国論の命運を左右したのは、日清、日露戦争から大正デモクラシーの中で育まれ成長してきた「大衆世論」の存在だろう。日清戦争の勝利によって大きな戦果の獲得を経験し、「国益」に目覚めた人々は、日露戦争、第一次世界大戦を通じて、その維持、拡大を求めた。軍部はそれを巧みに利用し、満州事変を契機に、メディア（新聞、ラジオ）の中国報道を大きく変節させ、メディアを大衆動員の道具に仕立てていった。明治から昭和の歴史をふり返る時、「草の根ファシズム」とさえ言える大衆世論の存在を無視するわけにはいかない。軍部、メディア、大衆世論の三位一体の相互作用が、「大正

デモクラシー中国論」を吹き飛ばし、日本を中国との戦争の深みに陥れていった。（第七章、八章を参照）

連載の中で「大衆世論」、言い換えれば「草の根ファシズム」の役割を論じたが、その生成と展開はやはり明治期にさかのぼって議論する必要性がある。ちなみに連載中、大衆世論の責任について触れると、『メディア展望』の読者から、それでは「一億総懺悔《ざんげ》」につながるのではないかとの批判を受けた。「一億総懺悔」批判が何を意味しているのかわからないが、もし軍部やメディアの責任逃れに対する批判を意味するなら、それも理解できるとして、大衆世論が侵略戦争への突入と戦線の拡大、消耗戦の継続に大きく作用したのは歴史的事実であろう。日露戦争の講和条件に不満を爆発させて、政府系メディアを襲撃した日比谷焼き打ち事件、国際連盟脱退の後焦燥帰国した松岡洋右《まつおかようすけ》を英雄のように出迎えた群衆……もちろん大衆世論が軍部やメディアによって操作されたのも事実であるが、逆に大衆世論が軍部やメディアを後押しするケースもしばしばあった。大衆世論の責任に対する批判抜きに侵略戦争への反省とその再発防止を語る事は不十分だと言わざるを得ない。大衆世論と軍部、メディアがどのように作用し合ったのか、を検証してみる必要がある。

歴史ノンフィクション作家の保阪正康は『太平洋戦争への道　1931－1941』（NHK出版新書）の中で「私たちの国で、『戦争観』というものが国家的、あるいは国民レベルできちんと定着せず、ぐらぐらと揺れているのは、もちろんアジアの国々との関係があるにしても、私たちが戦争を肌身で知った戦争体験が、わずか一年足らずの空襲体験に多くを拠っているためではないか。そうした限定的な体験で戦争観を作っているとするならば、基本的に想像力が不足しているし、戦争というものに対する考えの幅が狭いのではないか」と問題提起し、「その記憶だけでは『厭戦《えんせん》』『嫌戦《けんせん》』というべきであって」、「やはり『反戦』『非戦』という形にして、戦争の内実を理解するためには、想像力や検証する力というのを持たなければいけませんが、その点がこの社会全体に欠けているのではないか」と指摘している。

保阪の指摘する「反戦」「非戦」意識の弱さから、わが国民の間には加害者意識がますます薄れ、被害者意識ばかりが強まり、その結果、一番の被害者であるアジア諸国とりわけ中国、韓国との軋轢《あつれき》が高まっている。大衆世論の責任をも問うというのは「一億総懺悔」というあいまいなものではなく、大衆世論がどのような形で開戦や戦火の拡大に作用していったのか、その過程を、保阪が指摘するように「検証する力」が必要であろう。

日清戦争の開戦は支持しながら、戦後の処理をめぐり、その侵略性を見抜き、日露戦争では非戦論を唱えた内村鑑三《うちむらかんぞう》は、当時すでにこの大衆世論とそれを煽《あお》る一部メディアを批判している。連載では内村の非戦論について触れることはなかった。すでに日清戦争の開戦の時点で、新聞報道やそれによって煽られる大衆世論を批判した内村の主張を改めて見直してみることも大きな意味を持っている。大正デモクラシー中国論の運命を大きく変えた大衆世論の流れも明治にさかのぼって検証する必要があるだろう。

## 第三節　清水安三とは何者か

以上の出版の経緯を説明したが、大正デモクラシー中国論の先陣として紹介する「清水安三」という人物について、一般にはあまりその存在が知られていないのではないだろうか。清水安三は、私が北海道大学を定年退職後、再就職した桜美林大学の創設者である。たまたま桜美林大学のメディア専攻人事に欠員が生じ、私がその穴埋め要員として同専攻の教授に着任したが、それが「大正デモクラシー中国論」というテーマに出会うきっかけだった。着任初日の研修会場で、資料として、大学創設者の故清水安三著の『石ころの生涯』が渡された。彼が戦前書いた評論集だった。パラパラとページを繰るうち同書の第二章の中国論に目が止まった。中国の五四運動に対する深い理解と支持、日本軍部に対する厳しい批判など、それらはかつて私が記者を務めていた読売新聞などに掲載された評論だった。長年、中国研究者を名乗ってきたのに、こんなユニークな中国論が大正期に展開されていたのを見逃していたのは全くの勉強不足だった。私が戦前の中国論、中国報道を全否定するマルクス主義歴史学の影響を強く受け、こうした評論を軽視したせいだろう。

清水安三は一九一七年に宣教師として遼寧省《りょうねい》に派遣され、一九二〇年ごろから北京郊外の貧しい中国の子供たちの救援活動を始め、一九二一年には売春を余儀なくされかねない少女たちのための職業学校「崇貞工読女学校《すうていこうどくじょがっこう》」を開設する。日本からの支援金を学校の運営費に充てるため、評論活動を始め生活費を賄ったと本人は自嘲《じちょう》気味に語っている。だが彼の評論はすでに一九一八年ごろから始まっており、一九一九年北京に移住して五四運動を目撃し、中国情勢に深い関心を抱くようになって様々な人脈を通し、日本国内の新聞や雑誌に中国評論を投稿するようになった。

どのようにして清水安三の中国論は形成されたのか、同時代の中国論、中国報道の中でどのような位置を占めるのか、どのような影響力を持ったのか。私は徐々に問題意識を深め、研究を進めた。幸い、先述の『メディア展望』の倉沢章夫編集長のご厚意で「大正デモクラシー中国論の命運」の連載を始めることができた。

清水の中国評論の主たる舞台となった中国問題誌『北京週報』と同僚たち、主な取材先となった魯迅《ろじん》や李大《りたい》釗《しょう》らとの交遊、清水と相互に影響し合った吉野作造、清水の評論発表のきっかけを作った大阪朝日人脈、その大阪朝日新聞の社説へと、研究対象が広がっていった。これらの中国論は、中国革命やその進行に伴う抗日運動にも理解を示し、中国侵略へとつながる軍部の動き、国家主義者たちの中国論を戒めた。

私の連載ではこれらの人々及びその延長上にある人々やメディアの中国論を「大正デモクラシー中国論」とし、同時代に並行して存在した内藤湖南などの中国革命を否定的に捉える中国論と対照しながら論じた。内藤ら保守的な中国論と大隈の中国観は、中国の変化（革新）に対する認識が希薄な「支那民族論」が共通のベースとなっている。それが「アジアの盟主」としてアジア諸国をリードするという「日本の使命観」と相まって、中国・朝鮮に対する侮蔑《ぶべつ》論を生み出した。清水の中国論をきっかけに本書がなったという経緯もあり、清水に関する記述が三つの章をも占めることになった。それらの章では清水だけでなく、『北京週報』で同僚だった丸山昏《まるやまこん》迷《めい》というユニークな存在についても詳しく紹介した。

## 第四節　デモクラシーか帝国主義か

大正デモクラシーそれ自体に関する先行研究では、「内にあってはデモクラシー、外にあっては帝国主義」という批判的な見方が存在する。つまり吉野作造ら大正デモクラシーを率いてきた人々は、日本国内のデモクラシーの展開をけん引したけれども、対外的には日本の侵略を支持していたという批判である。私のいう「大正デモクラシー中国論」の論者たちもその批判対象に含まれてきた。確かに結果として、「大正デモクラシー

中国論」は満州事変を契機に変節したり、影響力をそがれ、中国侵略の激流の中に呑み込まれてしまう。（第六ー八章）

大正期の中国論には多くの潮流があり、その主流は「外にあっては帝国主義」そのものであると言えよう。自由民権運動や大正デモクラシー（護憲・普選運動）を経過しながらも、日本の政治は薩長藩閥《さっちょうはんばつ》の元老による軍閥《ぐんばつ》政治が主流であり、対外的には日清、日露戦争において得た既得権益を断固、擁護し、第一次世界大戦参戦によって権益の拡大を図ってきた。さらに軍部及びそのイデオローグは、満州事変を契機に、軍部率いる総力戦体制の確立を目指した。その道はやがて日中戦争、太平洋戦争へとつながり、中国論においては「暴《ぼう》支《し》膺《よう》懲《ちょう》論」つまり「『暴戻なる支那』は相手せず断乎膺懲すべし」と、中国理解を放棄し、全面的な中国侵略へと展開した。

いち早く文明開化を実現した明治人の主流の「支那・朝鮮」論は、日本を「アジアの盟主」と自称し、遅れた儒教の権威主義体制に置かれた中国、朝鮮を、その文明化を進めるための指導の対象と位置付けた。アジア侵略を逞しくする欧米列強に対抗するため、アジアの解放、成長と団結を訴える「興亜論」を大義名分として、アジアへの進出を図った。その一方で、それらの国々の内部からの自己改革の運動を無視したために、むしろ彼らの民族運動を刺激、高揚させた。それを「反日」、「排外」運動として弾圧した結果、アジア解放の理想はアジア侵略という結果に転落した。彼らこそ「外にあっては帝国主義」だった。

私のいう「大正デモクラシー中国論」者たちは、その主流の「興亜論」とは一線を画し、国内のデモクラシーの延長上に、中国の自主、独立を支持し、日本の侵略を戒めてきた。彼らは五四運動を反日、抗日とは見なさず、王朝の伝統支配を打破しようとする民衆の革新運動と評価した。その存在と意義をまず明確にしたいと考えた。さらになぜ大正デモクラシー中国論が満州事変を契機に変節したり、影響力を失っていったのかを検討した。それは、昨今の日本の中国論のありようを見直す上でも大いに意義があろう。

## なぜ明治にさかのぼるのか

振り返ってみると、黒船の来航という外圧を受け、日本は明治維新を通して「西欧化」を推進し、「富国強兵」を実現した。その過程を通して、七世紀以来の中国文明からの影響を一掃し、むしろ「支那」の停滞、頽廃《たいはい》を目撃し、アジアからの離脱論から援護論まで様々な中国論が生まれた。先述の野村浩一『近代日本の中国認識』が指摘したように、そこでは西欧化に成功した日本が、立ち遅れた中国・アジアとどう向き合い、それを文明化していくかという使命観で共通していた。

野村は大隈のアジアとくに中国観が「一方において、その頃の日本全体の使命観の最大公約数を示していたと共に、他方、日本の使命観の盲点というべきものを、最も明白な形で露呈していた」とも述べている。野村によれば、大隈は一方で日本は東洋文明の代表者、アジアの盟主というが、「西欧化によって東洋の代表者となった日本はもはや東洋文明の代表者ではなく、やがて東洋の大国となり近代西洋の弱肉強食の論理を倣い、中国、朝鮮を侵略していった」。つまり文明化には二重性があり、一方で自国文明を進歩させながらも、他方では非文明＝野蛮を文明化するとの名目の下に、侵略、支配していくという側面も合わせ持っている。この虚偽性に当時の多くの日本人は気づいていなかった。

大隈と同じ世代の内村鑑三も当初、大隈同様、「日本の使命観」を追求した人物である。日清戦争の目的について「日本は東洋に於ける進歩主義の戦士なり、故に我と進歩の大敵たる支那帝国を除くの外日本の勝利を望まざるものは宇内万邦あるべきに非らず」と述べ、日本の立場を全面的に支持した。だが、内村は大隈と違って、日清戦争の展開過程で、日本に本当に義があったのかと疑念を抱き、その虚偽性を暴露していった。野村の言う「生存の倫理」（後述）を生み出す思想的努力を堅持し、その過程で日本の虚偽性を見抜き、「非戦論」に至った。

内村鑑三の精神的奮闘の跡は、第二章で詳述するとして、日清、日露、第一次世界大戦で、「アジアの解放」を大義名分としながら、戦争を通して権益を次々と拡大し、その維持、拡大のためにさらに軍備を増強する政府とそれを支持する新聞メディアとポピュリズム（草の根ファシズム）を、内村は鋭く告発した。

## 第五節　民族運動をどう捉えるかが分かれ目

野村の指摘に触発され、明治期の中国論に目が開かれたが、私はさらに福沢諭吉の「支那・朝鮮論」に着目した。私の世代は、戦後の歴史教育の影響を強く受け、福沢を「脱亜入欧論」者と位置づけ、アジア蔑視、アジア侵略の旗振り役と見て、無視してきた。しかし、今回、大隈重信をはじめとするアジアの文明開化、解放を「天職」「使命観」とする明治期のアジア論を踏まえながら、福沢の著作や論文を初期から晩年まで読み返し、また関連する様々な研究論文も読んでみた。福沢の支那・朝鮮論については、アジア侵略の旗振り役として断罪する見方もあれば、朝鮮の独立・改革を支援したリベラリストだとする見方もあり、今なお激しい論争が繰り広げられている。

福沢は維新直後、彼独特の功利論の立場から征韓論を批判し、アジアに関わることの不利益を指摘し、まず欧米との不平等条約の改正などを急ぐことを説いた。その後、朝鮮の独立派と接触し、自身の青年期の文明開化への取り組みを思い起こし、民間の立場から彼らを積極的に支援する活動に転換した。しかし、それは見事に失敗に帰し、その挫折《ざせつ》の悔いから、「脱亜論」を唱えるようになる。第二章で詳しく検証するように、彼の文章をつぶさに読めば、「脱亜論」などの評論は王朝政府と民衆を区別し、決してアジアの民衆を侮蔑したり、侵略を提唱したわけではないことがわかる。固陋頑迷《ころうがんめい》なる清王朝や朝鮮の李王朝とその取り巻きに対し、激しい非難の言葉をぶつけたのである。また「脱亜論」は、当時の主流である「興亜論」を意識したものであり、「興亜論」こそむしろその後のアジア侵略へと繋《つな》がっていった。私はその結論として、彼を「脱亜入欧論」者と切り捨てるのではなく、むしろ大正デモクラシー中国論の先駆者だと捉えるべきとの考えに至った。とくに満蒙《まんもう》の権益放棄を訴えた石橋湛山に大きな影響を与えていることに注目した。（第九章）

最晩年の『福翁自伝』の中で、福沢は「封建制度の中央政府を倒してその倒るると共に個人の奴隷心を一掃した」という自身の日本での経験を振り返りながら、当時の中国の状況についてこう述べている。

「シナの今日の有様を見るに、何としても満清政府をあのままに存しておいて、シナ人を文明開化に導くなんということは、コリャ真実無益な話だ。何はさておき老大政府を根絶やしにしてしまって、ソレから組み立てたらば、人心ここに一変することもあろう」

彼は朝鮮の文明化を促す評論の執筆のみならず朝鮮独立派を物心両面で支援した。だが、その試みは失敗に終わり、「脱亜論」を執筆するに至る。外からの支援や圧力によって、中国、朝鮮を変革しようとする愚に気づいた。だが、彼の時代、中国内部からの革命への意欲を感じ取ることはできなかった。辛亥革命はまだまだ先の時代だった。脱亜論はせいぜい欧米との協調で権益を確保しようという幣原《しではら》外交のレベルである。

太平洋戦争は、「アジアの解放」を大義名分とした「聖戦」、「大東亜戦争」として進められたのであり、多くの兵士たちもその「大義」を胸に戦場に乗り込んだ。その実、聖戦は侵略戦争であり、現地では、残虐な戦闘、無慈悲な徴発、無差別の民間人殺戮《さつりく》の連続であった。それを支えていたのは矛盾するようだが、アジア解放を目指す「聖戦」意識だった。その倒錯した状況を、吉見義明著『草の根のファシズム――日本民衆の戦争体験』（東京大学出版会、一九八七年）は、兵士たちの手紙や日記から分析している。[註i] アジアを蹂躙《じゅうりん》した日本の侵略戦争は「脱亜入欧論」というよりは、むしろ日本を盟主とした「興亜論」によって推進された。その意味でも、「大正デモクラシー中国論の命運」を考える上で、明治の人々を蔽《おお》ったアジアに対する「使命観」をしっかり押さえておく必要があった。

また明治にさかのぼりその誤った「使命観」を押さえることで、日中間に横たわる侵略戦争という歴史認識の問題の背景にある、日本の中国に対する「優越感」の問題点をより強く認識することができるだろう。溝口雄三は『中国の衝撃』の中で、「脱亜論」が生まれる要因を「西欧化＝近代化の時間的先後関係を、民族性や歴史過程などにおける優劣関係とみなす考え方にとらわれていたからであり、またもう一つには、その方が自分たちの（アジアの盟主という）アイデンティティの持続にとって幸便だったからである」とし、日中間における歴史認識の問題を、日中戦争の問題に限定せず、「十六世紀から二十一世紀の現在にいたる日中関係、東アジア関係をどのような歴史の目で捉えるかを、長期の歴史観の問題として問題化する」ことの重要性を訴えている。その上で溝口は明治期の問題点について「もし中華文明圏を『固陋』『古風旧慣』『儒教主義』『外見の虚飾』などの語で形容するとすれば、日本だけでなく中国も韓国も基本的にそこから脱却することを目指してきたのであり、われわれだけがそこから脱出したとは言えない」「日本だけが中華文化圏を抜け出したのではなく、ただ資本主義化が早かっただけ」であると語る。その認識ギャップが二十一世紀初頭、溝口自身関わった「知の共同体」という日中間の文化交流においても継続していると溝口は指摘する。「『脱亜』によってリードしてきたはずの『アジア』、後ろから追随してくると見なしていた『アジア』によって、今はいつのまにかこちらがリードされ始めているという状況、日本人の『脱亜』という認識と現実の『アジア』という事実の間の微妙なギャップ、しかもその現実のギャップにほとんどの日本人が気がついていないという認識上の二重のギャップ」を感じているという。

明治期の国民的「使命観」については、竹内好《たけうちよしみ》など編著『近代日本思想史講座8　世界のなかの日本』でも本格的に論じられていた。一九六〇年、七〇年代アジア論が盛んに論じられる中で、この問題が依然根強く残っていた。竹内らはその「まえがき」で、「冷静に立ちかえって考えてみるならば、明治以後の近代国家形成の運動が、たとい一度の挫折を経過したところで、そのまま立ち消えになるとは考えられず、そう考えることは事実に合わない。国家としての連続性を否定するほど重大な内容変更はなかったと見る方が妥当である。われわれとしてなすべきことは、国家が超越的に是非善悪の基準で裁くことでもなく、観念上で単純に過去を否定することでもなく、まず第一に、われわれがそれによって形成され、未来に向かって受け渡すべき遺産としての国民国家が何であるかを、そのそれぞれの時期における豊富な問題性をふくんだままの形で改めて検討することでなくてはなるまい」と述べている。大変重たい問題提起だ。昨今のわが国の中国論、アジア論では、善悪論や脅威論が先行し、日本という国家のあり方をも含めた真摯《しんし》な議論に欠けているのではないか、と感じる。

## 内部変革に着目することの重要性

アジアで内部から変革に動き出すのは二十世紀に入ってからのことだ。中国では辛亥革命に続き五四運動が発生し、中国内部から文明開化を求める動き、民族自立を掲げる運動が活発化する。その動きに着目して誕生したのが「大正デモクラシー中国論」である。

野村の『近代日本の中国認識』は、明治期の主流の中国論者である内藤湖南、内田良平を例証として、彼らの「支那論」が「中国をその畸形性《きけい》・特殊性において捉えることによって、次第にその動きに盲目となり、泥沼へとおちこんでいった」と指摘した。野村はその上で、「中国社会がどのような方向への胎動を示しつつあるのかを見抜く」道筋は「より広く、あるいは民衆あるいは民族・階級・人類といった範疇《はんちゅう》への引照の中に見出しうる」と述べ、吉野作造によってその「開かれた中国認識」が築かれたとしている。まさに私が連載で取り上げた清水や吉野、大阪朝日の中国論こそが、野村のいう明治期の主流の中国論、アジア論が抱えていた矛盾、虚偽の問題に気づき、その克服の道筋を中国内部からの革命運動、民族運動に見出したと言えよう。

野村はさらに同書で、尾崎秀実の中国論について一章を設け、かなり深く論じている。現在ではかろうじて国際スパイ団・ゾルゲ事件の主犯の一人として知られる尾崎だが、科学的な中国論が欠如していた戦前において、いち早く尾崎がその点を指摘し、科学的な中国分析を試みたと野村は評価する。野村によれば、尾崎は「支那社会の二大特性」すなわち「半封建性」と「半植民地性」を提示し、「国際関係」と「民族運動」という二つの局面から中国を論じ、抗日統一戦線の結成や赤化（共産化）への展開を正確に予測できた。

私も連載で、尾崎の中国論についても取り上げた。彼がゾルゲ事件で逮捕される前日、満州事変勃発《ぼっぱつ》十周年の座談会で、満州事変を引き起こした中心的人物らが「日本のことだけしか知らず、相手のほうのことなど考えていない」と極めて冷静に当時の状況を語っていたと紹介した。ちなみに、この座談会で長老格として登場した橘樸も、かつては科学的な中国論を心掛ける研究者であったが、満州事変で方向転換し、満州国建設の旗振り役の一翼を担うようになっていった。野村の尾崎論は深く尾崎の中国分析を読み込んだものと共感した。

野村のこの優れた先行研究[註ii]のあったことを知らずに、長期連載を続けていたのは恥ずかしい限りだが、その一方で吉野や尾崎など共通した人物を、私の連載でも取り上げていたことに自信も感じた。野村の尾崎論に触発されて、私も『尾崎秀実著作集』全五巻を紐解《ひもと》いてみた。その第四巻に収録されている獄中で書いた上申書の中に、尾崎が戦後世界における国家主義の横行、すなわち国家総力戦体制への展開を予測しているのを発見した。著作集の発行当時はまだ東西冷戦の最中にあり、著作集の編者や解説者にはまだ社会主義信仰が根強く、尾崎のソ連批判や中国の国家主義台頭の予測は偽装転向の一つとして片付けられたのか、全く無視されていた。しかし、中国やロシアの旧帝国時代への回帰を目論む動きが明確となる中で、尾崎が戦後の国家総力戦の時代到来を見据えていたことに私は注目した。（第十一章）

## 第六節　国情理解の重要性を痛感した記者生活

私は記者生活二十七年、大学教員生活を二十年経験した。記者生活の半分は中国担当であり、中国の改革・開放時代の一九八〇年後半から市場経済導入に舵《かじ》を切った一九九〇年代の変化を、上海、北京で目撃した。その見聞を日々、新聞紙上で報道する一方で、『中国情報の読み方』（蒼蒼社、一九九六年）、『中国報道の読み方』（岩波書店、二〇〇二年）といった著書も刊行した。中国を理解する上では、日々メディアを通して報じられる事実に加え、その事実を取り巻く中国の国情を押さえる必要があると考え、国情を通して事実を読み解いていくことの重要性をこれらの著書で訴えた。

中国の国情とは、広大な国土、巨大な人口、三千年の専制政治の歴史を通して生まれた政治風土・民族性、異民族王朝さえ生まれた多民族国家、中華文明を誇りながら半植民地・発展途上国に甘んじた近代の歴史などを指す。とても日本のスケールでは捉えきれない国情の中で、中国の出来事は進行している。中国の国情を踏まえない中国論は誤った中国イメージを描き出し、対中政策を誤らせてしまう。日本のスケールで中国を測ることは難しい。誤解を生み、差別意識を助長する恐れもある。

大正デモクラシー中国論は、中国の国情を踏まえながら、中国国内の民族主義の高まりや対外関係の展開状況に沿って、変容する中国の真相を描き出そうと努力を重ねたと言えよう。本書の主人公の一人、清水安三は一九一九年三月に瀋陽《しんよう》で書いた初の論文「支那生活の批判」で、すでに「支那は土の海原である。視野の届く限り、坦々たる平原である。雲か山か呉か越か、地と天と髣髴《ほうふつ》とした大陸である。起伏する山系も万里の長城も、大和田《おおわだ》の男波女波《おなみめなみ》に過ぎぬ。そこに支那の広さがある。支那は一夜造りではない。五千年の歴史が纏《まと》い付てゐる。哲学もあり、ナポレオンの上手も出て、欧州戦争の真似も二千年前にやった。矢鱈に古い歴史がある。そこに支那の時間から見た『長さ』がある。この『広さ』の為めに支那は、大男知恵が総身に廻り兼ねている所があり、『長さ』の為めに伝統因習の悩みがある」とその基本的な日本との国情の違いを指摘している。その国情の下で育まれた民族性についても「日本の支那通は、支那人を利己一天張りのやうに云ったが、支那人は日本人などよりか、幾層か親切で正直で利他である。彼らは只国家と統一者とに対して利己であるのだ。人間として仁義に富んでゐても、国民としては利己であるのだろう」との見方を披露する。そこまでなら、「日本の支那通」も指摘するところかもしれない。清水の観察の鋭いところは、その上で「支那人は気早な日本人の批判するやうに、過去の文明人ではない。或《あるい》は過去の国民であるかも知れぬが、決して過去の人間ではない。彼等には現代文明よりか先を越した思い切った若々しさがある」と、変化する中国に眼も向ける。これがその後、五四運動の意義をしっかり見据える彼独特の中国論の原点となっている。

## 中国を意識して「日本」が生まれた

少々大風呂敷となるが、振り返ってみれば、日本は有史以来、隣の大国、中国と向き合い、日本という国家のありようを定めてきたと言える。十五年ほど前、たまたま岡田英弘『日本史の誕生』（ちくま文庫）という本を読んだことがある。大正期の中国論、明治期の中国論を考えながら、「日本は外圧のもとに成立した」というこの本から受けた衝撃を思い起こした。岡田によれば、六六三年韓半島白村江《はくすきのえ》の戦いで、唐と新羅の連合軍の前に、倭軍《やまとぐん》は大敗を喫し、「天智天皇は、ただちに日本列島防衛のための統一事業に着手した。都を近江の大津に移し、成文法典『近江律令』を制定した。その中で、倭王は今後、外国に対しては『明神御宇日本天皇《あきつみかみとあめのしたしろしめすやまとのすめら》』と自称することを規定した。これが『日本』という国号と『天皇』という王号の起源である。日本列島内の諸国はそれぞれ自発的に解体して、旧倭国と合同し、新たに日本国を形成することになった。こうして天智天皇は、六六八年に大津の京で即位して、最初の日本天皇となった。是が日本の誕生であった」という。天智即位は節目に過ぎず、七世紀から八世紀にかけ、大化の改新、壬申の乱を経て、日本という国号、中央集権体制となる天皇制、律令制度など国家としての体制を確立していった。

中央集権国家としての日本の起源については様々な説がある。数少ない資料の一つである『日本書紀』は、政権側にとって都合の良いフェイク情報に満ちており、立場の違う歴史家によって資料の解釈も全く異なってしまう。日本国の成立は、岡田のいう白村江の大敗北に対する天智天皇の危機意識だけでは説明できないようだ。改革の大事業は、天智天皇だけで完成したわけではないし、中村修也『天智朝と東アジア』（ＮＨＫブックス）は、天智天皇の近江遷都をはじめ多くの施策が唐の占領体制の下で進められた「悪戦苦闘」であって、むしろそのことが大海人皇子《おおあまのみこ》（天武天皇）のクーデターのきっかけを与え結果的に中央集権的な政体を生み出したと指摘する。吉田孝『日本の誕生』（岩波新書）もこう結論している。「隋・唐の朝鮮出兵を契機とする国際的動乱が直接の要因であったことは、すでにみてきたところである。日本の律令国家の形成は、国際的動乱に対処するための権力集中と軍事体制強化の所産であった」。

大陸に強力な統一国家が出現し、その強さを白村江の戦いで目の当たりにしたことで、国家としての「日本」の体制作りが始まる。その体制作りはまず中国を一つのモデルとして学び、中国から「日本」としての認知を受け、その上で日本の独自性も形成していくことになる。

遠山美都男『天皇と日本の起源』（講談社現代新書）は「天武天皇によって大王が天皇と改称された段階でも、天皇の統合する国の名は、依然として『倭国』または『日出処《ひいずるところ》』であった」日本が、律令体制の完成などを経て七〇二年の遣唐使の派遣によって唐の側から「日本」という国号で認知されたと指摘する。その上で『日出処』は、中国から見て東方にある国というにすぎ」ず、「中国を中心とした世界観のなかに自国を位置付けるものであった。それに対し、新国号『日本』は倭国の天皇こそが世界の中心に位置すると見なす独自の世界観を背景にしていた」とその意義を明らかにする。

それぞれの見方に違いはあるが、大国・中国の存在が日本の国家成立に決定的な役割を果たしたという点で共通している。

時代は下って、十九世紀半ば、「黒船」という外圧によって二度目の変革、開国を迫られた日本は、明治維新を通し、「第二の建国」を果たす。今度は西欧に学び、富国強兵を実現する。その過程で、日本は官民挙げて、中国、朝鮮を遅れた旧文明、頽廃の国として、指導すべき対象、保護すべき対象、場合によっては侮蔑の対象と見なすようになった。

## 第七節　中国との距離感をどう保つか

大化の改新にまで話がさかのぼったのは、日本にとって、日中関係をどのような形で構築するのか、中国との距離感をどう保つのかが、いかに大切かを指摘したかったからである。

本書の視点、手法は、俯瞰《ふかん》的であり、あくまでジャーナリスティックでもある。本書のメインのテーマである大正デモクラシーの中国論で扱う問題に関しても、歴史家、ジャーナリズム研究者が第一次資料から丹念に分析し、それぞれの立場から専門的な知見を発表されている。私の手法は、そうした専門家の知見を基にして、できるだけ一次資料にもさかのぼって読み解くことである。だが、それぞれの分野の専門家が膨大な一次資料から導き出したような研究ではなく、専門家の研究成果を参照し、比較、検討しながら、私なりの見解をまとめたものに過ぎない。もちろん一次資料にあたり、先行研究とは異なる独自の解釈、知見も数々あるが、その意味では「研究ノート」である。そうしたジャーナリスティックな手法とはいえ、「日中関係」という視点から、様々な時期の、様々な専門家の中国認識を比較、分析してみることは大きな意義を持つと考えている。

中国は一九八〇年代以降の改革・開放経済の導入によって、経済のグローバル化の波に乗り、大国化を実現した。日本は大国化した中国との新たな日中関係の構築という課題に直面している。しかしながら、現状は、中国の台頭を警戒し、競争相手として中国と向き合っているアメリカに、追随する形に終始している。中国の隣国として、アメリカ以上に中国と深い関係を持ち、中国経済と連動する日本が、アメリカに追随する対中外交では済まされないだろう。この点で、過去の日本の中国関係論を振り返り、より鳥瞰《ちょうかん》的・俯瞰的なビジョンを描いて、日本の進むべき道を考えてみることが大切だ。

　学べば学ぶほど、自身の浅学さを思い知らされ、迷路にはまるばかりの私は、本書の出版をためらってきたが、その意義を訴えるためにも、との思いから重い筆を何度も握り返した。特派員時代から色々とアドバイスを頂いている矢吹晋横浜市立大学名誉教授の叱咤激励《しったげきれい》と、妻・久美子のひと押しを受けてようやくひとまず筆を置くことができた。

i

華南の戦場での一下士官の戦争観（六一頁）を日記（一九三八年）の記述から紹介しながら、吉見は以下のように、「日本民衆の戦争体験」の実相を明らかにしている。「彼の所属する部隊も上陸以来数多くの捕虜処刑・徴発・部落焼却を行っていた」『恨みも憎しみも全くない』日中両国民衆が殺しあうことをおぞましいことと感じていた（六月六日）。自分の国を奪われた中国民衆の憤激や無念さをも十分推察することができた。しかし、他方では日本軍支配地域の中国民衆を観察して、彼らには国家観念がなく、『個人主義的』で怠け者であると感じていた。中国には何もかも豊富なのに『精神』がない、そこで欧米の勢力をアジアから駆逐《くちく》し『奴隷支那、印度を救う』のは日本以外にない、という大アジア主義的ないしアジア・モンロー主義的な考えは、『体験』によって強められた確信になっていった」。

ii

野村などのユニークなアジア論、中国論は、一九六〇年代から八〇年代初頭に活発に行われ、その成果が出版されている。その特色は相手側の立場、状況を踏まえた議論である。アジア・アフリカ諸国の独立や日本の戦後終結の在り方をめぐる議論が活発だった。残念ながら昨今の中国論、中国報道はそうした議論の成果を引き継いでおらず、一方的な日本の立場からの中国、アジア論に終わっている感がある。

# 第二章

# 大正デモクラシー中国論の前提としての明治中国論

## 第一節　明治中国論の二つの流れ

序章で定義したように「大正デモクラシー中国論」とは、対外面でも国内のデモクラシーの流れを推し進め、中国の五四運動をはじめとする民衆運動、民族運動への支持を表明し、日本の大陸における権益主張を批判し、その軍事的侵略に反対する潮流を指す。大正デモクラシーが当時の国内の政治潮流の主流ではなかったように、「大正デモクラシー中国論」も当時の中国論の主流ではなかった。むしろ「大正デモクラシー中国論」は既存の中国論の主流を、それぞれ批判する形で生まれたものだ。とすると、その前提となる明治の主流の中国論は、どのようなものだったのかを検討しておく必要がある。

序章で紹介したように、明治期は維新を通して封建体制を一掃し、西欧化、文明化に成功したとの自信から、政治指導者から大衆に至るまで、日本を「アジアの盟主」として位置づけ、遅れた朝鮮、中国をどう導き、安定した東アジアをどう実現するか、その「国民的使命観」に満ちていた。だが、それらの言動を詳細に見ていくと、その「国民的使命観」が藩閥《はんばつ》・軍閥《ぐんばつ》政治の延長上に、アジアへの「軍事的侵略」へと膨張する軍国主義の潮流を生み出したことがわかる。「大正デモクラシー中国論」は、その潮流に対する中国、朝鮮の抵抗運動、民族主義の台頭の意義をしっかり見据え、軍事侵略批判を展開した。

## 国民的使命観

野村浩一『近代日本の中国認識』は、この「国民的使命観」の内実を大隈重信《おおくましげのぶ》、内村鑑三《うちむらかんぞう》、北一輝《きたいっき》を取り上げて論じた。中でも野村は、大隈を明治期の中国論の主流、つまり遅れた中国をいち早く文明化した日本がどう導くかという使命観——大隈自身はそれを「天職」という——を体現する人物として描いている。

野村の議論は明治期の中国認識そのものを分析したものである。私の場合はあくまでも「大正デモクラシー中国論」の前提としての明治期の中国論を考えている。大隈だけでなく陸奥宗光《むつむねみつ》、福沢諭吉の中国論にも視野を広げ、大正デモクラシー中国論が生まれる背景を探っていきたい。福沢の場合、朝鮮を主な舞台としたアジア論ということになる。本章では、大隈重信と福沢諭吉の中国論を対照しながら、議論を進めたい。というのは、大隈の中国論には後の「軍事的侵略」につながる発想が見られ、福沢には吉野作造や石橋湛山《いしばしたんざん》へと流れる発想が見られると私は考えるからだ。

## 第二節　大隈重信と福沢諭吉

### 大隈の福沢との「一心同体」論

私が読むところ、政治家としても活躍した大隈には、政権の担い手としての立場から中国との関係に関与しただけに、ただの民間の評論家としての福沢とは大きな違いがある。それ以上に理念の面でも、大隈がアジアの盟主としての使命観「興亜論」を訴えるのに対し、福沢にはあくまで西欧列強の侵略から日本の独立を守るためのアジア支援を行うという功利主義者としての側面が強く、支援した朝鮮独立派のクーデターが失敗に終わるやアジアへの関与を放棄する「脱亜論」を展開した。

ただ大隈自身は福沢と意気投合し、福沢とは「一心同体」とまで述べた文章がある。ともに文明開化を成し遂げたという誇りに満ちていた。

「両人の社会に対するところは同一事、俗界の役人なる我輩が法令訓令を以て国内を治め、政府の力で国を文明に導こうという趣向を凝らすと、先生は教育の立場から功利主義を鼓吹して、一生けん命に文明思想の注入に力《つと》める」

「文章家としては勿論先生以上の文章家がある。ただ口にいって而して衆人に実行させ、己もまたこれを実行するという点に於ては先生の右に出ずる者がなかった。否今でもない。先生の名久しうして売れてるのもこのためで、我輩の先生を尊ぶゆえんも此処である。それで何時の間にか知らず知らず口調さえ先生に似て来る。果ては先生と我輩とは一心同体にして社会に尽くすべき約束があるが如くにさえ感じたのだ」（「福沢先生の処世主義と我輩の処世主義」、『大隈重信演説談話集』所収、岩波文庫）

大隈のこの口述で二人に共通するのは、文明移入をめぐる功利主義とその実践主義ということになる。だが、中国、朝鮮などアジアに対する姿勢には大きな違いがある。まず大隈の「支那論」から見ていこう。

## 「支那保全」は日本の天職

大隈は一九〇四年十月、日露戦争での日本の勝利を展望しながら、戦後の東アジアにおける日本の役割について演説した。演題は「東亜細亜《アジア》に於ける日本の勢力」で、その演説は「東亜の平和を論ず」として『大隈重信演説談話集』（岩波文庫）に収められている。大隈はまず日本について、「新たに勃興《ぼっこう》したところの勢力である。世界の文明、世界のあらゆる科学を応用して、而して中古的、専制的、封建的の羈絆《きはん》を脱却してついに立憲の政治を行い、憲法を制定し宗教の自由を認めたという国柄である」と評価する。その上で、対するロシアはほとんどヨーロッパの中古の国であり、君主専制、蒙古的武力の国である。したがってアジアにありながら世界の最も進んだる文明を有する日本は必ず打ち勝つと確信し、戦後の世界における日本の使命について、「世界のすべての問題に日本帝国が発言権を十分に占めたい」、「日本という国が東亜細亜に対して十分なる権力を持ちたい」と語る。大隈は「使命」とは言わず、世界のすべての問題に対する「発言権」あるいは東アジアに対する「天職」とさえ述べている。戦果を誇るような驕《おご》りが見え隠れする表現だが、大隈自身はこれらの言葉の響きについて、「かく謙遜《けんそん》したならば、諸君の中にはあるいは大隈老いたりということを言うかも知れぬ」と言っており、それだけ聴衆や国民の間に領土や賠償金獲得への大きな期待、ナショナリズムの高揚があったということになる。

大隈は「疑いも無くこのたびの勝利に依り、東亜細亜に於ては日本政府の意に戻《もと》って如何なる強国も我儘をやることは出来ないというだけの点には、必ず目的を達するに相違ない」との自信を示している。しかし、その一方で、「日本が強くなったから隣国を侵略して引き奪ってしまう」という隣国の議論は「実に驚き入ったものであり、国際的信義を重んじる日本はそのような権謀術数を許さないと断言する。

では中国にどう対応するのか。大隈が提案するのは支那保全論である。大隈に言わせれば、アフリカと違って「支那は四千年の歴史を持っており、四億万の大民族が住居している」ので、分割は不能であり、「支那の様なああいう大国は、騒がすと蜂の巣のようなもので面倒だ。そっとして世話をしておく。そうして支那を誘導して開発するということが必要である」と保全論を説く。その場合、「支那を開発し支那を誘導するには如何なる国が先生となるか」だが、「支那という大病人を治療して復活させる国は世界に無い。……一つのみだ。その一つは如何なる国か。即ち日本だ」と主張する。そしてなぜ日本が「死に瀕《ひん》したる支那の病気を治療するに適しているか」と自問し、「我々の先祖は支那人と大なる違いはない」からだと述べる。

このあたりから大隈の議論は独りよがりになってくる。「そこで日本人が支那人に向って、君は仏教の中毒と儒教の中毒で大病に罹《かか》っている、我等も同じ病気になった事があるが、西洋船来の良い薬を服《の》んだために病気が治って、前よりも百倍増した健康になった。そこで君達にもこの薬を上げるから飲むが宜しいと勧める。これは親類同士で初めて出来ることである」と語り、「まず政治の改良から先に為さねばならぬ。それを誘導するのが日本の天職である」と楽観的だ。

しかし、「日本が支那に対して充分なる友誼《ゆうぎ》を尽すに拘わらず、支那の君臣が猜疑《さいぎ》心を以ていわゆる野心ある国の権謀術数に掛って日本に害を与える」場合もあると想定する。「その時には決して許すことは出来ない。如何なる寛仁大度《かんじんたいど》の君主も、姑息《こそく》な事をしてこれを捨てておく訳に往かぬ。ある場合には国を取り人を殺すということも必要である」と言い切る。この発言を中国側が聞いたら、最後には本音が出たと反発することだろう。

もっとも善人、大隈は「日本は友誼上何処までも支那を文明に進めてやらなければならぬという、この精神は十分に支那に通ずるようにしなければならぬ。然らざれば大なる過ちが起るのである。それ故なるだけ猜疑を避けるということが必要であろう」と釘を刺す。その善意の押し付けこそが、中国側に猜疑を生むのだということに大隈は気づかない。後に、日本の大陸進出こそが、中国の民族主義を刺激し、抗日運動を激化させたことに気づかぬ軍国主義勢力と共通する発想だ。軍国主義の原型と言えよう。

大隈の支那保全論をきれいごとを並べたに過ぎないと、決め付けるわけにはいかない。実際、大隈の設立した早稲田大学は、中国からの留学生派遣ブームに真摯《しんし》に対応し、一九〇五年には六百人を受け入れる清国留学生部を設立するなど積極的に受け入れを進めた。大隈自身は真面目に支那保全論を論じていたのである。皮肉なことに後章でみるように、大隈の受け入れた中国人留学生が五四運動をはじめ民族運動、抗日運動をリードしていくことになる。

ただ政治家としての大隈は国内の様々な勢力、世論を代表して行動せざるを得ない。日本は日清、日露戦争の勝利で、それなりの権益を大陸、朝鮮で得たが、それに満足できない政府、大衆世論はさらにその拡大を望んだ。第一次世界大戦に参戦し、大隈内閣は一九一五年、敗れたドイツの中国国内の権益の継承など対華二一カ条要求を突き付けた。日本各界の過大な要求の寄せ集めであり、中国側の激しい反発を招いた。木村時夫『知られざる大隈重信』は「断り切れなかった要求の多くは、山県〔有朋〕を中心とする元老からだった。中国沿岸不割譲のような、軍事的要求などである」と指摘している。日本から帰国した留学生たちが中心となり反日運動が生まれたのも皮肉な結果であった。日本で愛国主義教育を受け、その愛国主義を帰国した中国において実践したのである。

大隈のいう日本の中国に対する「天職」という考え方は、当時の官民挙げて日本国内に広がっていた。まさに序章で紹介した野村浩一の「戦前の日本において、対中国の問題を考える時、『文明化した日本が、非文明のシナに文明を及ぼす』という思考のフレイムを、全く持たなかった人々があっただろうか」との指摘の通りだ。野村はその一方で「『それが中国に対して、いかなる意味を持つか』、『日本は東洋に対して、いかなる使命をもつか』ということを究極にまでつきつめた思想は、はたして存在しただろうか。この時自らの『生存の倫理』を生み出す思想的努力を放棄して、『東洋文明』を安易に借用した日本はやがて多かれ少なかれ、この虚偽意識から生まれる矛盾に、常に悩まされ続けるのである」と、無邪気に「天職」論を展開する風潮を批判的に捉《とら》えることを忘れていなかった。支那保全論は、結局中国侵略を導くことになる。

吉見義明『草の根のファシズム――日本民衆の戦争体験』は満州事変から敗戦までの間、大衆が書き残した膨大な戦争体験記を紹介、分析している。同書を読むと、アジアの盟主としてアジア解放を「天職」とするという明治期の思想が、日中戦争の時期においても、一般の兵士の間でさえしばしば登場し、戦争遂行に大きな役割を演じていることがわかる。悲惨な戦場での絶望的な体験に耐え、闘争心を支えたのはその「天職」の思想だった。

例えば、序章の註iで触れた元小学校教師の下士官は、その日記に「欧米を何でかくも、アジアにのさばりかえらしたか、日本も悪いけれど、支那の方が更に悪い。アジアのことはアジアで、愈々《いよいよ》これから処理すべきである。もう何の遠慮も糞《くそ》もあったものではない。……支那の覚束無いけれど将来の覚醒《かくせい》によって、日本は本当に支那と手を握って、欧米の勢力を駆逐《くちく》していい。何よりアジアはもっともっと成長しなければならぬ」とも記している。戦場での掠奪《りやくだつ》、放火、殺人という侵略行為とアジアの解放という大義名分の間の自己矛盾を、アジアの盟主としての「天職」で言いつくろい、何とか解消しようと努めているのである。

## 第三節　日清戦争での日本の変節を批判した内村鑑三

確かに、野村の指摘の通り、文明の日本、非文明の中国という構図は明治の人々に広く共通する。後に非戦論で、日露戦争に反対した内村鑑三でさえ、日清戦争の開戦当初は、「日支両国の関係は新文明を代表する小国が旧文明を代表する大国に対する関係なり」（「世界歴史に徴して日支の関係を論ず」一八九四年）と位置付けた上で、「日清戦争は吾人に取りては実に義戦なりと、其義たる法律的にのみ義たるに非らず、倫理的に亦た然り」「支那は社交律の破壊者なり、人情の害敵なり、野蛮主義の保護者なり、支那は正罰を免かるゝ能はず」（「日清戦争の義」）とまで罵倒《ばとう》し、戦争を肯定した。日清戦争は、朝鮮の独立に対する中国（支那）の内政干渉をめぐる対立が原因であった。

その点に関し、内村は「吾人の朝鮮政治に干渉するは彼女の独立今や危殆《きたい》に迫りたればなり。世界の最大退歩国が其麻痺《まひ》的蟠屈《ばんくつ》の中に彼女を抱懐し、文明の光輝已に彼女の門前に達するにも関せず惨虐妄行の尚ほ彼女を支配すればなり。吾人は隣人の健全なる平和を妨ぐるの権利を有せず、然れども彼女を救はんが為には、白々日を見るよりも明かなる弊害より彼女を脱せしめんが為めには、吾人の強く彼女に干渉するは吾人の有する神聖なる隣友の権利なりと信ずるなり」（同）と、文明を代表する日本の遅れたアジアに対する指導権を全肯定した。大隈の発想とそっくりである。

しかし、三年後、万朝報《よろずちょうほう》に「猛省」と題して書いた英文記事で、「三年半前、日本国民が一体となってシナとの戦争に入ったとき、われわれは最も高貴な動機をもって危険な企てを始めたのだった。それは弱国をその尊大な隣人の支配から救うためだった。われわれの強さはその時はまだ試されていず、シナの弱さもまだ露顕していなかった。……それでも戦争は義戦として始められ、それゆえにわれわれはたとえ国家の存立を犠牲にしても戦う価値があると考えた」としつつ、「ところが、そこで変節が始まったのだ。まず指導者たち、ついで軍人、そしてついには全国民が、最初の誓いを捨ててしまった。彼等はいまやまったく新しい道――卑劣不正な征服の道に入った。『シナ四百余州を双肩に担う』、『わが金融組織を確立するに足る金を吸収する』、『手負いの兎はしっかり捕まえるまで放さない』といったような声が喇叭《らっぱ》吹きの新聞から聞こえ始めた」と国民を挙げての変節を批判した。新聞が変節の先陣を切っていたと指摘する点は後の満州事変以降の新聞、ラジオの変節をも予言しているかのようだ。

内村はその上で「下関条約で、日本は戦争の本来の目的である朝鮮の独立のために、何ら特別の保証を求めなかった。二億両、遼東《りょうとう》半島、揚子江流域の新条約港の開設、および台湾と澎湖《ほうこ》諸島の割譲は、戦争の本来の目的である朝鮮の独立と、きわめてかけ離れた関係をもっているにすぎない。われわれはここに告白しよう。かつて『日清戦争の義』を欠いたことをみずから極度に恥じていると。下関条約はあの戦争を不義なるものとした。あれは義戦として始まったが、欲戦として終わったのだ」と日清戦争を全面的に批判した。またその責任についても「これらすべての恥辱の責任は誰にあるのか。世界に対しては、国家としての日本にある。しかし国家に対しては、通常藩閥政府と呼ばれる薩長《さっちょう》政権にある。道徳を単に方便として認め、愛国心は『有利に利用できる手段』と見なし、忠君と平等の名において徳川幕府を終わらせながら、その後で新しい貴族制度を樹立して自分と自分の子供たちを貴族にした連中――これら神なく信仰なく真実なき連中が、日本国民をこの絶望の沼へ、東洋をこの崩壊の淵《ふち》へと誤り導いたのである」とまで指摘している。

内村は文明の二重性（進歩と侵略）をいち早く見抜いた知識人であった。残念ながら、内村の徹底した日清戦争批判は世論の知るところともならず、日本はさらに日露戦争へと進んでいく。内村は「非戦論」を説くが、結局、彼は万朝報社を去り、大衆世論の場から退いていくことになる。

## 第四節　講和めぐる朝野の過大な要望に悩む陸奥宗光

日清戦争時、その外交を担った陸奥宗光も同じ義戦の構図を描いている。その外交の舞台裏を描いた『蹇蹇《けんけん》録《ろく》』で、陸奥は「僅《わず》かに一衣帯水を隔てる両国にして、一は西欧的文明を代表し他は東亜的習套を保守するの異観を呈出し来たれり。かつてわが国の漢儒者流はつねにかの国を称して中華または大国といい、すこぶる自国を屈辱するを顧みずしきりに彼を崇慕したるの時代もありしに、今ははや、われは彼を称して頑迷愚昧《がんめいぐまい》の一大保守国と侮り、彼はわれを視て軽佻躁進《けいちょうそうしん》妄《みだ》りに欧州文明の皮相を模擬するの一小島夷《とうい》と嘲《あざけ》り、両者の感情氷炭相容れず、いずれの日かここに一大争論を起こさざるを得ざるべく、而して外面のいかなる形跡に出ずるも、その争因は必ず西欧新文明と東亜的旧文明との衝突たるべしとは識者を待たずして知るべき事実」とまで言い切っている。

『蹇蹇録』で私が注目したのは、連戦連勝を経て講和交渉に向う中、戦後賠償に対する朝野の過大な要望と列国との駆け引きの内幕である。まず朝野の要望だが、「一方には百戦百勝の浮誇に沈酣《ちんかん》し、他の一方にはおのおの将来の経営に関する胸算を擁して、互いにその主とするところの目的を失わざらんとするにあり。ことごとくこれを調和して各自を満足せしむるの成案を得んとすれば、一軽一重、彼の主、此の従、毫《ごう》も斟酌《しんしゃく》よろしきに帰する能わずして、いたずらにその重きを主たるものの湊合《そうごう》し、もって荷大の条件を成すを見るのみ」

という有様だった。

陸奥は、台湾全島譲与にこだわる海軍、台湾より遼東半島、更に朝鮮領有を求める陸軍、賠償金十億両を主張する松方大蔵大臣、清国が主権放棄した場合は山東、江蘇《こうそ》、福建、広東の四省領有を要求すべしとする革新、改新党、逆に北方の吉林など三省と台湾の割譲を要求すべしとする自由党など「衆論囂々《しゅうろんごうごう》」の状態だったと内幕を暴露している。その中で「二、三有識者は講和条件あまりに荷大に失するの得策にあらず」としながらも、「未だかつて社会の逆帳に抗して公然その持論を発表するまでの勇気なく、ただこれをその私書中に述べて微意を洩《も》らすに止まれり」と「社会の狂瀾《きょうらん》」ぶりを嘆いている。

すでにこの時期、軍や政府だけでなく世論においても、侵略戦争勝利に伴う過大な戦果の要求が野放図に高まっていた。大隈のいう天職としての「支那保全」論は大隈本人はともかく、日本国としては建前に過ぎなかった。社会は内村鑑三が指摘したように「欲戦」の空気に包まれていた。後年、大正デモクラシーの芽生えをも吹き飛ばす社会の底流・ポピュリズム、言い換えれば「草の根ファシズム」がすでに形成されていたのだ。日露戦争の講和に対する世論の不満、対華二一カ条の過大な要求、満蒙《まんもう》は日本の生命線としその領有の主張など事あるごとに、この「欲戦」の底流が爆発的に吹き上がり、太平洋戦争へとなだれ込んでいくことになる。

大隈政治について、真辺将之『大隈重信　民意と統治の相克』は「こうした外交策〔対華二一カ条要求など〕を大隈が追認したのは、その背後に日本の権益拡大を強く望む民意＝ナショナリズムの高揚が存在していたからである。日露戦後、民衆の間におおきな影響力を持った『国民主義的対外硬派』の延長上に、『内に立憲主義、外に帝国主義』と呼ばれる思想が、日本の最もポピュラーな思潮となるに至っていた。内政において元老を排撃し、議会を基盤とした民意に基づく政治の実現を求める一方で、対外的には領土・権益の拡張を志向していくあり方である。大隈はそうした民意をまさに体現する存在であった」と総括している。

## 第五節　評価分かれる福沢諭吉のアジア論

さて、大隈重信から「一心同体」とまで評された福沢だが、そのアジア論は私の読む限り、大隈とは大きく異なっている。福沢のアジア論に関しては、第二次世界大戦後の一九五一年、歴史家、遠山茂樹が、福沢の主宰する時事新報の一八八五年三月十六日の無署名社説「脱亜論」を取り上げ、「アジアの一員としてアジアの興隆に尽すのではなく、アジアを脱し、アジア隣邦を犠牲にすることによって西洋列強と伍《ご》する小型帝国主義となろうとする、日本のナショナリズムの悪しき伝統の中に、この類い稀《まれ》な思想家も、『文明』の名においてとらわれていた」(「日清戦争と福沢諭吉」『遠山茂樹著作集第5巻』所収)と批判した。福沢の筆によると推定される「脱亜論」の中で、「我国は隣国の開明を待て共に亜細亜を興すの猶予ある可らず、寧ろ其伍を脱して西洋の文明国と進退を共にし、其支那朝鮮に接するの法も隣国なるが故にとて、特別の会釈に及ばず、正に西洋人が之に接するの風に従て処分す可きのみ……我れは心に於て亜細亜東方の悪友を謝絶するものなり」と述べている点を根拠としている。

ただし、この批判の中でも、遠山自身は福沢を「類い稀な思想家」と評しているように、遠山は他の福沢関連論文でも、福沢を歴史的にかなり高く評価している。だが、日本によるアジア侵略に対する戦後の批判の高まりの中で、遠山論文の脱亜論批判の部分だけが注目され、福沢を「脱亜入欧論」者、アジア侵略論の元凶として断罪する議論が目立つようになった。

今回、本書の執筆にあたって、改めて福沢諭吉の著作を読むまでは、私自身もそのような観点から福沢を批判的に見て来た。しかし、福沢の各時期におけるアジア論を読み、また同時代の知識人たちがどう福沢の著作を読んだのか、さらに彼の朝鮮独立運動への関わり方を検討してみて、福沢をアジア侵略論の元凶と見なすのは、やはり行き過ぎた福沢批判だと感じた。そもそも遠山のいう「アジアの一員としてアジアの興隆に尽す」という天職を担った大隈ら明治期の中国論の主流こそがアジア侵略につながっていった。むしろ福沢独特の功利主義からアジアへの手前みその関与を放棄しようとした脱亜論の方が、後の章で見る吉野作造、石橋湛山らの大正デモクラシー中国論につながる冷徹なアジア論だったと見るようになった。

福沢は晩年、朝鮮独立運動に強い同情を示し、民間から全面的な支援に乗り出す。「脱亜論」は、その失敗と挫折《ざせつ》から、改めてアジアへの関与を放棄する決意を示した社説である。福沢と共に支援活動に関与した竹越三叉が『明治人の観た福澤諭吉』(伊藤正雄編、慶應義塾大学出版会)で述べているように、この時期の福沢にしては珍しく「政治的熱気」「政治的恋愛」に侵されたものであり、その挫折と焦りが「脱亜論」を吐かせた。その結果が、七十年近く後になって、アジア侮蔑《ぶべつ》論、侵略肯定論として断罪される羽目になってしまったのである[註i]。

脱亜論だけでなく、実は福沢の議論には毀誉褒貶《きよほうへん》、様々な評価が付きまとう。『明治人の観た福澤諭吉』には、明治期の各界の人士の福沢に対する毀誉褒貶、様々な立場からの福沢論が収められている。同書所収の徳富《とくとみ》蘇《そ》峰《ほう》の福沢論は、後の福沢への毀誉褒貶の出現を予測する非常に的を射た福沢評であるので、引用しておこう。

「君の鋭眼は、毎に中央の正面に反射せずして、両端の側面に反射するが故に、其の議論奇警非凡、往々人をして其意外に驚かしめ、人の爽快なる驚喜を促して止まずと雖《いえど》も、之が為めに其結果は、君が思ひ及ばざる所に迄、君が議論の影響を来し、所謂《いわゆ》る曲れる矯《た》めて直きに過るの憂は、往々にして之れ有るが如し。是れ畢竟《ひっきょう》、君が感化の甚だ大なるが故に斯《か》くの如しと雖も、之が為めに君の議論と君の本意と往々齟齬《そご》することあるは、吾人聊《いささ》か君の為に歎息《たんそく》する所なり」（『国民之友』一八八八年〔明治二十一年〕三月）

福沢に対する「脱亜入欧論者」としての批判は、蘇峰の言うように、議論と本意が齟齬した結果と言えるかもしれない。

## 時と場所に応じて変化する福沢の言説

福沢の言説は時と場所に応じて変化するのが特徴であり、ただ一時の言説の一部を取り出して、それが福沢だと即断すると誤解を生じやすい。「脱亜論」にしても、どのような状況下で生まれたのかを検証した上で、評価を加える必要がある。丸山真男は福沢の議論の特徴について、「福沢諭吉の哲学」（杉田敦編『丸山眞男セレクション』平凡社ライブラリー）の中で「価値判断の相対性の主張」にあると指摘している。

丸山は「〔福沢によれば〕我々の前に具体的に与えられているのは、決して究極的な真理や絶対的な善ではなく、ヨリ善きものとヨリ悪しきものとの間、ヨリ重要なるものと、ヨリ重要ならざるものとの間、ヨリ是なるものとヨリ非なるものとの間の選択であり、我々の行為はそうした不断の比較考量の上に成立っている。従ってまた、そうした価値は何か事物に内在する固定的な性質として考えられるべきではなく、むしろ、事物の置かれた具体的環境に応じ、それがもたらす実践的な効果との関連においてはじめて確定されねばならぬ。具体的状況を離れて抽象的な善悪是非をあげつらっても、その議論は概ね空転して無意味である」と分析する。

実際、福沢はまだ日本が明治の初め、文明化の緒に就いたばかりのころには、『学問のすゝめ』や『文明論之概略』において自由、平等、民権、文明化を強調する議論を展開したが、のちに自由民権運動が盛んになり憲法制定、国会開設の見通しが着くと、『通俗国権論』などにおいて、民権よりも国権重視を論じた。

福沢に対する毀誉褒貶の数々の中には、丸山の指摘する福沢の哲学の底流を踏まえず、その時々の福沢の片言隻句を捉えその是非を断じて、その議論自体が空転しているケースが見られる。

『明治人の観た福澤諭吉』に収められた福沢批判には、彼の功利主義が結局、倫理や国体を踏まえず、金銭崇拝の風潮を生んだという議論が多い。内村鑑三も「日本人は福沢翁の学理的批准を得て、良心の譴責《けんせき》なしに利欲に沈淪《ちんりん》するに至れり。薩長政府の害毒は、革命を以て洗浄し去るを得ん。福沢翁の流布せし害毒に至ては、精神的大革命を施すに非ずんば日本の心底より排除し能ざらむ」と実に手厳しい。

忠君愛国、国体主義一辺倒の大町桂月《おおまちけいげつ》は一方で、教育者としての福沢を「国語国史の素養なくして、国体を解せず、漢学の造詣《ぞうけい》深からずして、儒教の長所を解せざりし」とこき下ろしつつも、他方では「彼は国体流儀、儒教流儀の道徳を説かむよりも、社会の知識を増し、富を増し、完全にして円満なる社会を作らむことを急務としたりき。これ亦一種の見識たらずんばあらず。なまじつか国体流儀、儒教流儀より養はれて、偽善者、小慷慨《こうがい》家、小不平家となり、口にばかり立派なることを云ふ人を作らむよりは、実際に社会に立ち動く人を作らむことの益多きに如かず」と評価を与えた。福沢論にはこの程度の余裕を持った冷静な評価が妥当だろう。

賛否両論、同時代の知識人二十七人、四十六の福沢論を集めた同書だが、脱亜論やアジアに対する福沢の言動への批判はほとんど見られない。福沢のアジア非難の度合いが同時代の人々とさして変わらず、注目を浴びなかったと言えるかもしれない。しかし、私が読む限り、「政治的熱気」に包まれた一時期を除いて、功利主義によって彩られる福沢のアジア論は、日本を盟主としたアジアの勃興すなわち「興亜」を、日本の「天職」、「使命」とする大隈重信らのアジア論とは全く異なったものだった。

むしろこういう言い方もできよう。「政治的熱気」に侵された時期の福沢は、大隈らと同様、朝鮮の覚醒を使命として、その独立運動を支援したが、それが挫折に終わるや、功利主義者らしくその使命のむなしさを「脱亜論」で示し、使命を放棄したいわばアジア決別宣言だったとも言える。国民的使命観を持って、アジアに積極的に関与し、結局はアジア侵略につながる大隈らのアジア論とは正反対の方向にある。では福沢本来の、そして後期においても一貫している功利的なアジア論とはどのようなものか、その時代状況を踏まえながら見ていこう。

## 第六節　福沢のアジア論の原点——不干渉論

一八七五年（明治八年）、征韓論がかまびすしく論じられているころ、福沢は郵便報知新聞で「亜細亜諸国との和戦は我栄辱《えいじょく》に関するなきの説」（十月七日）と題し、アジアに対する日本の取るべき姿勢を論じている。

そこでは、福沢の生涯一貫した主張である「独立自尊」を確立する上での日本の課題から議論を始める。大政奉還によって御一新が達成されたとはいえ、「今日我日本の有様を太平無事として喜ぶ者は甚だ少なし、学問は未だ上達せず、商売は未だ盛ならず、国未だ富まず、兵未だ強からずとて、これを憂るに非ずや。一口に云へば日本は未だ真に開化の独立国と称す可らずとて之を心配することなり」と日本の現状を明らかにする。

その上で、「我輩の思ふ所にては、我日本は亜細亜の諸国に対して一歩も譲らざる積りなり。されば我国の独立如何の心配は別に原因を求めざる可らず。即ち其原因は亜細亜にあらずして欧羅巴《ヨーロッパ》に在るなり」と指摘し、「虚心平気、以て我国の有様を詳かにし、之を欧米諸国の有様に比して、学問の優劣、商売の盛否、国の貧富、兵の強弱を問はば、残念ながら今日の處《ところ》にて我は未だ彼に及ばずと云はざるを得ず。然り而して学問と商売と国財と兵備とは一国独立の元素なれば、彼に対し此物に欠典ありとすれば、我国の独立如何は唯欧米諸国に対して心配あるのみ」と、日本のこの時点での対外的な課題はアジアへの干渉ではなく、欧米諸国に追い付き、欧米との平等の関係を築くことにあると主張する。不平等条約の改正は重要な政治課題だった。

したがって、アジアの問題に関わることはその課題解決に何らプラスでもなくむしろマイナスだと、台湾出兵を引き合いに出し、その功罪を以下のように論じる。

「右の次第を以て考れば、我日本は亜細亜の諸国に対して和戦共に国の栄辱に差響くことなし。永遠の事を心配するときは、戦て之に勝つも却て国の独立に害ありと云はざるを得ず。近く其一證を示さん。昨年台湾の一条は我国の勝利と云ふ可し。之がため台人も恐いりたることならん、支那人も閉口したることならん。されども此勝利の後、此勝利の勢を以て、聊かにても欧米の高裁に差響き、欧米の人民に対して我国威を耀《かがや》かし、暗に彼を恐れしめて彼を制するの勢を得たるや。十目の見る所にて毫も其痕跡《こんせき》なきに非ずや。此一条に付き今日に残りたるものは、軍費数百万円の不足あるのみ」

「簡易明白、何人にも分り易き我国の損亡は今の外債なり。之を人に聞く、方今我国の外債凡そ千五百万円、元利共に償却して今後毎年二百万円ずつを払い、凡そ二十年、共計四千万円の金を払て皆済たる可しと」

福沢は、台湾出兵批判と同じ論法で、征韓論をも戒める。

「朝鮮は彼より来朝して我属国と為るも之を悦ぶに足らず。況《いわん》や事を起して之と戦ふに於てをや。之に勝て栄とするに足らず、之を取て利するに足らず。巨万の軍用金を費して欧米の物を仰ぎ、欧米の船艦を買ひ、欧米の銃砲を求め、銭を欧米の人に与へて物を朝鮮の国に費し、結局我外債の高を増して、毎年海に投ずるに等しく償金を払ふに等しき利足を外国に輸出するに過ぎず」

つまり朝鮮の方から属国にしてほしいと言って来たって、その運営のためにどれほどの費用がかかるかを考えたらば、日本の方は全くの願い下げだと言っているのだ。さすが功利主義者、福沢の面目躍如たるものがある。さらに興味深いのは征韓論批判から対中関係にも議論を発展させている場面だ。

「論者又云く、朝鮮は目的に非ず、朝鮮に事を始て次でに支那に及ぼし、支那の富を取て以て今日の費を償ふ可しと。盛なる哉《かな》、此言や。支那をして孤立せしめなば此言或《あるい》は当る可しと雖ども、今日世界の有様に於て支那は決して孤立するものに非ず。支那帝国は正に是れ欧米諸国人の田園なり。欧米の人は支那人を憐《あわれ》むに非ず。豈《あに》他人をして貴重なる田園を蹂躙《じゅうりん》せしむることあらんや。事ここに至らば、欧米の人は支那人を憐むに非ずして、自ら貿易の利を失ふを惜み、自ら利するの私心を以て支那を助るや必然の勢いなり」

福沢は征韓論が目的を達すると、次に日本が中国に食指を伸ばすことを見越し、その場合、欧米諸国が黙っていないよとまで警告している。まるで太平洋戦争まで見通していたかのようである。この時点での福沢のアジア論はアジア不干渉論と言えるだろう。ある意味、「脱亜論」であるとさえ言える。

朝鮮、中国が日本同様に文明開化を果していけば、日本にとって大きな経済市場となり、日本の富国強兵に役立つとも考えていた。ちなみに福沢のアジア論を侵略主義的、民族差別的と断罪してやまない福沢研究者の一人、杉田聡編集の『福沢諭吉　朝鮮・中国・台湾論集』（明石書店）には、この郵便報知新聞の評論は採用されていない。それどころか、福沢の朝鮮・中国論をめぐる賛否両論様々な論文や著作を読んでみたが、福沢の郵便報知新聞での評論に触れたものは見当たらない。

河野健二は「明治維新と『西洋』」(田中彰編『世界の中の明治維新』、吉川弘文館、二〇〇一年)の中で、「日本の『西洋』への関心は、二重であった。一つは到達目標としての『西洋』であり、いま一つはいわゆる外圧の主体としての『西洋』である。前者をとって後者をすてるときに、欧化主義が出てくるし、後者をとって前者をすてるとき、国粋主義、アジア主義が出てくる。しかし、政治家の多くは、この二つを巧みに使いわけたというよりも、使いわけることのできる人間のみが、日本の『国家理性』を代表することができた」と分析する。非常に明快な分析ではあるが、福沢のこの時期の朝鮮・中国論は、目標としての西洋文明を掲げながら、一方では外圧としての西洋も意識している。晩年の脱亜論の段階においても、文明のもう一つの側面である侵略性について冷徹に認識し、侵略されるより、侵略する側に回った方がましと、脱亜を説いたのである。巧みに使い分けて議論するのではなく、あまりに不器用に論じるから、後世、アジア侵略の元凶のように批判されるのだ。大隈の場合も、主張としては同様といえるだろう。ただ彼は時に政治家として、政権の座に付き、巧みに使い分けて、使命観を振り回しながら、アジアの盟主として侵略を実行する側に回った。

## 第七節　一変する福沢のアジア論

福沢の郵便報知の議論は明治初期の段階のものであり、明治中期、後期には全く異なった議論を展開している。彼のアジア論を不介入から介入論へと転換させるきっかけとなったのは、一八八一年六月八日、朝鮮政府の日本視察団一行の一部が福沢の慶應義塾を訪れたことだった。それまで西欧諸国との条約締結を拒否していた朝鮮は前年、開国政策に転換した。それに伴い、日本の官公庁や産業施設を視察するために派遣した一行だった。翌八二年三月に福沢が創刊した時事新報に、その後数多くの朝鮮、中国に関する社説が掲載される契機となる訪問だった。社説の多くが福沢の起筆とされる。

月脚達彦《つきあしたつひこ》『福沢諭吉の朝鮮』（講談社選書メチエ）は「それらの社説には、日本はアジアで唯一『文明化』した国だという優越感から、隣国を見下すような言辞にあふれている」と指摘する。それらが、すでに紹介したように七十年後に遠山茂樹によって発見され、アジア侮蔑論、侵略論の権化のような批判を浴びることになる。

しかし、月脚の同書や渡辺利夫『士魂　福澤諭吉の真実』（海竜社）は、福沢のそうした言説だけでなく、「どのような状況でそれらの社説が書かれたのか」、福沢の言動を、激変する朝鮮情勢の推移という歴史的文脈の下で、分析した。彼らの結論は自ずと遠山らの批判とは異なったものになっている。明治期の中国論の検討から、話が当時の朝鮮半島情勢へと逸れてしまうが、福沢のアジア論を理解するには、どうしてもそこまで立ち入らざるを得ない。

まず福沢は、視察団の受け入れについて、当時ロンドンにいた門下生の小泉信吉宛の手紙に以下のように書き残しているという。

「其中壮年二名本塾へ入社いたし、二名共先ず拙宅にさし置、やさしく誘導致し遣居候《つかわしおりそうろう》。誠に二十余年前自分の事を思へば同情相憐むの念なきを不得《えず》、朝鮮人が外国留学の頭初、本塾も亦外人入るるの発端、実に奇偶と可申《もうすべく》、右を御縁として朝鮮人は貴賤となく毎度拙宅へ来訪、其咄《はなし》を聞けば、他なし、三十年前の日本なり。何卒今後は良く附合開ける様に致度事に御座候」

この時点で、福沢は二十数年前の自身の欧米訪問や当時の日本の置かれた状況を思い起こし、朝鮮の人々に対する同情が芽生え、その独立運動への支援を始める。福沢の支援活動は、日本政府の対朝鮮アプローチとは異なる民間ベース、個人ベースのものだった。

朝鮮は、清王朝との間であいまいかつ不安定な「属国自主」の関係にあった。その宗主国清王朝の弱体化に加え、ロシア、イギリス、日本などの進出によって、朝鮮をめぐる情勢は流動化の一途をたどることになる。国内の勢力は清王朝に頼る事大党、それに頼りつつも徐々に開化を進める閔妃《びんひ》政権、日本の支援を受ける独立党、さらには排外的な宗教集団、ロシアに頼るグループなどに分裂、それが政変を繰り返していた。岡本隆司『世界のなかの日清韓関係史』は、この時期の東アジアをめぐる各国及び朝鮮国内の各勢力の思惑と行動を詳細に分析している。

福沢が朝鮮に関わりはじめた頃、朝鮮で壬午の変乱（一八八二年七月）が発生する。日本も関わった閔妃政権による軍の改革に反発する旧軍の一部が国王の実父、大院君《だいいんくん》を守り立てて行ったクーデターだった。この変乱で、日本人数名が殺害され、日本の花房公使も迫害追放され、その後の朝鮮情勢に日本が深く巻き込まれることになった。

このクーデターは最終的に清軍三千人の派遣によって鎮圧される。大院君は天津に拉致され、閔妃政権は復活するが、朝鮮は実質的に清の支配下に置かれた。日朝間において、変乱に伴う日本の損害補償や日本の求める開港などを認める条約も結ばれた。だが、一連の措置を、裏で取り仕切っていたのは清の朝鮮奉使、馬建忠だった。岡本は前掲書で馬の行動は「かれ自ら定義した〔朝鮮の〕『属国自主』、『属国』の実体化と『自主』の名目化に即したものである」と指摘している。これによって独立派と日本の朝鮮に対する影響力の後退が進むが、逆に朝鮮ではバランスを取るように日本やアメリカなどへの独立支援を求める声が高まる。

渡辺の前掲書によると、独立派のリーダー、金玉均はこのころ福沢邸に長期滞在し、日本の政界のトップとも面談し、日本への傾斜を強めた。福沢自身も「金玉均などに国権の伸長の必要性を熱意を込めて説き、実際、この頃から数を増した朝鮮人留学生の多くを慶應義塾に受け入れ、また留学生の一部を陸軍戸山学校に在学させて軍隊教練に就かせた」という。

福沢は一八八二年（明治十五年）九月八日付の時事新報社説で、以前の朝鮮不介入とは全く異なる主張を書いている。

「今朝鮮国をして我国と方向を一にして共に日新の文明に進ましめんとするには、大に全国の人心を一変するの法に由らざる可らず。即ち文明の新事物を輸入せしむること是なり。海港修築す可し、灯台建設す可し、電信線を通じ、郵便法を設け、鉄道を敷き、汽船を運転し、新学術の学校を興し、新聞紙を発行する等、一々枚挙す可らず」

さらに福沢は朝鮮の文明化促進のため門下生二人を送り込む。出発にあたってその激励文を時事新報に掲載し、次のようにも戒めている。

「行《ゆき》て彼《か》の開進の率先者と為り、その士人《しじん》の俊英なる者を友としてその頑陋《がんろう》なる者を説き、之を激〔原文ママ〕して之を怒らしめず、之を諭して之を辱めず、君の平生処世の技倆《ぎりょう》と学問の実力とを以て、懇々之に近づき諄々と之を教ることあらば、之を開明に入る、亦難きに非ず。…君も亦朝鮮国に在て全く私心を去り、猥《みだり》に彼の政事に喙《くちばし》を容《い》れず、猥に彼の習慣を壊るを求めずして、唯一貫の目的は君の平生学び得たる洋学の旨を伝て、彼の上流の士人をして自ら発明せしむるに在るのみ」

こうした福沢のリベラルな側面も、前掲の福沢を断罪する杉田編『福沢諭吉　朝鮮・中国・台湾論集』には収められていない。そうした一方的な論集からは、公正な福沢像を読み取ることは無理だろう。

さて、福沢の朝鮮独立運動への支援は行き着く処、朝鮮を事実上属国扱いする中国と相容れなくなる。一八八二年（明治十五年）十二月に時事新報で五回にわたって書いた社説「東洋の政略果たして如何せん」では「我東洋の政略は支那人の為に害しられたりと云わざるを得ず。然ば即ち之に処するの法如何にして可ならん。吾輩の所見に於ては唯二法あるのみ。即ち退て守て我旧物〔清韓の宗属関係の継続を指す〕を全うするか、進て取て素志を達するか。今日の進退速に爰《ここ》に決心すること最も緊要なりと信ず」と彼自身、清国との対立を意識している。

福沢はさらに「東洋の政略を進取と決断して、兵備の要用なるは特に喋々《ちょうちょう》の弁を須《ま》たず。吾人は固《もと》より好で兵を弄ぶ者に非ず。忍ぶべきは十分に忍び、持重すべきは十二分に持重すること。……その持重や自から程度あり。……支那人が頻りに韓廷の内治外交に干渉して、甚しきはその独立をも危くするの勢いに至るときは、吾人は日本国人の本分として支那人の干渉を干渉して之を抑制せざるべからず。即ち我兵備を要するの一点なり」と軍事力の増強を主張した。この時点では日本政府以上に強硬論だったとさえ言える。

この時期の福沢の主張は、以前のアジア不介入論でもなければ後の「脱亜論」でもなく、朝鮮、中国の改造、文明化のためには武力行使も辞さずとの強硬姿勢を取っている。この段階では大隈らと同じ主張を展開していた。

## 第八節　「脱亜論」をもたらしたクーデターの失敗

こうした朝鮮を開化させようという福沢のいわば「朝鮮改造論」を、さらに百八十度暗転させ、「脱亜論」に導く事件が発生する。一八八四年十二月四日の甲申政変と呼ばれる独立派によるクーデターの敢行だった。郵政総局の祝賀宴を利用して、守旧派の政府高官を殺害し、国王を担いで新政府の樹立を宣言した。しかし、その二日後、袁世凱《えんせいがい》率いる清軍が介入し、独立派の多くの首謀者は逮捕され、処刑される。一部は日本へと亡命した。

独立派によるクーデターに福沢は大きく関わっていただけにその失敗に対する落胆は大きく、また逮捕された独立派リーダーに対する残酷な処刑に怒りを爆発させる。それが三月十六日付時事新報社説「脱亜論」の執筆へつながっていく。

「脱亜論」は、一．文明の東漸　二．日本の文明化　三．旧慣に恋々たる支那・朝鮮　四．両国は亡国・分割の危機　五．悪友の謝絶の五つのパラグラフに分けられる。遠山の福沢批判はその最終パラグラフを引用したものだ。福沢の朝鮮独立への支援活動とその挫折を踏まえ、この文章全体を読めば、遠山の「アジアの一員としてアジアの興隆に尽すのではなく、アジアを脱し、アジア隣邦を犠牲にすることによって西洋列強と伍する小型帝国主義となろうとする、日本のナショナリズムの悪しき伝統の中に、この類い稀な思想家も、『文明』の名においてとらわれていた」という福沢批判があまりにも一面的だということが見えてくるだろう。

遠山らにはマルクス主義史観の法則に当てはまる部分だけをすくい上げて批判するという傾向が見られる。それは後章の大正デモクラシー中国論とりわけ吉野作造に対する井上清らの批判も同様だ。

問題の「脱亜論」だが、まず第一パラグラフで、「西洋文明の風、東に漸《ぜん》し、到る処、草も木もこの風に靡《なび》かざるはなし。……文明は猶麻疹《はしか》の流行の如し。……その勢いに激すべからず。況や利害相伴うて常に利益多き文明に於てをや。……力《つと》めてその蔓延《まんえん》を助け、国民をして百その気風に浴せしむるは智者の事なるべし」と、文明化（西欧化）を時代の流れであると全面的に肯定する。

第二パラグラフでは、日本の経験、明治維新の成果を挙げる。「文明が我日本に入りたるは嘉永《かえい》の開国を発端として、国民漸《ようや》くその採るべきを知りたれども、……古風老大の政府なるものありて、之を如何ともすべからず。政府を保存せんか、文明は決して入るべからず。……然ば即ち文明を防ぎてその侵入を止めんか、日本国は独立すべからず。如何となれば世界文明の喧嘩繁劇《けんかはんげき》は東洋孤島の独睡を許さざればなり。……我日本の士人は旧政府を倒して新政府を立て、国中朝野の別なく一切万事、西洋近時の文明を採り、独り日本の旧套《きゅうとう》を脱したるのみならず、亜細亜全州の生に在て新たに一機軸を出し」と、日本は明治維新を通して、アジアで唯一文明化に成功したと指摘する。

第三パラグラフでは支那、朝鮮の現状を取り上げる。「然るに爰に不幸なるは近隣に国あり、一を支那と云い、一を朝鮮と云う。……この二国の者共は一身に就き又一国に関して改進の道を知らず、交通至便の世の中に文明の事物を聞見せざるに非ざれども、耳目の聞見は以て心を動かすに足らずして、その古風旧慣に恋々するの情は百千年に異ならず。……学校の教旨は仁義礼智と称し、一より十に至るまで外見の虚飾のみを事として、その実際に於ては真理原則の知見無きのみか、道徳さえ地を払うて残刻不廉恥を極め、尚傲然《ごうぜん》として自省の念なき者の如し」と、支那、朝鮮は古い文明から抜け出せず、改革の道を拒絶していると批判する。確かに発言は手厳しく、現在の価値観から言えば、アジア侮蔑の論とも言える。だが、その旧態依然たる中国の現状は、後に五四運動の思想的リーダーとなった魯迅《ろじん》も指摘していた。

その上で、第四パラグラフではこのままでは二国は分割や亡国の恐れありと警告する。「その国中に志士の出現して、先ず国事開進の手始めとして、大《おお》いにその政府を改革すること我維新の如き大挙を企て、先ず政治を改めて共に人心を一新するが如き活動あらば格別なれども、若しも然らざるに於ては、今より数年を出でずして亡国と為り、その国土は世界文明諸国の分割に帰すべきこと一点の疑あることなし」と断言した。

このパラグラフで大事なことは、日本の明治維新のように志士が現れ、革命を起こして人心を一新すれば支那、朝鮮も変わると述べていること、そして、そうでなければ亡国、分割の危機にあると指摘したことだ。まさに歴史は福沢の指摘した後者の道を歩むことになる。

福沢の脱亜論は、その上で第五パラグラフの結論に入っていく。「輔車脣歯《ほしゃしんし》とは隣国相助くるの喩なれども、今の支那、朝鮮は我日本国のために一毫《いちごう》の援助と為らざるのみならず、西洋文明人の眼を以てすれば、三国の地利相接するが為に、時に或いは之を同一視し、支韓を評するの価をもって我日本に命ずるの意味なきに非ず。……その影響の事実に現われて、間接に我外交上の故障を成すことは実に少々ならず。我日本国の一大不幸と云うべし。左れば、今日の謀を為すに、我国は隣国の開明を待て共に亜細亜を興すの猶予ある可らず、寧ろ其伍を脱して西洋の文明国と進退を共にし、其支那朝鮮に接するの法も隣国なるが故にとて、特別の会釈に及ばず、正に西洋人が之に接するの風に従て処分す可きのみ……我れは心に於て亜細亜東方の悪友を謝絶するものなり」と結論付けた。

そこには、これまで韓国の独立運動を支援してきたにもかかわらず、甲申政変の失敗のような散々な結果を招いたことに対するくやしさがにじみ出ている。また当時、日本は欧米との不平等条約の改正が大きな課題となっており、支那、朝鮮と同一視されることがその障害となっていることを、福沢はその数年前から指摘していた。さらにロシアの満州、朝鮮進出によって日本の安全も危険にさらされると福沢は考えていた。支那、朝鮮を支配する守旧派の余りの危機感の無さに思わず、「脱亜」を吐いてしまったというところだろう。

## 第九節　二十世紀に持ち越す「支那・朝鮮」の文明開化

以上、福沢の朝鮮論の紹介が長くなってしまったが、本論の目的は、大正デモクラシー中国論の前提として、大隈、福沢の中国論の比較にあった。

福沢の中国・朝鮮論の総括については、月脚達彦『福沢諭吉の朝鮮』が適確にまとめている。月脚は福沢を「リベラル帝国主義」と規定し、日本政府の「公式帝国主義」と峻別《しゅんべつ》している。月脚の結論を要約すると以下のようになる。

一．日本も西洋諸国の侵略の危機にさらされているという立場から朝鮮の『独立』を唱えた福沢の『朝鮮改造論』は、今日の一般的な福沢評価とは異なり『アジア主義』的な心情にもとづいていた。ところが壬午動乱以後、朝鮮『独立』論を主張することは、最強硬の対清・対朝鮮政略論になる。…福沢は朝鮮『独立』の支援者だったからこそ、今日アジア侵略論者と見なされることになるのである。

二．しかし、福沢の『朝鮮改造論』が日本の支援による朝鮮の『独立』を掲げるものである以上、日清戦争中であっても福沢は日本による朝鮮の保護国化や併呑《へいどん》に反対した。…福沢にとって、朝鮮の『独立』を標榜《ひょうぼう》する日本が逆にそれを保護国にしたり併呑したりすることは西洋諸国（とくにロシア）からの『憎悪』を買うものであるため、あってはならないことなのである。

三．福沢が朝鮮について主張する日本の利益は、『商売貿易』上の利益という『自由貿易帝国主義』的なるものであった。自由貿易に反する『攘夷排外の気風』、およびそれを属性とする儒教思想に敵意を懐く福沢は、リベラルな立場から成立期の日本の帝国主義を先導していったと位置づけられよう。しかしそうした『リベラルな帝国主義』も、福沢の死後、日露戦争を経て日本政府が大韓帝国を『併合』(「公式帝国化」)し、同化主義的支配政策を施行することによって、最終的に敗北することになったのである。

この月脚の結論で言えば、「公式の帝国化」は、アジアの盟主としてその文明開化、興隆を「天職」、「使命」とする大隈が担い、それはあくまで「日本の利益」のため、あるいは個人的な同情を動機とする福沢は「リベラルな帝国主義」に留まったと言えよう。

## 第十節　「公式の帝国化」を体現した山県有朋

「公式の帝国化」ということで言えば、大隈以上にそれを体現したのは、日清戦争を前線で指揮し、明治から大正にわたり、政府と軍を舞台裏で操縦してきた元老、山県有朋《やまがたありとも》であろう。山県は陸軍、公安、貴族院、宮中にも幅広い人脈を持ち、明治中期から大正にかけてキングメーカーとして君臨した。一八九一年、首相として、陸海軍予算の大幅増加を説明した際には、「主権線」と「利益線」の確保という考えを打ち出し、これがその後の韓国併合、満州事変、日中戦争へと対外膨張、対外侵略を拡大していく戦略の基本線となっていく。岡義武『山県有朋』(岩波文庫)は、この山県の利益線拡張のグランドデザインとして、山県が天皇に宛てた二通の意見書を紹介している。一通目は日清戦争の前線からの韓国併合をめぐる意見書で、岡は以下のように要約する。

「今日韓国において見聞したところでは、人民は『暗愚』で『産業に力めず』、しかも純朴の風に乏しい。……この国を名実ともに独立させることはまことに困難であり、況んやこれを独立させて『東洋に於ける我れの利益を全ふするの方便』として役立たせることはむずかしい。そこで、今日の対策として最も急を要するものは、二つある。第一は、平壌以北に日本人移住民を送って次第にこの地域の商業、農業の実権を掌握させるとともに現地人を導いて文明にむかわせ、それらによって清国の影響を絶つことである。第二は、釜山から京城を経由して義州まで鉄道を敷設することである。韓国の独立をはかるには、わが国がその『運輸交通の権』を掌握して、将来『一旦東洋に事あれば即ち之を利用して機を誤らざるをの計』をなさねばならない。……しかも『釜山、義州の道路は、即ち東亜大陸に通ずるの大道』であり、将来『支那を横断して直ちに印度に達するの道路』となることは明瞭《めいりょう》である。その上、『わが邦にして覇を東洋に振ひ永く列国の間に雄視せんと欲せば、亦須《すべか》らく此の道を以て直ちに印度に通ずるの大道と為さざる可からざるは、臣が確信して疑はざる所なり』と論述したのである」

以下はもう一通の下関条約成立の直前の意見書の要約である。

「戦後わが国は新領土を獲得することになるであろう。またさらに戦勝に乗じ機を得れば直ちに『東洋の盟主』とならねばならない。さらに他方、清国の復讐《ふくしゅう》戦争に備えねばならず、また戦後西洋諸大国が東洋におけるその軍事力を増大させることを考慮しなければならない。またさらに、数年の中にシベリア鉄道が完成する。これらを考えれば、わが国の軍備は戦後拡張を必要とする。このたびの戦勝を利用して『東洋の盟主』となろうとすれば、軍備の目的をこれまでのように『主権線』の維持に置くことをやめ、『利益線の開張』をはかり得るものにしなければならない」

山県のこの意見書は、「興亜」、「アジアの盟主」を唱える一方で、「利益線」の拡張つまりアジア侵略の意図を持っていることをはっきり示している。その構想のスケールの大きさは、民間人として韓国の独立派を支援し、それが失敗に終わると「脱亜」に逃げ込んでしまった福沢諭吉とは段違いだ。

歴史家、坂野潤治は『近代日本とアジア』(ちくま学芸文庫)で、「『脱亜論』以後においても、福澤は朝鮮への進出をあきらめたわけではないが、それは日清間のいつか生じる決戦の結果によるものであり、一介の思想家、ジャーナリストがもはや操作し得る問題ではないという意味で、福澤の東アジア膨張に対する積極的な関与は急速に減退しているのである。もし観点をアジア侵略か否かという点にしぼれば『アジア改造論』時代の福澤は『脱亜論』以後の福澤よりも、はるかに糾弾に値するものであったのである」と指摘する。

坂野は「たしかに『文明』の論理は残ってはいるが、その『文明』は日本よりも西洋先進国の方がはるかによく体現しているのであるから、日本のアジア進出は今や西洋のアジア進出のおこぼれ頂戴《ちょうだい》以上のものでありえない。……福澤の名誉のためにいえば、すでに記したように、このような事態においつめられて以後の福澤は、他の政治家、思想家に比して特に膨張主義的でなくなっていた」ともいう。

福沢はその支援が失敗に帰すと「脱亜」を唱え、朝鮮支援の表舞台から去っていく。政治家、大隈は晩年、首相として中国侵略の発端となる対華二一カ条を突きつける役割を担わされることになる。山県率いる藩閥政権の中国・朝鮮政策は、「興亜」を大義名分としつつも、朝鮮半島、大陸での日本の権益の確保、拡大を進めることになる。

脱亜論の結論の「まさに西洋人が接するようなやり方にしたがって事を処するしかない。私は心中においてアジア東方の悪友との交友を絶ちたい」という路線は、むしろのちの日本の外交で言えば、幣原《しではら》外相の欧米列強との協調外交であって、満州事変以降の日本はその協調外交路線を放棄し、アジアの解放を大義名分とし、その実アジア侵略の道を歩んだ。

第二次世界大戦後、福沢の脱亜論批判の声がにわかに高まり、またアジア連帯が叫ばれるようになったが、福沢の時代、アジアの誰と連帯できたのだろうか。福沢が唾棄《だき》して止まない儒教文明の清王朝や李王朝では、その連帯先は見つからない。かろうじて生まれた朝鮮の独立派と連携したが、頑迷、老獪《ろうかい》な清王朝、李王朝によって、それは葬り去られた。しばしばアジア蔑視《べっし》論の典型として批判される時事新報社説「朝鮮人民のためにその国の滅亡を賀す」は、「この国がいよいよ滅亡するものとして考えれば、国の王家たる李氏のためには誠に気の毒にして、又その直接の臣下たる貴族、士族のためにも甚だ不利なりと雖も、人民一般の利害如何を論ずるときは、滅亡こそ寧ろその幸福を大にするの方便なりと云わざるを得ず」と、王朝政権と人民の利害をはっきり区別していた。しかも、福沢は最晩年、自身の支援活動の挫折も踏まえながら、外部からの圧力によって中国、朝鮮を変革しようとすることの愚を以下のように戒めている。

「日本人の考えにては彼の国情を以て恰《あたか》も我維新の有様に等しきものと認め、政治上の改革を断行して其人心を一変するときは、直に我国の今日に至らしむこと難からずとて、自国の経験を其儘《まま》に只管《ひたすら》他を導て同じ道を行かしめんと勉めたることなりしに、豈に図らんや、彼等の頑冥不霊《がんめいふれい》は南洋の土人にも譲らずして、其道を行く能わざるのみか、折角の親切を仇《あだ》にして却て教導者を嫌ふに至りしこそ是非なけれ。日清戦争の当時より我国人が所謂弊政の改革を彼の政府に勧告して、内閣の組織を改め、法律および裁判の方を定め、租税の徴収法を改正する等、形の如く日本同様の改革を行はしめんとしたるは、即ち文明主義に熱したる失策にして、其結果は彼等をしてますます日本を厭《いと》ふの考を起こさしめたるに過ぎざるのみ」(時事新報　一八九八年〔明治三十一年〕四月二十八日社説「対韓の方針」)

この論説を見てもわかるように、福沢の議論は、アジアの解放を日本の天職とし、アジアの興隆を唱えながら、その一方でアジアでの日本の権益確保、拡大すなわち侵略を目指した人々とは一線を画していた。福沢は彼独特の功利主義、リアリズムから、日本の置かれた状況を客観視する姿勢を維持することができたと言えよう。

二十世紀に入って中国にも革命の兆しが見え、人民が歴史の舞台に登場する。北京の学生たちを中心に始まった五四運動は、まさに西洋の「賽先生」（サイエンス、科学）と「徳先生」（デモクラシー、民主）を求める運動だった。「賽先生」と「徳先生」は福沢の言う西洋文明である。本来それは外からの誘導や外圧によって実現するものではなかった。「人民」の中から湧き上がって来るべきものだった。

すでに日清、日露戦争に勝利し、朝鮮半島、大陸に大きな権益を確保した日本政府（薩長藩閥政権）や大衆世論にとって、その運動は反日運動と映る。しかし、吉野作造ら大正デモクラシー中国論の担い手たちは五四運動を直視し、担い手たちとの交流を通じて、反日運動としてではなく、福沢がかつて朝鮮独立派の支援を通して成長を期待した民族自決、文明開化の運動として、正当に評価し、連帯を模索するようになった。

福沢は元来、その功利主義から朝鮮、中国への介入に反対してきたが、朝鮮独立派との出会いで一時期、独立派支援、文明開化という理想主義に熱を上げた。遠山茂樹は「アジアの一員としてアジアの興隆に尽すのではなく」と福沢を批判したが、その実践を試みていたのである。しかし、彼は独立派のクーデター失敗という現実を受け、残念ながら一見侵略論であるかに見える「脱亜論」を吐くことになる。それは非常に冷めた現実主義、功利主義でもある。大東亜戦争に至る日本の総動員体制を支える世論を生み出すためには、欧米列強の帝国主義の一員に加わってそのおこぼれをもらうという「脱亜論」では到底無理である。日本をアジアの盟主としアジアを力ずくでも動員して、ともに欧米帝国主義と戦うという「興亜論」でなくては到底、国民を振るいたたせることはできないだろう。

むしろ辛亥《しんがい》革命や五四運動を経て、吉野作造や石橋湛山、尾崎秀実《おざきほつみ》らによって形成される「大正デモクラシー中国論」の底流に、福沢諭吉の冷めた現実主義、功利主義が流れていると、私は考えている。後章で見るように、吉野らも、満州などの経営がいかに日本にとって大きな経済的負担になるかを指摘し、軍事力による対外膨張がいかに不毛な試みであるかと批判を加えることになる。福沢を「脱亜入欧論者」という側面だけでなく、むしろ「独立自尊の人」と見るのが妥当ではないか。

i

福沢のアジア論に関しては、中国・朝鮮を侮蔑する時事新報社説の多くが福沢の直筆や指示によって書かれたものではなく、その弟子で大正版、昭和版の福沢全集を編集した石河幹明によるものだと主張する平山洋らと、杉田や安川寿之輔・名古屋大学名誉教授らとの間で、激しい論争がある。ただ社説「脱亜論」に関しては両陣営とも福沢の筆によるものとしている。

# 民族自決と非戦

## 大正デモクラシー中国論の命運

高井潔司

# 第三章

# 大正デモクラシー中国論への展開

## 第一節　大正デモクラシー中国論とは？

### 清水安三との出会い

序章で記したように、私は二〇一二年北海道大学を定年退職後、たまたま縁あって桜美林大学に再就職して初めて、同大学の創設者清水安三《しみずやすぞう》が中国でジャーナリスト活動を含む多彩な活動をしていたことを知った。着任後の新規採用教員の研修会で、彼の自伝的著作『石ころの生涯』を渡され、そこに掲載された当時の中国評論のいくつかを読んで、彼のユニークな中国論に感動を覚えた。

もっと彼の著作を読みたいと思っていた矢先、学群の同僚となった李恩民教授（現グローバル・コミュニケーション学群教授）から「こんな資料集があります」と、『清水安三先生遺文集（二） 日本の対中国政策を激烈批判――ジャーナリスト活動（一九一九～二七）』を貸して頂いた。遺文集は、安三の二男、畏三《いぞう》（元共同通信記者、元桜美林学園長）が自家本として刊行したもので、遺文集（二）には、当時の雑誌や新聞に掲載された評論、記事が約百五十篇収められていた。この遺文集で驚いたのは、私がかつて所属していた読売新聞に一九二一年十二月から一九二三年五月のわずか一年半の間に三十七本の記事を書いていたことだった。

## 中国の民族主義と向き合う中国論

当時の中国情勢は五四運動（一九一九年）直後の変革期にあり、政治、社会の各分野で、欧米の科学思想、デモクラシー思想を取り入れ、旧体制を変革しようという民衆、学生運動が燃え上がっていた。だが、こうした運動は、日本の大陸進出、中国侵略に反対する反日運動の側面も持っていたため、日本では中国のこの新たな息吹に対して「反日運動」として、批判的、否定的に見る中国論、中国報道が主流を占めていた。

ところが、清水の書いた記事や評論は、こうした主流の中国論、中国報道とは全く異なり、中国の革新運動を前向きに、肯定的に捉《とら》えていた。それどころか、日本の軍事的な進出に厳しい批判の目を向けていた。例えば、当時高まりつつあった中国の女性解放運動について一九二二年二月から読売紙上で始まった三回連載の冒頭、こう書き始めている。

「支那の潮流は支那大陸の岸洗うことを忘れぬ。支那の四角い文字を読んでばかりいるものには新支那は解りはせぬ。支那は世界の新思潮に動き行く。漢学を甲羅に着けている日本の多くの支那通に現支那が理解出来よう筈《はず》がない。世界の新思想は現支那の女青年を動かさないでは置かぬ。わけて最近数年に於ける支那婦人界は全く面目を一新したといっても、敢えて大袈裟ではあるまい。言葉を強めていえば支那四千年の婦人発達史を一挙に覆して新時代を劃《かく》したと称し得る」

なぜこのような開明的な清水の記事が当時の読売新聞に掲載されたのか。一日、計八ページ、一ページは十二段という当時の狭いスペースの新聞に、一年半に四十本近い記事を書くというのは異例のことだったろう。しかも一年半という短期間に集中し、その後なぜぷっつりと途切れてしまったのか――。私には大きな驚きとともに疑問に思えた。そこから私の「清水安三」研究が始まった。

## 「大正デモクラシー中国論」への発展

第三節で詳しく紹介するが、清水が読売新聞に原稿を書くようになった背景には、新聞界において大正デモクラシーをリードした大阪朝日新聞の人脈が大きく関与していた。また清水はそれらの原稿をまとめて二冊の本を一九二四年に出版するが、その序文を大正デモクラシーの旗手、吉野作造が書いており、清水の中国論を賞賛した。吉野はまた中国の革新運動を進める学生組織との連帯を試みるが、清水は北京でその橋渡し役を務めている。私は清水の言動に、大正デモクラシーの香りを強く感じ始めた。

本書の基となる『メディア展望』誌の連載では、まず「ジャーナリスト、清水安三」研究を基に、同時期の中国報道や中国論をリードした吉野作造、また同じく中国で活躍した同時期の中国問題ジャーナリストなど大正デモクラシー期から太平洋戦争勃発《ぼっぱつ》にかけての中国論にまで検討の範囲を広げた。同時に、この時期の中国論、中国報道を分析した先行研究にも注目した。

清水のユニークな中国論がどのようにして生まれたのか、同時代の中国報道、中国論の中でどう位置付けることができるのか、その現代的意義がどこにあるのか、などを考え、関係資料、文献を漁ってきた。清水の中国論を同時期の中国報道や中国論と比較しようと、関係書にあたるうち二冊の興味深い研究書に出会った。一冊はこの時期の大阪朝日新聞の中国報道を分析した『辛亥《しんがい》革命から満州事変へ――大阪朝日新聞と近代中国』（後藤孝夫、みすず書房、一九八七年）、もう一冊は吉野作造や大阪朝日新聞の中国論調と対比させながら、一貫して帝国主義、植民地主義に反対しつづけた『東洋経済新報』を分析した『大正期の急進的自由主義』（井上清・渡部徹編、東洋経済新報社、一九七二年）である。『東洋経済新報』のこの時期の中国論を担うのは石橋《いしばし》湛山《たんざん》だ。

その結果、興味の対象は清水の中国論から広がり、戦前の中国報道、中国論に、清水も含め大正デモクラシーを色濃く反映した、いわば「大正デモクラシー中国論」という潮流の存在がくっきりと見えてきた。

日中関係の歴史は、昭和期に入り、満州、中国侵略へと拡大し、太平洋戦争の全面的敗北へと展開する。それに伴い、「大正デモクラシー中国論」も実は中国侵略に巻き込まれることになる。だが、「大正デモクラシー中国論」の潮流は、決して当初から時流に追随していたわけではない。軍部の暴走に立ち向かう議論を堂々と展開した。しかし結果的には暴走を許すこととなった。その命運と教訓を明らかにするのが本書の狙いである。現在の中国報道や中国論のあり方を考える上でも大きな意義があるに違いない。

## 第二節　大正という時代

### 一色ではない大正期の中国論

大正という時代は、日本にとって大陸進出の好機でもあった。日清、日露戦争の勝利で、日本の対外膨張の意欲は大いに高まっていたが、第一次世界大戦の開戦、さらにロシア革命の勃発によって、東アジアにおける欧米列国の力関係に空白が生じ、日本にとって絶好のチャンスとなった。第一次大戦への参戦によって、ドイツの支配する中国山東省への進出、ロシア革命の間隙《かんげき》を縫って、満州はおろかシベリアにまで手を伸ばそうと試みた。それに刺激を受けて、中国では民族主義が高まり、日本の進出への抵抗が激化した。

こうした東アジア情勢を受けて、日本の中国論、アジア論も多種多様であり、それも情勢の展開によってそれぞれに変化していった。単純に大陸進出の好機と見なす者もあれば、大戦後は民族対立が高まると見て、中国と連帯し欧米との対立に備えるべしという中国論を唱える者もいた。「大正デモクラシー中国論」もその一翼である。だが彼らがそう名乗り、意識して一つの流れを作っていたわけではない。様々な中国論のうち中国の民族主義の高まりを積極的に評価し、日本の大陸進出を批判する人々の中国論を「大正デモクラシー中国論」と私が勝手に命名したに過ぎない。

そもそも「大正デモクラシーとは何か」という議論の中で、「内にあっては民主主義、外にあっては帝国主義」という図式的な見方がかなり定着している。前掲の『大正期の急進的自由主義』はそうした立場に立って、吉野作造や大阪朝日新聞などの中国論を批判している。大正デモクラシー中国論は結果的に、軍国主義、帝国主義に呑み込まれていくので、そうした図式を描くことも可能だろう。だが、個別に、長期的に見ていくと、これらの中国論はむしろ日本の帝国主義的侵略を批判し、中国の革命運動、民族自決の動きに理解と共感を示す論調を展開していたことがわかる。大阪朝日新聞の中国論調を分析した前掲の『辛亥革命から満州事変へ』は『大正期の急進的自由主義』の図式的な批判に反論したものだ。同書は冒頭からこんな大阪朝日の社説（一九二三年一月二日）を紹介する。

「徹底した国内のデモクラシーは国外では即ち民族自決主義と平和主義になる。国内に於て自由と平等とを与へられんことを説く者は、他国民に向つても、同じくこの態度を以て当るのが当り前である」

大阪朝日新聞は第八章で見るように後年、満州事変（一九三一年）を境に、侵略戦争を煽《あお》る役割を演じることになるが、この社説を見てもわかるように、当初から「外にあっては帝国主義」という立場ではなかった。

また、大正デモクラシー論が「内にあっては民主主義、外にあっては帝国主義」と批判される大きな根拠として、第六章で見るように大正デモクラシー論の旗手、吉野作造が、対華二一カ条要求（一九一五年）について、日本としての「最小限度の要求」で、交渉の時機も適当であり、「支那に対する帝国将来の地歩を進むる上から見て、極めて機宜に適した処置」であると述べたことが、しばしば指摘される。対華二一カ条要求は、第一次世界大戦で敗北したドイツの中国における山東の利権の回収などを日本が求めたもので、中国側の強い反発と民族自決への運動を刺激した。対華要求を積極的に肯定した吉野の言論は確かに帝国主義的であったと言えよう。

しかし、この中国論は吉野の初期の言論であり、その後五四運動の発生や満州、韓国の実情視察を受け、清水らにも啓発されながら、大きく修正されていく。彼の場合は変節というよりも、当初の二一カ条要求の支持から中国侵略批判へと中国理解が進み、中国の改革に対する共感と日本の大陸侵出批判が目立つようになる。吉野を「外にあっては帝国主義」の象徴のように批判するのは、吉野の初期の中国論のみを読み、ステレオタイプな吉野理解で思考が停止してしまったためだろう。

『中央公論』一九三二年（昭和七年）一月号に掲載された「民族と階級と戦争」という晩年の論文では、吉野は満州事変について、「表向き政府や軍部やは今なほ満州に於ける軍事行動を自衛権で説明しようとして居るけれども、一般国民の方は知らず知らずの間に日本民族の生存上絶対必要と云ふことに目標を置き換えて居る」と指摘した上で、「満州に於ける軍事行動は斯うした国民的信念を背景とし、其支持に恃《たの》みつつ其要望に応じてすすめられつつありと観ねばなるまい。して見ると満州に於ける××××（軍事行動）の本質は××××（帝国主義的）だと謂《い》はねばならぬ」（刊行当時は伏字だが岩波書店『吉野作造選集』ではカッコ内のように補っている。以下伏字に続くカッコ書きは同様）と結論付けている。

本書では、清水、吉野、大阪朝日、石橋湛山さらに橘樸《たちばなしらき》、尾崎秀実《おざきほつみ》らの中国論を「大正デモクラシー中国論」として、それぞれの命運をたどる。

## 様々な可能性を秘めていた大正期

大正期、日本の対中外交はまだまだ様々な可能性を秘めていた。この時期、日本に駐在していたフランス大使、ポール・クローデルは外交書簡集『孤独な帝国　日本の一九二〇年代』（草思社、一九九九年）で、日中関係についてこう評している。

「中国には天然資源があり、日本には技術がありますから、日本は中国において他の列強と同じような状況では満足しないでしょう。日本は自分の意思でこの特権的な地位を放棄することは絶対しないでしょう。力ずくで放棄させようとすれば、それは大仕事になります」

「中国の政治は崩壊状態にありますから、そのなかで日本がすこしずつ優位な地位をとるのを阻止するのは、至難の業であると私は思います。しかし、私は日本が大きな障害に遭遇するだろうと信じています。日本は朝鮮において、世界で最も平和的な国民を激怒させ反乱へと向かわせました。朝鮮では示さなかった巧みさを発揮するのでなければ、日本は中国北部において、何世代にもわたって自国の軍人や外交官が忙殺されるような状況に直面するのを覚悟しなければならないでしょう」

クローデルの指摘を少し補足すると、中国政治は崩壊寸前にはあったが、一方では民衆レベルでその再建に向け、民族自決を求める運動も高まっていた。中国ナショナリズムの矛先は欧米列強よりも日本に向かいつつあった。英、米、仏などの列強はその動向を見守り、対中政策を修正しつつあった。事態はステークホルダーのそれぞれの思惑によって流動的に変化していく。日本も欧米と協調し中国にあたる協調外交の時期もあった。だが、後に周辺事情を顧みない軍部の意向が前面に出て、強硬外交に傾く。満州事変から日中戦争さらに太平洋戦争という絶望的なシナリオに突っ走ってしまった。その背景には誤った大陸政策、中国論の選択があった。

## そもそも大正デモクラシーとは

「大正デモクラシー」という概念は、この時期の思潮の流れや本書が取り上げようとする中国論を分析する上で有用だが、一方では注意も必要だ。毎日新聞連載「大正という時代」の中で、佐藤卓己・京都大学教授は「大正デモクラシーという歴史用語は政治学者、信夫清三郎の著書『大正デモクラシー史』以来使われるようになりました。つまり『民主主義は占領軍に押しつけられたものではない。日本人には脈々と引き継がれた底流があった』と、戦後民主主義の出自を正当化するために発明された概念でしょう。だから、大正時代の民主主義を理想化して見るのは問題があります」と指摘している。

同連載で記者の大井浩一は「大正デモクラシーの『民主』自体に、戦時体制につながる要素が含まれていたことが浮かび上がった」と補う。大正デモクラシー内部に限界や弱点を抱えていたという見方だ。つまり「大正期にあったものは『可能性として』あったという気がします。可能性ゆえの美しさというか、まだ実現していないものを待望するまなざしの輝きです」（佐藤）という。清水の歯切れ良い中国論も、その研究にあたっては一時期の評論だけに目を向けるのではなく、歴史的な変遷の中、それが抱えている問題点、限界も見て行く必要がある。

大正デモクラシーとは、一つの思潮潮流であり、大正期の政治がそれで動いていたわけではない。むしろ立憲体制、議会は開設されていたが、元老の支配による超然内閣が続き、政党政治は未成熟。岡義武著『転換期の大正』（岩波文庫）は、一九二四年（大正十三年）、清浦奎吾《きようらけいご》がほとんど貴族院関係者を起用する「貴族院（特権）内閣」を組閣した時の東京朝日新聞の社説や吉野作造の評論を引用して、当時の護憲運動や政党の内実を明らかにしている。東京朝日は「このような内閣は議会主義の建前とは相容れない。また世の『風霜』を知らぬ貴族院の人びとから成る内閣が国民生活の切実な要求にこたえる政治を果してなしうるか」と批判しつつ、「貴族院をかくまでに増長させ、かくまでに臆面《おくめん》もなく国体擁護を標榜《ひようぼう》させたのは、政党に大きな責任がある。政党には政策と国民の信望とを基礎に国政にあたろうという気力はなく、ひたすら元老の門を叩《たた》いて政権の落下を願う有様であり、元老さえも政党が政局を担当することを危ぶみ、政権は三たび超然内閣の手に渡った」、「憲政は擁護しなければならない。しかし、同時に政党の覚醒《かくせい》を促さねば、政局の病根は断つことができない」

と指摘した。貴族院内閣に反対して、立憲政友会、憲政党、革新倶楽部の三派による第二次護憲運動が展開され、五月に総選挙が行われた。岡は選挙戦の最中に吉野作造が行った講演の内容を紹介している。

「表面掲げる所の旗幟《きし》の何であれ今日の政党政派はどっちが勝っても社会、民人の利福に余り係わりがない。団体としては種々の行き掛り上にわかに立派な政治を期待し難いから、今度の選挙に当たっても、しばらく甲乙両派の何れを援くるといふを差し控え、いずれの所属でもいい、とにかく人物本位で選択を決したらどうか」、「今日の様な変態的な政界にあっては、すこしでも立派な人物を出すことが実に政党をきよめ、結局又漸を以て政界を常態に回復せしめる所以と思う」

現実の政治は大正デモクラシーの理想から遠く離れていた。

## 様々な思潮が育む大正期の中国論

日本は中国とどう向き合うか。大正期の中国論は、決して帝国主義、侵略一辺倒であったわけではない。その大正期の内外政策を形成する背景となる思想潮流には、大正デモクラシー中国論だけでなく、右に国家主義、軍国主義を帯びた中国論があり、左に社会主義、無政府主義などの流れもあった。

辛亥革命をどう評価するか、日本の権益をどう確保、拡張するか、混乱する中国を国際的にどう管理するか、五四運動をはじめ反日の動きをどう評価し対処するのかなどをめぐり、様々な思想潮流がそれぞれの立場から主張を戦わせていた。

『日中の120年　文芸・評論作品選1　共和の夢　膨張の野望』（岩波書店）は、当時の中国をめぐる代表的な議論を収めている。中国論は日本の国益に関わる問題でもあり、議論はまさに百花繚乱《ひゃっかりょうらん》の感がある。当時中国を「支那」と呼ぶのが通例であり、そこには大なり小なり侮蔑《ぶべつ》感情が含まれていた。

東京大学の東洋学者、白鳥庫吉は辛亥革命について、「支那の安危は直ちに我国の安危にも関するのである。……之を対岸の火災視して袖手傍観《しゅうしゅぼうかん》する訳には行かぬ」と述べ、その動向への注目を訴えた。その上で、東洋学者らしく中国の歴史、国情の特殊性から辛亥革命の意味を説いた。「厳密にいへば漢民族は人種上の区別を置かぬ国民で、如何なる国民が支那に来ても、悉《ことごと》く支那民族の臣民である。只風俗の違ったものを蛮夷狄戎《ばんいてきじゅう》といふ言葉を以て軽蔑しただけであって、此蛮夷狄戎も中華の風俗に化すれば、此を中華の民とする。……夫れ故に自国の外に国があるといふ事は、漢民族の方からは見て居ない」。だが、今回の革命は従来とは違う危機感の中で発生したと指摘する。「西洋人と接触するやうになって、其思想の大いなる誤りであった事に初めて気づいた。世界には自国の外に自国と同等の国があるという事が分った。……此思想は四千年の歴史を通じて支那に無かった所のもので、此思想こそ支那革命の真原因であると信ずる」と学者らしく冷静な分析に止めた。

一方、革命をどう評価し対応すべきかと、論を進める他の論者たちは、革命への積極的な関与、干渉を主張した。革命を側面支援した憲法学者、副島義一は、「支那は正に支那人の所有なるが故に、支那人自ら其の統治に当るのが当然である」としながら、ロシアが蒙古に、英国がチベットに進出する構えにあり、「支那をして自ら保全せしむる様に指導するのが、日本の大責任にして、やがて又大なる義務である。而して支那も亦、飽迄《あくまで》日本に信頼し、日本に助言を求むる誠意が無ければならぬ」と主張する。その上で、「日本が支那に於て従来占有して居る諸種の権利は、悉く必然の結果として獲得したもの故、これを縮少すること能わざるのみならず、今後益々拡張して行かねばならぬ。支那人に於ても、此等の権利を承認する丈の好意を持たねばならぬ」と、結局日本の権益拡大という本音をのぞかせている。第二章で取り上げた「国民的使命観」の流れと言えよう。

一方、右翼活動家、内田良平も、日本の権益拡大に対する三国干渉や中国分割を狙うロシアの動きなどを指摘しながら、「日本は飽迄も支那分割を防ぎ、以て朝鮮を安全にし、満州の利権を拡張し、さらに南清に於て利益を収むべきである」と拡張論を展開した。

辛亥革命後も混乱が続く中、日本をはじめ列強は権益拡大を目指す。この状況をどう打開し、中国の混乱をどう管理するかという「支那保全論」も、大きな論議の的になった。

大阪朝日新聞の記者出身で、京都大学教授の内藤《ないとう》湖南《こなん》は、『支那論』（一九一四年）の中で、「北清事変の際……列国の連合政府を行ったことがある」「この都統〔軍事管制〕政治の方が、国家の独立という体面さえ放棄すれば、支那の人民にとって、最も幸福なるべき境界である。……支那の官吏よりは、廉潔にかつ幹能〔才気〕ある外国の官吏によって支配されるから、負担の増さぬ割合に善政の恩沢を受ける。袁世凱《えんせいがい》大総統さえ仰ぐ国民が、都統政治に不満足を訴えるなどということは、あり得べき道理がない」と列強による「保全論」を提唱した。湖南は「自分は全く支那人に代って、支那のために考えて、この書を書いた」というのだが、愛国心を燃やす中国の人びとには湖南の主張は傲慢《ごうまん》な姿勢と映り、とても受け入れられるものではなかった。

湖南は十年後の「新支那論」においても、五四運動等の革新運動を排日運動と見なし、「愛国心から発したものでもなく、公憤から起ったものでもなく、……全く煽動《せんどう》の結果であり」「色々と根本から考えてみる必要がない」と切って捨てている。

## 共感から出発する中国論

これに対し、本書の主要テーマ、「大正デモクラシー中国論」の論者たちは、同じく中国の歴史や国情を論じるものの、まず日本の立ち位置をしっかり自省し、中国の現状や新たな息吹への共感から出発する。

吉野作造は「日支親善論」（一九一六年）で、「日本は満州方面に侵略の手を広げ」、「支那から見て日本は、単に生意気な成上り者と云ふに止らずして、一種の恐るべき危険な国と映ぜざるをえない」、「支那を近来特に軽んじた」ことが「最も余計に支那の怨みを買ふようになった」と指摘した。吉野はこの構図を塗り替えるには「支那の自強を計ることが先決であり」「隣に強国を有すると云ふことは、国家興隆の上から見て決して避くべきことではない。故に支那を強くすると云ふことは、寧ろ真に日本を強くする所以になる」と説く。この「強い中国」は、日本にとって利益という考え方は、戦後の日中国交正常化、中国の改革・開放への協力につながる議論だった。

だが、吉野は「従来日支両国の親善を説く者は、多くは此点〔疎隔の原因〕を曖昧《あいまい》にし、或《あるい》は同種同文だから親しめの、或は欧米諸国の白皙《はくせき》人種が黄色人種を圧迫するから協働せよのと」強いて説得しようとするが、「現前の事実を無視し、抽象的な空論を根拠とする提携論では」「継続的に両国の民心を現実に繋《つな》ぐことは出来ない」とアジア主義者らを痛烈に批判した。

さらに吉野は「今日黄白人種の対照反目を牽《ひ》き来るのは、一番尤《もっと》もらしく聞えて而も一番根拠の薄弱なる議論である」「予輩の理想とする所は日支両国を提携せしむる所の原理は、また之に依って東洋人と西洋人とをも提携せしむる所の原理でなければならぬ」と主張している。先に吉野は「外にあっては帝国主義」の象徴のように見なされてきたと紹介したが、実際のところ、吉野は東洋学者、アジア主義者、右翼国家主義者と一線を画す国際主義の立場に立っていた。「外にあっては帝国主義」はむしろデモクラシー派以外の人びとにあてはまる評価だろう。

## 様々な思潮を横断するポピュリズム

こうした様々な中国論の潮流の中で見落としてならないのは、それらの潮流を横断するようにポピュリズムの流れがあったという点だ。歴史学者、筒井清忠は『戦前日本のポピュリズム』で、日露戦争後の日比谷焼き打ち事件から、政党政治の崩壊と日米開戦、軍部暴走という破滅に至った過程で、「ポピュリズム」の果たした役割を明らかにしている。戦前の日本のポピュリズムは無方向性に特徴があり、立憲政治を求めた時期もあれば、国家主義へと大きく傾き、ファシズム（全体主義）をもたらすことにもなった。ポピュリズムが様々な思想潮流を横断すると先に述べたのはそのあたりの事情を指す。ポピュリズムはいつも拡張主義を支持していたわけではない。

「無方向」という点では、戦後幣原《しではら》内閣の下で、敗戦の原因の調査を目的に設置された戦争調査会の残した資料を分析した『戦争調査会』（井上寿一、講談社現代新書、二〇一七年）に興味深い記述がある。

「第一次世界大戦後の『平和とデモクラシー』の到来は、日本にも軍縮を求める。軍縮の受容は平和な時代における軍人に対する国民の蔑視《べっし》感情をもたらす」

大正期は決して「軍人万能」時代ではなかったというのだ。私が「大正デモクラシー中国論」を構想するきっかけとなった清水安三が、抗日運動について「拳銃で脅かす者に対して、いわゆるハンドアップで無抵抗、両手を上げたらどうなるか、朝鮮人支那人はそのハンドアップを以て殺伐なる日本軍人に対抗せんとしている」、「強敵の前に無限に強い日本軍人といえども、莞爾《かんじ》として空手で手向かうものを打つことも殺すこともできまい。日本刀は目に見えぬ真理を断つには、あまりに切れ味が悪いということである。今にして日本人が考え直さねば、日本人は世界の人間から仲間はじきになるに相違ない。孤立の国家が亡ぶか亡びぬかは、具眼者が一寸考えれば解ることである」（『基督教世界』、一九二〇年三月十八日）と痛烈な軍人批判を展開したのもこの頃だった。

むしろこの時期の「軍人受難」、軍人の「被害者意識」が、「青年将校の間に組織的利益を超えて、国家の革新を目指す者が現れ」、「軍縮と成り金の時代に遭遇し」、「憤懣《ふんまん》やる方なく」、「国家主義思想と結びついた」と、井上は指摘する。彼らの糾弾の先に「レビュー、ジャズ、喫茶店、酒場、明日に希望を持たない頽廃《たいはい》的享楽に浸る大衆消費社会のデモクラシー」状況があった。

そして昭和恐慌の時期を迎えると、逆に、政党政治や成金たちに対する大衆の不満が高まった。この状況を背景に、「軍部内から『総力戦体制』の確立を目指す勢力が台頭」し、大衆世論はそれを支持するようになり、軍国主義一色へと移っていく。天皇を推し戴《いただ》く総力戦体制に共鳴する大衆世論の矛先は、政党政治やデモクラシーへと向う。新聞は敏感に反応し、大衆世論、ポピュリズムに対する迎合へと徐々に変身していった。

子安宣邦は『「大正」を読み直す』(藤原書店、二〇一六年)の中で、「大正に『大衆社会』の成立を見る私は、昭和の『全体主義』の成立の中に『大衆デモクラシー』を見るのである。たしかに『大衆的喝采《かっさい》』なしには『全体主義』は成立しない。国民的歓呼なしには『総力戦』は遂行できない。昭和の『全体主義』は大正から生まれでたのではないか」と指摘している。大正デモクラシー中国論を論じる場合、その前向きな議論だけでなく、彼らが日本の中国進出という積み重ねられる既成事実と大衆世論にいかに追随させられていったかも見ていかねばならないだろう。

## 外交にも影響を深める大衆世論

内政だけでなく、外交においても、大衆世論とそれに迎合するポピュリズムが影響力をもつようになったのがこの時期の特徴だ。

だが、大衆が中国を知るチャンネルは限られており、その多くがメディアを通してとなる。日清戦争の勝利以降、大衆の中国理解には、遅れた「支那」のイメージがあり、軍閥《ぐんばつ》抗争の混乱した中国政治と日貨排撃の大衆の反日行動への嫌悪もあった。

メディアとの関係においては、メディアの報道、言論によって対中世論が形成されるが、逆に対中世論に迎合する形で報道が展開されることにもなる。時によっては、激高した大衆世論の直接行動の矛先がメディアに向けられることもあった。

以下は後章で詳しく検討するが、満州事変から対中戦争へと戦火の拡大の中で、すでにマスメディアに成長した新聞は、大衆世論に迎合し変節していく。中国の変革と民族自決に共感する清水ら大正デモクラシーの中国論は、中国のナショナリズムの高まりへの反発と日本の権益の確保、拡大を求める大衆世論の前に、もはや説得力を持たなくなった。

大正デモクラシー中国論が変節した理由として、軍国主義による弾圧がまず挙げられる。だが、先に触れたように、大正から昭和前期においては、決して軍国主義、国家主義一辺倒ではなく、軍に対する批判的論調もあり、メディア自身の選択において別の道を歩む可能性がないわけではなかった。

中国をめぐる情勢が先行き不透明な中で、侵略拡大を回避する道を提言しながら結局、軍国主義に直接、間接に協力する形になった大正デモクラシー中国論。その舞台裏では、大衆世論の高まりとそれに迎合するメディアのポピュリズムが軍国主義、総動員体制の確立とメディアの変節に大きくはたらいた。その結果、クローデルの描いた様々なシナリオのうち、最悪のシナリオを日本にもたらしたのだった。

日中関係は二十一世紀の今日も、領土問題などでいっこうに改善へと向かう気配がない。新聞、テレビ、雑誌などのマスメディアが伝える中国情報とインターネット上で交わされる大衆世論が大きく中国イメージを左右し、日中関係の前途に暗い影を落としている。いま改めて大正デモクラシー中国論の挫折《ざせつ》の理由を探り、教訓とする意味は大きい。

## 第三節　清水安三と大阪朝日人脈

### なぜこれほど多くの記事を読売に？

ここで議論をもう一度清水安三に戻したい。桜美林大学に移って一年目ごろ、同じＬＡ〔リベラルアーツ〕学群の太田哲男教授が私の研究室に来られ、「こんな本を出版していますので、ご参考までに」と、『清水安三と中国』（花伝社、二〇一一年）を頂いた。太田教授のこの著作は歴史学者らしく、史料をしっかり収集し、丹念に読み解いて、安三の足跡を明らかにしている。安三と中国の関わりを余すところなく分析されている。これ以上の安三研究は、無理と感じるくらいのボリューム感があった。ただ、「清水安三がなぜ読売にこれだけの数の原稿を書けたのか？」という私の素朴な疑問は解けなかった。もちろん、それは元読売記者の私の個人的な疑問であり、清水安三と中国の関わりを正面から見据えた太田教授の労作にその答えを求めるのは見当違いというものだった。

私自身がその疑問を解く必要がある。太田教授の『清水安三と中国』にその疑問を解くヒントがあった。同書の一四二頁に「ところで、清水の『桜美林物語』には、『読売新聞』へのこのときの連載については、丸山侃堂《かんどう》〔幹治〕からの注文だったとある。侃堂は如是閑《にょぜかん》〔長谷川〕や素川《そせん》〔鳥居〕などとともに、大阪朝日新聞社を退社した人物で、当時は読売新聞社にいて、如是閑とのつきあいは親密だった」と書かれている。

そこから丸山侃堂を手掛かりに『讀賣新聞八十年史』などをひっくり返し、私の疑問を解いていった。ちなみに丸山侃堂は、戦後民主主義を代表する政治学者、丸山真男の父親である。清水の中国論が読売に掲載されたナゾを解く過程で、清水安三の中国論に実は大正デモクラシーの思想が大きく影響していることが見えてきた。

## 大正期の読売に流れる朝日人脈

清水の論文第一作「支那生活の批判」は雑誌『我等』の一九一九年五月号に掲載された。『我等』は日本の新聞紙上最大の言論統制といわれる「白虹事件《はっこうじけん》」(一九一八年)で、大阪朝日新聞からの退職に追い込まれたジャーナリスト、長谷川如是閑らによって創刊された。長谷川は、吉野作造と並ぶ大正デモクラシーの代表的な論客の一人と評価される人物である。

清水は一九一七年五月、中国へ宣教師として派遣されるにあたり、大阪の朝日新聞社へあいさつ回りに行く。大阪朝日で対応した記者が長谷川だった。その長谷川が後年編集する雑誌に清水は論文を送ったのである。ただし、中国行きにあたって清水が長谷川に約束したのは、原稿の執筆ではなく、学校の建設であった。「ボクはシナへ行って二十歳代には小学校、三十歳代には中学校を、四十歳代には高等学校を、五十歳代には大学を建てるつもりです」と語り、長谷川が「私の吹いたホラを、吹いたとおりにかいてくれた」と、清水は回想している。

清水は初の論文執筆の経緯を、戦後の回想録『桜美林物語』の中でこう記している。

「実はわたしは奉天〔現瀋陽《しんよう》〕で『シナは国にあらず世界なり』と題する一文を書き綴《つづ》って、それを懐にして北京入りをしたのであった。わたしはかねて満鉄の図書館へ、しげしげと通って、手当り次第、シナ研究の本を読んでいた。そうしてその研究の収穫がまあいわばこの一文だったのである。わたしはその『シナは国にあらず世界なり』を北京の郵便局から、東京の雑誌『我等』へ発送した。シナ論に限っては特に、『在奉天、清水安三』ではなく、『在北京、清水安三』の方が遥かに重んぜられるであろうと考えたからである」

この一文こそ論文第一作「支那生活の批判」である。奉天は最初の赴任地で、わずか一年半で北京に移った。その間に清水は横田美穂と結婚生活に入っている。なぜ北京に移ったのか。戦中に朝日新聞社から出版した『朝陽門外』にこう記している。

「わたしが奉天に遣られたのは、満州で、支那人のために何事かをなしたいという希望があったからである。大阪に広岡浅子という女豪があった。この方が鄭家屯《ていかとん》よりもっと奥地バインカラというところに、何千町歩かの土地を買い取って、それを商租し、支那人と日本人とのクリスチャン村を作ろうということを目論まれた」

広岡浅子は、周知のように、NHK朝のドラマ「あさが来た」の主人公のモデルになった人物である。実際、離日の日に清水は天王寺の広岡邸を訪問したという。広岡の夢を聞かされ、すっかりその気になって赴いた奉天。ようやく拠点となる教会を建設し、結婚もして、夢に向かって歩み出そうとしていた。しかし、頼みの広岡浅子は一九一九年一月、逝去した。清水は「広岡邸で見た夢を、はかない世の夢の数に入れはしたものの、この後どうしようかしらと思った。そしても早満州に止つて居る理由はない。同じく鐘をつくなら、谷底でついていては駄目。山頂でつかなくてはと希望を新たに抱き直して、北京に移り住むことにした。何をどこでするにもせよ、語学研究が当先の問題である。一、二年みっちり支那語をやることにしよう。それには北京に行くに限る」と書いている。

広岡が亡くなった月にすぐ北京に移動しているから、この回想が事実としたら、清水は本当に果断の人である。こうして、北京に移る一方で、旧知の長谷川如是閑の編集する『我等』に論文を投稿したのである。

「翌月自分の文章が掲載されている『我等』を受け取った時の、喜びったら、筆にも口にも到底言い表せぬ程のものだった。極くわずかであったが原稿料までも送ってきた。ズに乗ってそれからずっと、毎月寄稿したが一回だってボツにならないで皆採用された」

## 中国への旅路——教育者、伝道者としての安三

そもそも清水安三とは何者か。一八九一年（明治二十四年）滋賀県高島郡で豪農の三男として生まれた。しかし、幼児期に父親を亡くし、さらに長兄の放蕩《ほうとう》で家は没落した。本人の述懐では、そのような家庭環境の中で、学業にも身が入らず、悶々《もんもん》とした青年期を過ごしたという。それでも、県立膳所《ぜぜ》中学時代、英語教師として来日したアメリカ人、ウィリアム・ヴォーリズとの出会いで、彼の人生は大きく変わった。ヴォーリズは宣教師でもあり、英語の授業の傍ら、日曜学校でキリスト教の布教に努めた。清水は英語の授業だけでなく、日曜学校にも通い、ヴォーリズの影響で、洗礼を受けた。その後宣教師として中国に赴くことにもつながっていく。ヴォーリズはメンソレータムで有名な近江兄弟社を設立したり、建築士として数多くの著名な西洋建築物の設計にも関わったりした人物として知られている。

清水は後年『石ころの生涯』でヴォーリズについてこう記している。

「私の生涯において、自分にもっとも偉大な影響を与えた人物は誰であろうか。それはやっぱりボリッさん（ヴォーリズの異名）だったと思われてならない。もし私がボリッさんを知らなかったならば、私

はあるいはイエス・キリストに出会わなかった」

大学は授業料、試験免除の同志社大学に進学した。在学中、唐招提寺を訪問し、遭難と失明にもかかわらず六度目の渡航で来日し、仏教の布教にあたった鑑真和尚の逸話に感銘し、中国への恩返しとして中国行きの思いが芽生える。同志社の先輩、徳富蘇峰《とくとみそほう》の『支那漫遊記』の、「思ふに、わが邦の宗教家にして、果して一生の歳月を支那伝道のために投没する決心あるものあらんや」の一節に触発された。直情径行型の安三は、鑑真和尚の逸話に加えて、徳富蘇峰の話に「ならばわしが」との思いを高めたという。とどめは中国・保定で義和団の暴徒に殺された米エール大学出身の宣教師、ホレス・ペトキンの遺言に関する牧野虎次牧師（後に同志社総長）の講演を聞いたことだった。ペトキンは生前、自分が殺された時のためにとエール大学あての遺言に「エールよ、エールよ。エールはわが子ジョンが二五歳になるまで、これを育ててくれ。そして二五歳になったならば、彼をして保定に来たらしめ、我があとを継がしめよ」と記したという。この話を聞き、「ついに支那に行くことに心を決めた」という。

こうしたエピソードに感激、行動に移すところから安三は激情型の人と言える。一九一七年、組合派教会からの派遣で二十六歳の時大陸に向かう。奉天で宣教師として布教活動を開始し、一九年北京に移った。北京では未曾有《みぞう》の飢饉《ききん》に遭遇し、被災した中国の児童を救う児童収容所を開設。さらに二一年、売春を余儀なくされようとする若い娘たちを救うため、最初の妻、美穂とともに、読み書きを教え手に職を持たせる「崇貞工読女学校」を開設した。美穂は一九三三年、病死するが、この学校はその後、安三が再婚した教育学者、小泉郁《いく》子《こ》の尽力もあって大きく発展し崇貞学園となる。一九三九年には男女共学の小学校児童数二一三人、中国人だけの女子中学生徒数五五人、発足したばかりの日本人女子中学一年だけで生徒数二三人を数えるに至った。一九四三年高等女学校も併設し、中国人留学生を日本の大学、専門学校に送り込むほどの学園に仕立て上げた。その大半の建設、運営資金は、清水安三の個人的な努力で寄付金を集め、賄ったが、戦時中は日本政府の補助金も入り、当時日本の学校にもなかったモダンな体育館さえ備わった学校だった。だが、四五年の敗戦で、学校の全ての資産は中国側の手にゆだねた。清水は夫人と共にその後、日本に帰国、改めてゼロから桜美林大学を含む現在の桜美林学園を創り上げた。

その一方で、彼は戦前、北京在住のジャーナリストとして、中国の動向、日中関係などに関して、数多くの評論、インタビュー記事を残した。

彼自身は生活費を稼ぐためだったと自嘲《じちょう》気味に語っているが、北京で対華二一カ条に抗議する学生たちのデモ（五四運動）を目撃し、衝撃を受け、その新たな息吹を伝えようと評論活動にも手を染めたとみられる。その後、魯迅《ろじん》や李大釗《りたいしょう》など当時の北京の革新運動を担っていた第一級の人物たちの自宅に日参し、彼らとの対話を通して、ユニークな中国論を展開した。孫文には直接の接触はなかったが、孫文率いる中国革命の可能性を高く評価し、北伐途上の蔣介石《しょうかいせき》にもインタビューしている。ちなみに夫人の郁子は、蔣介石夫人の宋美齢《そうびれい》と会談し、日中戦争の回避を訴えたこともある。

## ユニークな初論文

長谷川如是閑編集の『我等』に掲載された初評論「支那生活の批判」は、現在読んでもなかなかユニークな中国論である。この評論の内容は、タイトルとは大違いで、冒頭から「支那人は気早な日本人の批判するやうに、過去の文明人ではない。或は過去の国民であるかも知れぬが、決して過去の人間ではない。彼等には現代文明よりか先を越した思い切った若々しさがある」と述べ、日本人の中国観の誤りを指摘しながら、マクロな視点で、中国社会の直面している問題をその基本的な国情から説明する。例えば、国家と国民の関係について、「支那は少数の『馬鹿な論客』と『怜悧《れいり》な民衆』の多数から成立っている」と指摘する。そして、「馬鹿な論客」は泥棒を前にして親子が口論しているという。「馬鹿な論客」は「政治家」、「泥棒」は「侵略者」、「親子が口論」は「内部抗争」と置き換えるとよくわかる。「支配する能力を打忘れて、支配する方法を論駁《ろんばく》してゐる。南北の分争は新旧両思想の衝突で、古い頭の親は北方で、新しい思想の子は南方に似てゐる」。一方、『怜悧な民衆』は、国家と国域と民族に愛着する以上に、自己の幸福と安全と生存とを大切にしてゐる。統一する権威が何処にあろうと、全く無関心である。要は自己を安全に保護するのであれば足りる」。しかし、清水はこの点で、日本の中国通が「支那人を利己一天張りのやうに」いうことを批判する。「支那人は日本人などよりか、幾層か親切で正直で利他である。彼等は只国家と統一者とに対して利己であるのだ。人間として仁義に富んでゐても、国民として利己であるのだろう。そこに商人としての信用があり、官吏としての収賄者となる」と、分析している。なかなか面白い人間観察である。その上で、清水は「支那は土の海原である」「支那は一夜造りではない。五千年の歴史が纏《まと》い付てゐる」とし、「この『広さ』の為めに支那は、大男知恵が総身に廻り兼ねている所があり、『長さ』の為めに伝統因習の悩みがある」と中国が直面する悩みを中国社会の基本的な構造から描き出している。中国に来て二年も経たないのに、中国の国情をしっかりと踏まえ、その後の中国研究、中国報道のベースを築いたことが、この評論から読み取れる。

さて移住した北京では、転居早々中国語の勉強に邁進《まいしん》する。「大日本支那語同学会に入れてもらうやその翌日から支那語と支那事情の研究に没頭した。当時同学会には武内義雄氏がおられた。同氏は後年、東北大学で諸子学講座を担当された文学博士で、おそらくその博学にして実力のあること、日本第一の学者であろう。武内博士ばかりでなく、同学会の小さい狭い部屋に宿れる青年たちは一人残らず勉強家であって、今日軍人としては支那通の少将、中将、学者としては大学教授、そうでなければ高等学校の教師、銀行の留学生は支店長、外務省の留学生は書記官、領事等になっておられる。同学会の空気は今思い出しても息づまるほど、勉強熱に燃えていた」という。その成果が雑誌『我等』への投稿だった。

「今度は読売新聞の編集長の丸山侃堂氏から、『シナ当代新人物』と題して、二三十回に亘《わた》って連載の文章を書けという注文が来た。そこで私は陳独秀、胡適《こせき》、魯迅、周作人等を紹介することにした」

そこからまた清水の評論活動は発展する。次に件の読売新聞から執筆依頼が来たのである。長谷川如是閑と丸山侃堂は白虹事件で大阪朝日を共に追われた関係にあり、如是閑が侃堂に清水を紹介したのか、あるいは侃堂が如是閑の刊行した『我等』で清水の評論を見たのであろう。執筆の舞台は読売だが、大阪朝日新聞人脈が生きていたのだ。読売新聞には一九二一年十二月から一九二三年五月までに新年の連載を含め一年半で三十七本もの記事を書いている。

さらに興味深いのは、当時読売新聞は経営苦境の中で、同じく白虹事件で東京朝日新聞の編集局長を辞した松山忠二郎を社長に迎え、再建に乗り出していたことだ。松山は再建に当たって国際報道を重視した。『讀賣新聞八十年史』は、「松山が讀賣の経営に乗出すや非常な意気込みで他の一流紙―朝日新聞を仮想敵とみなし、特に政治、経済、外交記事に主力を注いだ。そのころは対独講和条約が調印されて間もなく、わが国内の経済産業などはこの平和条約による世界改造の転機に立つ重大時期で、新聞も国際問題が重要な地位を占めていた。本社がとくに中国問題の権威小村俊三郎や、カルカッタ総領事を最後に外務省を去った外交通信夫淳平、ならびにロシア通の大庭柯公《おおばかこう》、イギリス通の伊藤亀雄らを聘《へい》し、外報部員として市川藤市、北野吉内、矢野源太郎らが入社して外報部の陣容を整えたのはこの国際問題重視の結果であった」と当時の読売の状況を伝えている。

清水は元朝日新聞幹部だった大正デモクラシー人脈の支えによって、ジャーナリストとしての活躍の場が用意されたということになる。もともと読売は大衆向けの事件や小説を売り物にした「小新聞」として知られていた。松山社長の下で、国際報道を売り物にしようとした時、丸山が清水に原稿を依頼したのである。

清水の連載記事はまず一九二二年の元旦から六回。翌月も三回の連載記事が掲載されているから、清水への期待は大きいものがあったと言えよう。ちなみに清水は丸山を編集長としているが、『八十年史』によると、丸山は政経部長で編集長ではなかった。

それはともかく、松山社長の下で、国際報道に力を入れ、読売の再建は進んだようだ。五万部以下に落ち込んでいた部数が十三万部にまで伸び、新社屋の建設も進められた。

『讀賣新聞八十年史』にはこうある。

「本紙の声価はその言論の権威という点において最も社会の注目をあびたし、編集紙面の刷新などによって次第に販売部数も増加し、営業状態も著しく改善された」

「社運の発展にともない、明治十年以来の銀座一丁目一番地の旧社屋ではいかにも手ぜまで社務の遂行にも不便が多いので、大正十二年のはじめ、当時はまだ京橋区南紺屋町と呼んでいた地域に新社屋を建築することとなり、……八月十九日、三層の鉄筋コンクリート建を主部とする新築社屋が完成した。よって本社は、新築落成記念号を発行し、九月一日午後六時丸の内東京会館で盛大な新築落成祝賀会を開く予定で万端の準備を整えていた」

ところが新社屋の落成祝賀会が予定されていた当日の昼前、関東大震災が発生した。「帝都は激動の一瞬たちまち阿鼻叫喚《あびきょうかん》のちまたと化し、惨状眼を覆わしめるものがあった。この大地震に引続いて起こった市内各所の火災は、おりから二百十日の強風にあおられて燃えひろがり、本所、深川をはじめ浅草、下谷、神田、日本橋、京橋、芝、赤坂、麴町《こうじまち》各区の全部または一部を焼払い、損害実に四十億円以上と伝えられた」と『八十年史』は記している。

『八十年史』によると、第一回目の激震では新社屋はそれほどの被害はなく、「関係社員は通信、情報機能を失った社屋内に踏みとどまり、その後も断続的に襲来する激しい余震をおかしてガリ版ずりの号外を数回にわたって発行し、危険をおかして各方面に配布した。また、特報ビラ・ニュースを市中の主要な場所にはりつけるなど、地震の実況と刻々の情報報道に奮闘した」という。

しかし、「同日夜に入って日本橋方面を一なめにした大火は銀座方面に延焼し、……新築早々の本社社屋は無残にも焼失するに至った」。この後、読売は松山社長の下での再建を断念する。読売を再スタートさせたのは、皇太子襲撃未遂事件で警視庁幹部を辞任した正力松太郎だった。財界からの支援を受けた正力が読売を買収し、大衆紙としての読売を再興していく。

正力の読売買収の過程で、松山社長の下で読売の紙面を一新させた丸山たち多くの幹部は、元警察官僚の社長就任に抵抗して退社した。その結果、丸山たちの退社と歩調を合わせるように、清水の名前も読売紙上から姿を消すことになった。大阪朝日人脈に支えられながら、数々の連載記事を発表した読売紙上の活躍がわずか一年半で途切れたのには、以上のような経緯があった。その後、清水の活躍の舞台は北京で発行されていた日本語の中国問題専門誌『北京週報』へと移っていく。

# 第四章 『北京週報』を取り巻く人々

## 第一節 『北京週報』と清水安三

主な執筆の場だった読売新聞を失った清水安三《しみずやすぞう》の、次の執筆の場となったのは『北京週報』だった。同名の雑誌が戦後、中国政府の宣伝誌として発行されたが、安三が寄稿した『北京週報』は、一九二二年から一九三〇年まで、北京在住の日本人が主宰し、主に日本語で書かれた中国問題専門雑誌だった。発行地北京を中心に部数は数千部。この雑誌には、魯迅《ろじん》や李大釗《りたいしょう》(中国共産党の創設メンバー)、胡適《こせき》、周作人ら当時の中国の新たな思想、文化を推進した気鋭の知識人たちも原稿を寄せたので、好評を博し、一時期は日本国内にも郵送されて、読者を広げ、発行部数は一万を超えたという。

清水の評論も、魯迅らのインタビューを通し、新たな中国の動きを正面から捉《とら》え書き上げたものだ。清水は読売に執筆していた時も時折、『北京週報』に投稿していたが、読売と縁が切れた一九二四年以降は停刊になる一九二七年七月まで、『北京週報』にほぼ毎号投稿している。前章で紹介した吉野作造が序文を書いた二冊の著作には「北京週報主筆」という肩書が用いられており、単なる投稿者ではなく、編集にも大きく関わっていたようだ。『北京週報』をめぐって戦後、様々な研究や議論があり、後段で詳しく紹介したい。

## 当時の北京の日本人社会

清水が北京に移ったその年（一九一九年）、中国の現代史の起点と評価される五四運動が発生する。もちろん清水は現場を目撃し、またその後この運動を率いたリーダーたちと直接交流し、中国論を構築していった。五四運動は、日本の対華二一カ条要求に反対し、日本の権益を全面的に認めたパリ講和会議に抗議して、北京の学生たちがデモに立ちあがった事件で、排日運動という側面だけでなく、反帝国主義の運動であり、また学生や知識人の民主（デモクラシー）と科学（サイエンス）を普及する啓蒙《けいもう》運動でもあった。

五四運動は清水だけでなく、当時北京に住んでいた人々に様々な形で影響を与えた。当時中国では、日清、日露戦争、第一次世界大戦を経て、日本の権益が拡大し、各地に租界も置かれた。北京では日本人千五百人前後が居住していた。外交関係者、新聞社の特派員だけでなく大陸で一旗揚げようという者、中国革命を支援しようと志す者、国内での社会主義運動弾圧で逃げ延びてきた者……様々な人々がいて、運動に対する反応も様々だった。

当時の北京の日本人社会の対中国観や北京駐在の特派員たちの中国報道について、後に満州鉄道調査部を率いることになる伊藤武雄『満鉄に生きて』はこう回想している。

「在留日本民間人の有力者、公使館員、陸海軍駐在武官、正金銀行員たちでつくられた日本人クラブを中心に、北京の日本人社会はかたちづくられているわけです。この日本人は同文同種を口にしながら、欧米人と同様、ここで治外法権を享受して、中国人を見下ろした生活を、悠然と享楽していたのでした」

「五四運動から二年たった当時、私はまだ知らなかったが、この年の七月には中国共産党が成立しております。一見おだやかでも、すでに変化の前夜であり、波瀾《はらん》をふくんだ中国の首都北京にあって、日本人の生活が悠長にのんびりしていたのには、新米の私の目に異様にうつりました」

「社会の動きに最も敏感であろうと考え、新聞社の人々との接触にもつとめてみました。日本の特派員のほか、英字紙のノース・チャイナ・スタンダード、華字紙の順天日報という日系新聞社の人々に、五四運動とその後の学生達のうごきについて、質問したのですが、その答は、政客の煽動《せんどう》による政争の具にすぎない、五四のデモは進歩党系の林長民の指導で、交通系との争いに使われたものだということでした」

「新聞記者諸君は、フィクションにしかすぎない中央政府の『逐鹿』的争奪や、封建軍閥《ぐんばつ》の地盤争いの電報は、馬鹿熱心に打っていたが、その混沌《こんとん》の底に流れる明日の中国への動き、こういうものには興味をもたないか、全く気がつかないように思われました」

伊藤の以上のような回想は日本の当時の一般的な中国観を照らし出している。興味深いのは、特派員たちが権力闘争や勢力争いにばかり興味を示していると指摘している点だ。これは中国の政治を「太子党」と「共青団系」の権力闘争と描く現在の日本の中国報道にも共通している。竹内好《たけうちよしみ》『日本と中国のあいだ』は、日本人の中国観は「いつも分裂した形が基本になって動いている。軍閥の対立、軍閥と革命勢力の対立、革命勢力内部の対立、さらに思想的な対立までが実体化されて観念されている傾きがある。……そしてそれは、今日まだ解消していない」と指摘している。日本人の主流の中国観は戦前も、戦後も、そして現在も権力闘争史観で歪《ゆが》められている。

変人扱いされる清水安三

これに対して、清水の当時の思いを示す五四運動の時の日本人会との面白いエピソードが彼の『桜美林物語』に綴《つづ》られていた。

「わたしが北京日本人村の人々から異端視されたそもそもの最初は五四運動の時だった。一人の日本人の医師の乗っていたフォードが、学生のデモに衝突してその医師が軽傷を負ったり、日本人の小学生が石をぶっつけられたというので、北京日本人居留民大会なるものが開かれた。そうして東京政府へ出兵を乞おうではないかということにさえなった。その居留民大会でよせばよいのに、今将に満場一致を以て可決せられようとする際に、わたしは『議長』と叫んで立ち上がったのである。…『わたくしは断乎、対支出兵請願に反対いたします。興奮せる学生が、デモ行列を自動車で而も横切られたのではなく、縦切られたのであります。これがもし日本のデモだったら半死半生にせられ、自動車がぶっこわされたことでありましょう。諸君はシナの学生はおとなしいと思われませんか。また日本の小学生が小石をデモに投げて、やいチャンコロと叫んだと言うではありませんか』。そこまで言うと、『議長議長、ただ今の発言者は誰です。どこの国民ですか』と叫ぶ者がある。すると議長は『この頃ヤソが北京日本人村にも入って来まして……』と二三言語って後『満場一致と認めます』と断じてしまわれた。これがわたしの北京日本人〔村〕へのそもそものデビューだった」

思ったことをズバズバ発言する。日本人村では、変人、奇人として扱われたのは言うまでもない。だが、ある面、一本筋が通っている。むしろ当時の北京の日本人社会の対中国観や北京駐在の特派員たちの中国報道こそ歪みがあったと言えないだろうか。中国に対する偏見と差別意識を共有することで正当化する風潮があった。

## もう一人の変人

当時北京にはもう一人変人がいた。少し余談になるが、清水にも深い関係があるので触れておこう。

先述の伊藤武雄の回想録に、実は不思議なことに、清水や清水の活躍の舞台となった『北京週報』についての論及がない。後に紹介するが、伊藤は戦後、『北京週報』の主宰者、藤原鎌兄《ふじわらかまえ》の遺文集の出版にも深く関わってもいる。その伊藤が『北京週報』に触れないのは、伊藤が後に師とも仰ぐ中江丑吉《なかえうしきち》、鈴江言一《すずえげんいち》の存在が関係しているのではないかと、私（高井）は推察している。清水と中江は色々と縁があるのだが、そりが合わなかった。

中江丑吉は明治の民権運動家、中江兆民の長男。若い頃放蕩《ほうとう》生活に明け暮れた結果、袁世凱《えんせいがい》の法律顧問となった有賀長雄《ありがながお》博士の助手として北京に来たが、その後も北京に居残り放蕩生活を続けていたという。五四運動の際、自宅で学生たちに襲われた交通大臣、曹汝霖《そうじょりん》を救出するという武勇伝がある。かつて曹が日本に留学時代、中江家に下宿していたという関係からだ。この頃から中国研究に目覚め、『中国古代政治思想』など理論的に精緻《せいち》な中国論を構築したという。しかし、その作品はほとんど公刊されることがなく、優れた議論も手紙や知人たちとの会話という形でしか残っていない。

近くに住む清水とも何度か接触の機会があった。北京に逃げ延びてきた共産党幹部、佐野学を清水が丑吉に託したということもあったが、清水と中江グループとは、中国研究の目的や生活スタイルが全く異なり、そりが合わなかったようだ。

清水の方は、今でも桜美林学園の建学の精神として称揚される「学而事人（学んで人のために奉仕する）」

を信条とし、積極的に学んだことを人のために生かし、尽くそうとする。著名人の一家に生まれ、有力者の加護を受け、学問のための学問をしている丑吉とは全く意見が合わなかったのではないだろうか。丑吉に心酔する伊藤たちの回想に、清水の名は出てきても「クリスチャン実業家」と、半ば侮蔑《ぶべつ》的にしか紹介されていない。
実は清水の二男の畏三《いぞう》は、丑吉の犬の散歩に付き合い、可愛がってもらったと回想している。『中江丑吉の肖像』（阪谷芳直、勁草書房）に畏三が綴った思い出が掲載されているので、紹介したい。丑吉と清水の関係がよく見えてくる。それは阪谷の前著『中江丑吉の人間像』に対する畏三の感想の手紙である。ちなみに阪谷は北京で丑吉から指導を受けた数少ない弟子である。阪谷はまず畏三の手紙を受け取った経緯と掲載の理由を説明する。

「戦前北京で『崇貞学園』の見学に出かけたこともある私は、戦後も中国関係の会合で清水安三老と会い言葉を交わしたことがあるが、かつての時代に中江さんと清水安三氏が必ずしもソリが合ったとはいいがたい仲であったことを聞き知っていただけに、畏三氏の中江さんに対する追慕の情に溢《あふ》れた手紙に感動した。それには『犬を仲介にした哲人と少年の友情』とでも題をつけたくなる情景が描き出されているからである。中江さんの愛犬『黄《ホワン》』が出てくるこの手紙の一部を以下に掲げることを、清水畏三氏に許して頂こうと思う」

少々長い引用となるが、以下がその清水畏三の手紙である。

「私は母が病死したため、昭和九年二月、大阪商船の長城丸で神戸出帆、塘沽《タングー》に上陸しました。…この年の四月に北京日本人小学校二年に編入し私にとっての北京生活がはじまったわけですが、中江先生について思い出すのは、恐らく昭和十年から十一年にかけての一時期でした。私の家が先生にとって最近隣の日本人であったためか、それとも私がものすごい愛犬少年であったためか、よく散歩に誘って下さいました。先生はホワン（黄）をつれ、私も私の犬を連れ、きまりのコースは東観音寺――西観音寺――東単――長安街――交民巷《ジャオミンシャン》に接する城壁の上、帰りはいつも東単の慈心園（下がケーキ、パンの店、二階が喫茶店）でアイスクリームやケーキをおごって下さいました。当時は一毛銭（十銭）でケーキが二つ、アイスクリームが一毛五銭くらいだったでしょうか。食べているとき、ホワンに比べれば行儀がわるいため、かなり気を使ったものです。先生はいつも洋服姿、鋭い目つき、無口、意識して子供相手の話をされるような方ではありませんでした。一方、私は母亡し、兄弟は同居せず、父は多忙、旅行がち、同年輩の日本人の子供は近所に皆無――といった環境下で、だれとも口をきかない。いわば犬だけ友人の孤独な少年でしたから、いつもお互いほとんどしゃべらない無言の散歩でした。ですからお声をさっぱりおぼえていません。それだからこそ私が散歩のお相手になれたのであろう、とこれまで思っておりましたが、ご本を拝見して、先生が基本的に人なつこい、会話のおすきなお人柄と知り、ひょっとしたら先生が私の状況に同情して下さっていたのかもしれないと感じた次第です」

この当時の清水安三は、後述するようにジャーナリストとしての仕事を失い、崇貞学園の学校運営費を稼ぐため、恩師で清水の宣教師への道を開いたウィリアム・ヴォーリズが創設した近江兄弟社の北京駐在員としてメンソレータムの販売促進のため中国国内を走り回っていた。

ついでに畏三氏に関連するエピソードをもう一つ。畏三氏は私（高井）に会うと、しばしば、「私は安三の息子に生まれて不幸だった」とこぼした。なぜ？と問うと「小学校の同級生の家に呼ばれて食事をしたことがあった。私の家では食べたことのないご馳走だった」というのだ。太田哲男が面白い記事を発掘している（「『和やかに支那を語る』〔抄〕凡例・解題」『清水安三・郁子《いくこ》研究』第8号所収、桜美林大学、二〇一六年）。それは一九三九年四月十六日号の『週刊朝日』掲載の安三と賀川豊彦の対談記事である。日本軍の軍事進出に耐えかねた当時北京にあった燕京《えんけい》大学の文学部長が三百円の高給を投げうって西部地区に逃げ延び、月給二十五円の給料の中学教師になっているという話題をめぐって、安三は「僕は今でも夫婦と子供一人で三人なら〔月〕十五円で暮らすね。一人前五円の食料で支那米を食えばいい。日本の醤油は沢庵につける。支那醤油は始めはつらいです。ところがそうやって朝は僕の家は粟の粥、昼は饅頭、晩は支那の飯、それでまあ人間四十くらいになると、時々沢庵が食いたくなる」と語っている。何とも粗食だが、安三は一向に意に介しない。むしろ自慢げに語っている。まだ幼い畏三にはとても理解できず、我慢できなかったに違いない。安三の北京での活動が並大抵の覚悟でまかなわれていたわけではないことの証左でもある。

安三の覚悟に振り回された畏三氏は、確かにこの時期「不幸」だったと言えるかもしれないが、しかし、激動の中国で格闘する父親から学んだことも多かったに違いない。

北京の「哲人」丑吉と後に「聖者」と呼ばれる安三はそりが合わなかったとはいえ、盧溝橋《ろこうきょう》事件の発生で、日本人居留民が「悉《ことごと》く北京大使館へ避難して籠城《ろうじょう》することになった時、〔出兵に反対した〕わたしばかりは敢えて大使館に行かなかった。後で聞けば避難しなかったエコジな男は実にかの兆民の息子の中江丑吉と清水安三だけだったそうな」と安三は回想している。依怙地《いこじ》な似た者同士そりが合わなかったのだろう。それにしても当時の北京には、安三といい、丑吉といい、また『北京週報』の発行人の藤原鎌兄といい、個性的な人物も滞在していたということだろう。

## 『北京週報』への投稿

さて、清水安三に話を戻そう。彼が『北京週報』に書くようになった経緯である。第一次世界大戦の勃発《ぼっぱつ》で日本からの援助送金の価値が下がり、派遣元の組合派教会からの送金は、貧しい中国の子女を支援するための学校建設にすべてを投じ、自身の生活が苦しくなる。「そこでわたくしは北京週報社に原稿を買って貰って生計を立てることにした」「毎週三四十枚の原稿を書いて月百円を頂いた」と、別の文章では書いている。だが、決して生活のためだけで原稿を書いていたわけではない。北京に移る時にすでに投稿した原稿が長谷川如是閑《はせがわにょぜかん》の『我等』に掲載されて以降、毎月のように評論を投稿して掲載され、さらに読売新聞からも原稿の依頼がきた。しかも、その記事が吉野作造の目に留まり、清水を賞賛する記事が『中央公論』に掲載された。通りかかった書店で吉野の文章を立ち読みし、清水は自信を深めたと『桜美林物語』でこう回想している。

「もしかしてわたしが、調子に乗って続けてペンの人として、或《ある》いはまたシナ研究者としてずっといきたならば、ことに依ると、わたしと雖《いえど》もそれこそファルストクラスのシナ研究者となり得たかもしれん」

北京村では変わり者扱いされていても、すでに中国問題ジャーナリストとして実績を積み始めていたのだから、『北京週報』が彼を採用するのは当然であろう。

## 舌鋒鋭い清水の論調

清水安三がどのような記事や文章を書いていたのか、まず簡単に紹介したい。読売新聞や『北京週報』に掲載された安三の評論の特徴は、孫文の北伐や五四運動、女性解放運動など中国の新しい息吹についてその積極的な側面に焦点を当て、高い評価を与えている点だ。清水が評論活動を本格化させた一九二〇年代、日本は列強の一員として中国における権益拡大を図る時期だった。中国を一段低く見て、そうした改革や革命運動を小馬鹿にしていた。これに対し、安三は、中国に対する当時のステレオタイプを排し、現地の動きに密着して物事を論じている。

五四運動をはじめ当時の中国の新しい運動は、「反日」の側面を持っていた。しかし、安三は反日の原因はむしろ日本側にあり、中国の動きがむしろ新中国を作る運動へとつながることを見抜いていた。後に吉野作造が激賞した文章の一つ、「排日の解剖」論を紹介しよう。(『支那新人と黎明運動』一九一〜一九二頁)

「支那の学生達が、排日運動の主役であることは、今更言うまでもないことである。彼達が学生であるが為めに排日するのでなくって、目醒めたる民衆であるが為めに、一際目立って排日するのである。早い話が泥棒が来た。熟睡して居る者は、最も呑気である。うつらうつら仮眠していたものは、がばっとはね起きて、泥棒々々と真先に叫ぶ。臆病者は知って知らぬ振りする。召使の横着者は泥棒の手引をして上前を撥《は》ねる」

「日本を泥棒に譬《たと》えることは少々言い過ぎだが」と自嘲《じちょう》しながらも、清水はさらにこう続ける。

「仮眠していてしばらく目醒めたものは学生達である。泥棒々々と叫ぶその声が排日運動にほかならない。臆病者は泥棒の去るまで、縮かんでいるが、去れば大いに騒ぎ立てる。それが支那の官僚要路の人達である。上前を撥ねた奴等が売国奴である」

その上で、「排日」となる原因について、日本の教育にまで踏み込んで批判する。

「全支挙げて排日を絶叫するとも、留日学生とその出身者だけは親日に踏止って呉れそうなものである。…然るにどうだ。憎らしい。留日学生とその出身者は支那基督教徒よりも、支那大学生よりも、排日者なのであるから溜らぬ。而も彼等は何といっても日本の事情に最も通じている。彼らが指摘する排日理由は往々にして的中し図星を指すものがある。聞く所に依ればアメリカ帰りの支那人はプロアメリカンになり、仏蘭西《フランス》帰りの支那人は親仏主義者になるそうな。どうして亦日本帰りの支那人のみが、しかく排日に傾くのであろう」

「私達は親しく彼等に訊《き》いて排日の理由を穿鑿《せんさく》して見た。彼等は先ず言う。『日本の教育が我等を排日者に達成しました』と。日本の教育は愛国者を拵《こしら》えるに在る。殊に日露戦争前後に於ける留日学生は熱誠なる愛国教育にお相伴して帰った」

「支那の排日思想を絶滅する為めには、日本の教育を根本的に改革せねば駄目である。偏狭なる愛国精神を吹込むことを止め、今よりは『人間』に仕上げることを以て、教育の根本方針となし、国家主義の教育を人道主義に建直し、誰に立ち聞かれても差し支えぬ教育を為すがよい。そうがみがみ愛国主義を施して貰わぬでも、我等が祖国の土と水に生まれたる日本の男子が忘る可からざることを忘るるものではない。反って時代遅れの教育は、日本国民をして反感を抱かしめ、支那国民をして排日に狂わしむる」

清水のように、日本の国家主義教育を人道主義教育に改めよ、というのは当時、唱えるにしても相当勇気の必要な少数意見だが、その後の教育者としての清水の基本姿勢にもつながっていく重要な志でもある。さらに清水の批判は力ずくで「排日」を抑えつける日本の軍人に対しても、本書八十六頁で紹介した『基督教世界』

に投稿した「理解すべき排日運動」でこう結論している。

「日本の軍閥の連中は、猶も支那官憲の威嚇に信頼して排日運動を制止しようと考へてゐる。しかし（日貨排斥運動で学生たちの破壊活動を制止するどころか協力加勢する）番頭や巡査兵士連中に、排日感情が胸いっぱいである限り、どうすることもできまい。排日運動の青年学生が捕縛されても、裁判官に排日感情がある間、なんの効果もあるまい。排日者をすべて収容するには、四億の国民を幽閉するだけの留置場または牢獄が必要になるかもしれぬ。北京の遊街会と称するデモンストレーションを一度でも見たものは、民衆の力を今さらのように感じるであろう」

清水は日本では反日運動と反発を受けていた五四運動を、中国の歴史の文脈の上で愛国主義として積極的に評価した。済南事変《さいなんじへん》などで邦人保護を名目に日本が出兵することにも厳しい批判の目を向けた。邦人保護を名目にした出兵や増派が結局、日本の権益拡大、侵略拡張につながり、中国側の反日を高め、日本の国際的孤立を高めていくと指摘した。一九二七年二月、『北京週報』誌上に掲載された「日支通商条約改訂の機会に際して」という評論では、治外法権や租界を放棄せよとまで述べ、過激な主張を展開している。例えば租界についてこう言う。

「租界の放棄もまた未練のある問題の一つである。けれども早い話が天津の租界を見るがよい。日本人は目貫の大街を支那人に売っているではないか。……支那人は国家が失ふたる租界を、国民の力量で買ひ戻して居る。之も何等国家的見地からではなく、只の経済的発展を以てやってのけて居る。租界といふは名義のみで、其実は支那人の商業地なり、亡命地となって仕舞ふ。支那人を安心して住居せしめ支那人を安心して商売せしむる為めに、帝国の義務兵を以て警護せる租界を持っている必要も義務もない。……在支日本人が日の丸の威光を背負って、対支発展をしているようでは日本人ももう駄目である」

ジャーナリスト清水が華々しく活動していた時期の大きな報道対象である孫文の革命運動に対する評価も紹介しておこう。孫文の三民主義、北伐戦争については、現在では「辛亥《しんがい》革命」として内外で正当な評価がなされているが、当時の日本のマスコミの論調は軍閥間の権力闘争という見方が一般的だった。日本のマスコミは中国の政治を常に権力闘争と描きがちだ。だが、清水は長期的な視点から孫文の三民主義が中国統一の基本となるであろうことを指摘していた。

「孫文というと、直ぐ革命児と来る。その観念に謬《あやまり》はないがしかし、鼬《いたち》の如くに此処彼処《ここかしこ》に出没する軽率なる、陰謀策略に走り回っている人間ではない。思想もあり、識見もあり、主義もある人物である。その持せる主義の為には、思想の為には、筆と剣で戦ふて、うまざる苦節四十年の志士なのである。彼が三民、五権の政策は、彼が目の玉の黒き間に彼の手に依って行はれないかも知れぬ。……けれども『主義と立ち主義と倒れむ、我身なり』と、飽くまで彼が初志を貫く時に、何れの日にか誰かの手に依っ

て、その思想、精神が実現せられること更に疑ふ余地がない」（原文は『北京週報』一九二四年〔大正十三年〕六月）

そして『支那当代新人物』所収の「孫文小伝」ではこう付け加える。「孫文はもう、精神的に支那を統一してる！ではないか。人気者、支那きっての人気者であるを失わぬ、近頃孫文の死を伝えてる。死んでも死なぬは孫文である。彼は何といっても支那近代の人物である」

## 吉野の称賛

一連の発言に見られる中国の新たな動きに対する前向きな評価、日本の軍国主義への批判は、当時、大正デモクラシーの旗手といわれ、中国に関する数々の評論でも知られる吉野作造から高い評価を受けた。吉野作造は先に紹介した清水の『支那当代新人物』と『支那新人と黎明運動』の二冊の中国研究書に序文を贈った。吉野は他人の書いたものに序文など書かないという「年来の方針」を破って、安三の著作だけに書いた理由をこう記している。

「第一に清水君の本は非常にいい本だ。清水君は支那の事物に対して極めて公平な見識をもっている。今日は親友の交わりを為しているが、予が氏を識るに至ったのは、実は大正九年の春同氏が某新聞に寄せた論文に感激してわれから教を乞ふたのに始る。爾来《じらい》同氏はいろ〳〵の雑誌新聞に意見を公にされて居るが、一として吾人を啓蒙せぬものはない」

「第二に清水君の論説する所は悉く種を第一の源泉から汲んでいる。書いたものによって其人の思想を説くのではない。直接に氏の書中に描かれた人々と長年親しく付き合っているのである」

「第三に同君の本書に論じている題目は同君にとって他人の仕事ではない。我が仕事同様の同情と興味を以て取扱っている」

「第四に清水君はまたその好む所に偏していい加減な事をいう人ではない。悪いことは悪いと憚《はばか》りなくいう丈の勇気と聡明とをもっている。この点において同君の書いたものはあてになる」

吉野が序文でいう「第一の源泉」とは、日本留学帰りで、当時の革新運動をリードしていた魯迅やその弟の周作人、また中国共産党創設者の一人、李大釗、さらに後に蔣介石《しょうかいせき》政権の駐米大使となる思想家、胡適らを指す。清水はしばしばこうした人物を自宅に訪ね歓談し、それをもとに記事を書き、彼らにも清水が編集者を兼ねる『北京週報』に原稿を書いてもらっている。

## 第二節　丸山昏迷に学んだ清水安三

さて吉野から絶賛された清水の取材のスタイルであるが、これは清水の独創というより、むしろ『北京週報』で同僚となる丸山昏迷《まるやまこんめい》から学ぶところが大きかった。二人は協力しながら、競うように中国の革新リーダーに食い込んでいった。清水が戦後書いた「回憶魯迅」という文章（『桜美林大学中国文学論叢』一九六八年三月）の中で、清水は丸山に紹介され、また「丸山に負けず、しげしげ八道湾〔周作人、魯迅兄弟宅〕、米糧庫の胡適公館、旧刑部街の李大釗宅を訪れた」と振り返っている。

「北京の思想家や文士達に最初に近付いた者は実に丸山昏迷君であって、多くの日本からの来遊の思想家や文士達を、或は周作人さん、或は李大釗先生の家々に案内した者は丸山昏迷君であった」

後述するように、清水は丸山から取材の方法を学んだだけでなく、思想的にも大きな影響を受けている。いや影響し合ったといえるだろう。

丸山は一九二四年九月、三十歳の若さで病没する。清水は「私は米国留学中〔一九二四年～二六年〕に大切な友人を失った。その一人は李大釗先生、他の二人は丸山昏迷、鈴木長次郎である」と記している。丸山昏迷の北京での活動はわずか五年であったが、ジャーナリスト清水の誕生に大きく関わった。丸山の短い人生と彼の活動に着目したのが、山下恒夫「薄倖の先駆者　丸山昏迷」（『思想の科学』一九八六年九月号～十二月号）論文である。山下論文は丸山昏迷に関する数少ない論考であり、清水の中国論の背景を考える上でも大変に参考になった。

清水が丸山に紹介されて訪問した魯迅らは、五四運動をリードする知識人である。魯迅は後に現代中国で最も尊敬を集める作家となる。胡適は、五四運動当時、北京大学教授で後に中国共産党の初代書記長となる陳独秀と並ぶ論客であり、陳とは後に袂《たもと》を分かち、国民党側のブレーンとなる。中華民国の駐米大使、北京大学長となる人物だ。日中開戦前夜、清水は胡適を訪ね、戦火の回避ができないのかと談判する間柄でもあった。

清水が最も親しく付き合ったという李大釗は日本留学組だが、帰国後北京大学などで働き、やはり五四運動の思想的リーダーとなっていく。中国共産党の創設メンバーであり、中央執行委員も務めたが一九二七年、東北の軍閥、張作霖《ちょうさくりん》に逮捕され、処刑された。

どのようにして中国を代表する思想家たちを訪問できたのか、清水は「いとも聡明にも自分一人で訪問などは滅多にせずして、必ず日本からの知名士来遊客のお伴を承って彼らの門をたたいたからであった。例えば、田山花袋《たやまかたい》や芥川龍之介や、林芙美子、片上伸等と言う人が来遊された時は、八道湾の周宅を訪れたし、福田徳三、服部宇之吉、鶴見祐輔、長谷川如是閑、賀川豊彦、サンガー夫人等と言う人が来遊されると胡適を訪れ、佐野学、中江丑吉等と言う人を案内して李大釗を訪れたものだ」(同)と記している。その手法を丸山から学んだのだ。

日本からの著名人士の案内はあくまで手段で、彼らの帰国後の作品について清水はあまり評価していない。清水は「在支外人生活の批判」という文章の中で、中国では日本人が嫌われ、白人は慕われるとの風潮を指摘した上で、「多くとも、心あるものは愈々《いよいよ》日本人自らのちっぽけさと、情けなさとを思い当たって、自負自大どころか、恥ずかしさを感ずるのみだ」、「実相の支那及支那人はどれだけ理解せられているかは問題である」、「支那人は日本人を遇するに、一種の特別待遇法を以てするようだ。その所謂《いわゆる》支那国民性なるものは多く、日本人に対する支那人特殊気質に相当している」、「支那通の支那人観は、あにはからんや日本人の気質を喋々《ちょうちょう》せしにあらずやとは、年来の私の実感である」と批判的に見ている。つまり清水の目には、日常的な中国人と日本から来る著名人士と接する時の中国人とは、その振る舞いや発言が異なって見えた。それに気付かず独りよがりな中国人観、中国観を持ち帰って、視察談を書いている、だから「白人の支那観と日本人の支那観の差異ある所以はここに起因している」と、清水は批判する。

岩波書店『日中の120年　文芸・評論作品選』全四巻では、この時代の日中双方の著名人士による中国論、日本論が紹介されているが、清水の指摘するような背景を考慮に入れて読むとより立体的に当時の日中関係が見えてくるだろう。

後年清水は、丸山昏迷論を書いた山下恒夫のインタビューを受け、「中国の作家とか、新進運動の人たちとの交流を最初に開拓したのが丸山君なんですね。どうやって開拓するのかというと、若い丸山君なんかには金がない。そこで、日本から学者なり実業家なりが来た時に、中国の知識人のところへ道案内してやる。すると、その学者や実業家が、今度は中国人側を食事などに招待する。そういう方法を使えば、交際費などもあまりかからんわけです。そして、丸山君が開拓した地盤に、いわばもぐりこんでいったのが、実は私なんです」と明かしている。

年齢的には、清水の方が三つ歳上だが、清水がこの時期、言論活動の主舞台にした『北京週報』でも読売新聞でも丸山の方が先に活動している。丸山は読売に一九二一年九月から翌年八月迄のわずか一年だが十七本の記事を書いている。清水は一九二〇年代の評論をまとめ、一九二四年二冊の単行本を大阪屋号書店から出版して吉野の賞賛を受けたが、丸山はそれより三年前、清水らの協力をえて、北京を紹介するガイドブック『北京』を刊行した。これは近代中国を知る貴重な資料として二〇一二年「近代中国都市案内集成　北京・天津編第15巻」としてゆまに書房から復刻されている。全七百ページ近い大著である。

二人の取り上げている材料も視点もよく似ている。互いに影響し合ったことがよくわかる。魯迅の日記を読むと一九二三年という年に、丸山や清水が日本人を伴って魯迅宅を訪問したり、食事をしたという記載がしばしば出てくる。しかし、丸山が北京を去り、清水が米留学すると、二人の名前はもちろん日本人訪問の記述もほとんどなくなる。

## 魯迅との親密な関係

魯迅に関しては丸山の紹介ではなく、清水自身が周作人宅を訪問した際、作人と同居していた兄、魯迅と偶然出会ったようだ。「回憶魯迅」によれば清水が一人で周作人を訪ねた際、不在を告げられ、「没在家〔居留守〕」ではないかとしつこく粘ったところ、「西廂門《せいそうもん》から鼻の下に濃い髭を生やした中年の男が、簾垂《すだ》れのドアを開いて首を出し、『僕でよかったらいらっしゃいよ。話しましょう』と呼ばれたので、部屋に入って談じたのだが、なんとそれが魯迅だったのである。そしてそれより後というもの私の八道湾詣では、いつの間にか周作人伺候から魯迅訪問へと次第に移り変わって行ったものだ」とのエピソードを紹介している。

「回憶魯迅」にはもう一つ興味深いエピソードが出ている。それは「魯迅が上海に移られる時に、私は内山書店、内山完造のことを詳しく申し上げ、紹介したことをおぼえている」「魯迅が内山書店に毎日のように通ったわけは、ただ書籍がうんとこさ陳列されているばかりでなく、内山夫人のみき子さんが実にあいそのよい行き届いたもてなしをなす女性でもあったからでもあった。内山みき子さんは京都の宇治に近い村落の出身であって、常に宇治茶を取り寄せておいて、それで急須で煎《せん》じて魯迅をもてなされるのであった」というエピソードである。そう書いている時、友人からNHKが「魯迅と日本人店主が交流　上海の書店100年で交流会」というニュースを放送（二〇一七年五月二十六日）したとのメッセージが届いた。日中交流史の中でも魯迅と内山完造の交流とその友情は特筆されるが、それを結び付けたのが清水とは興味深い。ただし、清水が魯迅に内山を紹介したということの記述は確認されているわけではない。清水は「日本からの漫遊客で、上海から北上して北京を訪れる人々の中には、内山完造の名刺を持参して私を訪れる人々が少なくなかった」とも書いているし、二人は同志社の元総長である牧野虎次牧師との縁が深く、清水と内山は旧知の仲だった。ただ魯迅は上海に潜入する一年前に北京を離れていたし、魯迅が上海に入ったのは広州からで、直接北京からではない。したがって、清水が内山書店を紹介したというエピソードは、事実とは断定できない。魯迅が厦門《アモイ》、広州から上海へと移るかなり以前の北京時代に、上海に行ったら内山書店に行けと勧めていたのかもしれない。

実は同じく「回憶魯迅」の文の中で、「魯迅を最初に日本へ紹介した者は不肖私である」と書いているのだが、これは清水独特のホラか思い込みのようだ。太田哲男の『清水安三と中国』によれば、魯迅研究者で桜美林大学にも籍を置いたことのある丸山昇が、ある論文の中で清水よりも二年前の一九二〇年十一月に中国文学者の青木正児が「胡適を中心に渦まいている文学革命」の中で、魯迅を紹介していると指摘しているそうだ。もっとも「回憶魯迅」の中で清水が紹介したと言っているのは、「中国現代文学の第一人者」としての魯迅という限定付きなのかもしれない。

清水は読売新聞紙上で、一九二二年十一月に「支那の新人・周三人」という三回の連載記事を掲載している。「周三人？　聞かぬ名だなあ！」という奇妙な書き出しで始まり、「周三人といったのは、周樹人、周作人、周建人を一括して呼んだのに外ならぬ。三人揃いも揃って皆支那新人である。盲人詩人愛羅先珂〔エロシェンコ〕は周樹人を支那創作家の第一人者であると推奨した。私もさふ思ふものの一人である。上海の文士青社の面々の誰もが、聊斎《りょうさい》〔清代の小説『聊齋志異《りょうさいしい》』〕の出来損《できそこない》をだらしなく書きなぐっている間に、ひとり創作らしいものを発表している」と、三兄弟の中でも樹人を高く評価した。その上で「周樹人はその文名は魯迅と称する。教育部――文部省の文書課長の職を奉じる」などと人となりを紹介し、さらに「孔乙己《コンイーチー》」などの作品を詳しく説明している。魯迅はまだ「新人」であり、彼をここまで高く評価して紹介したという意味では、「魯迅を最初に日本へ紹介した者は不肖私である」というのもあながちホラとも言えまい。

それはともかく、清水が周兄弟の家に足繁く出入りしていたことは事実である。例えば、魯迅の日記にも「一九二三年八月一日　伊東宅に歯の治療に行く。偶然清水安三君に出会い、一緒にコーヒー館に行き、しゃべる」といった記載があるほどだ。魯迅が『北京週報』のために書いた原稿が、周作人と並んで掲載されている。当時、周作人ほどまだ知られていなかった魯迅を清水や丸山昏迷が日本だけでなく中国の文壇に紹介したことには疑いない。

## 第三節　丸山昏迷論

安三の中国論に大きく関わった『北京週報』時代の同僚、丸山昏迷とはどんな人物だったのか、どんな役割を果たしたのか。安三や大正デモクラシー期の中国論を考える上でキーポイントとなる人物である。

丸山昏迷は、一八九五年長野県の旧北安曇郡八坂村（現大町市）の農家に生まれ、本名は幸一郎。早逝したこともあり、彼を知る親族も他界し、その経歴はほとんど不明だ。前出の山下恒夫は彼の生家などを訪ね、さらに昏迷の姉の嫁ぎ先である東筑摩郡麻績村《おみむら》の甥宅で、昏迷の二十歳当時の日記を閲覧させてもらい、その足跡を探し求めた。そして当時、昏迷が三つ先の駅にあった更埴《こうしょく》市の本屋の店員をしていることを突き止めた。そこで数多くの本や雑誌に接し、丸山の社会に対する批判的精神の芽生えが読み取れるという。この日記と病弱で療養先の上高地で知り合った夏目漱石門下の田部重治《たなべじゅうじ》の著作から丸山の状況のいきさつがわずかにわかる。山下は「上京、苦学、そして中国への渡航という、ジャーナリスト丸山昏迷が巣立ちの時を迎えるに至るまでの期間、おそらくは貧乏神に悩まされ通しだったはずの、研鑽《けんさん》と彷徨《ほうこう》の日々が詳らかにしえない」と記している。田部の著作の中から上京後、社会主義の思想に染まっていく昏迷の姿がちらつくが確認はできない。

昏迷が一九一九年北京で発生した五四運動を現地で目撃したことは清水の証言などではっきりしている。山下の調査によれば、武者小路実篤が主宰していた雑誌『白樺』同年四月号に北京から昏迷が三口（一口一円）の寄付金を出していたことも寄付金報告に記載されているという。そして、北京で発行されていた日本語雑誌（後に日刊紙）『新支那』に丸山執筆の「人間の値段」という短文が「昏迷生」のペンネームで掲載されていたことも確認されている。

『新支那』には、同郷の麻績村出身の藤原鎌兄がいて、藤原の引きで『新支那』で働くようになったことがうかがわれる。一九二二年、藤原が『北京週報』を創刊すると丸山もそちらに移っている。藤原は一八七八年生まれ、清水や丸山より一世代上のジャーナリストである。日本国内で記者生活を送った後、辛亥革命の勃発した一九一一年、政友会の代議士に同行して訪中し、中国の混乱を憂え、中国の窮状を救いたいと、そのまま北京に残って『新支那』の創刊に関わった。

藤原自身は、保守的な思想の持主である。中国は欧米列強の侵略によって奴隷的な状況に置かれていて、日中連携によって欧米の支配から解放されると考えていて、日本の中国侵略についてはその可能性さえ疑っていない「興亜論者」である。例えば、中国を各国の共同管理の下に置くべきとする米国の主張に対して、それは日本を排除しようとする動きであるとして批判する。

また中国自身の解放を求める動き、革命の動きも評価していない。五四運動の翌年に書いた文章では、「昨日支那側の有力者と会せるに今日は所謂国恥記念日であると云う。余の曰く彼の如きあんな日支協約にして国恥と云うならば、支那の国恥記念日は更に山の如く設けなければならぬ。其等は一際忘れて偶々《たまたま》日支協約のみを国恥と称するは抑《そもそ》も何の意であるか。余輩をして忌憚《きたん》なく謂わしむれば支那の国恥は決して五七などに存せずして今少し大きなものにある。支那の現状其のものが世界に於る大国恥ではないか。全世界が新しき時代に入るべく改造の努力を尽しつつある時、支那は何の状であるか。南北の内輪喧嘩《うちわけんか》から始まって今では南々北々支離滅裂となって私利と私欲とを是れ競って居る。国家の統一はいずれの時回復し得らるるや」と述べ、清水や丸山とは全く異なった評価をしている。ただ藤原の発想は当時の日本の大方の考え方であった。

しかし、藤原は一方では大正デモクラシーの申し子でもある。『新支那』は領事館などから支援があって運営されていたが、『北京週報』は日本政府や中国の各方面から支援も干渉も受けない「公平、自由、正確」をモットーに刊行された。政治的な立場や主張の異なる清水や丸山も採用して、多様な言論を保障した。もともとは北京在住者向けの雑誌だったが、北京の日本人在住者は千人前後だったので、その経営を維持するため、日本国内向けにも郵送で発行した。清水や丸山の活躍で、李大釗や胡適、魯迅、周作人など中国の一流知識人も執筆したので一万部にまで拡大したことがあったという。

山下の問い合わせに藤原の妻のつたは「私は鎌兄と丸山が、どういうことで知り合ったのかしりません。彼は頭脳すぐれ、筆も達者でしたし、非常に熱心の努力家であったらしい。短日月の間に、支那の学問も支那語も、おぼえたと聞いています」「日本政府や支那の各方面からは、一切干渉を受けない。全くの公平、自由、正確。その立場が鎌兄の立場でした。丸山は左翼方面のうけもち記者として、署名の上、書いてもらっていました」「〔『北京週報』は〕鎌兄と思想の違い等は関係なく、有能の青年を集めていました。」と回想している。

一九七〇年代のアジア経済研究所の研究プロジェクトの一環で『北京週報』を分析した小島麗逸は「藤原の編集方法の一つは、反対者の意見ものせることであった」と指摘し、その方針の下で「思想としては藤原と反対な清水、丸山を編集委員にかかえた」という。しかし、藤原自身は「中国と日本とは『共通の生命の上に生きて居る』という認識から、欧米から守ってやるという『支那保全論』をもっていた」と見る（「『北京週報』（1922年1月～1930年9月）と藤原鎌兄」『アジア経済』一九七二年十二月号）。

清水と丸山の論調は互いに影響し合っている。五四運動の評価について、丸山は当初、「多くの人々が群衆運動に訴えようとする時には、其集合する各人がいずれも完全、少なくとも完全に近いまでに自己を確立して居り、遠大の希望を抱持して居るのでなければ、其の運動は単に野次馬の騒ぎと化すのみであるが、現在の学生諸君に是非とも実現せしめなければならぬ、即ち変更することの出来ぬ確固たる理想があるとは思わぬ」（『北京週報』一九二〇年十月二十七日号）と、学生運動にかなり辛口、批判的であり、清水の手放しの楽観論とは異なっている。しかし、二年後、李大釗を紹介する記事の中では、「あの排日と云ふ国家主義一点張で起った五四運動が漸次単なる国家的見地から離れて人間的運動に進み、上海其他の学生会が何時迄も何んでも排日とさえ云へばよいと思って、全国学生会の名を持って罷課《バーカー》〔授業ボイコット〕を要望したのに第一に反対したのは北京大学であった」と評価が変わっている。

実は全国の学生会とは異なる北京大学の動きについて、清水は、「支那最近の思想界——民衆運動の傾向」（『我等』一九二〇年八月）の中ですでに、授業ボイコットに反対した北京大学の動きに注目し、「北京大生の最初から持合わせていた思想が支那排日思想を純一にするまでには、一年間を必要としたのである。……まず排日の提唱に依って、全国的に勢揃いが出来、漸漸変梃《へんてこ》なる異分子を濾《こ》して、今日では純然たるデモクラシーの為の民衆運動に成上った。民衆運動が文化運動、民主運動に色換えするに従って、排日熱は低調になって来た。排日熱はやがて社会運動に燃えようとしている。支那学生達が排日に感興を失うに至るまでには、雑多な努力があったに相違ない」と北京大学の動きを評価していた。

丸山の考えの変化が、清水の影響なのか、あるいは李大釗の影響なのかは不明だが、清水とかなり考えを共有していることに変わりない。

逆にキリスト教を含めた宗教に反対する反宗教運動について、清水は『我等』一九二二年六月号に書いた「支那反基督教運動の一考察」の中で、「新思想家として知られた周作人、銭玄洞其他六人によって、反反基督教運動が始まった。その理由とするところは宗教の自由を称し、思想の自由を合わせ唱えたのである。このあたりの消息は、読売新聞に現れた丸山昏迷氏の『文化運動としての反宗教運動』という通信文を見られたならば、最もはっきり解ると思う。同君の通信が何れの新聞にでたものよりも明確であったと記憶している」と、丸山の書いた記事を賞賛している。

『北京週報』停刊の時にはすでに丸山昏迷は亡くなっていた。彼はその死の一年前、一九二三年の十二月から翌年一月の間に退社していたという。山下は彼の退社について「決して円満な転身というものではなかったらしい」と書いている。推測の理由として、「丸山の死に対して、『北京週報』は短い死亡通知のほかには、一通の追悼記事すら掲げていないのである。社主藤原鎌兄の寛容な性格からみて、そうした冷淡な措置は不自然としか思われない」と述べている。筆者（高井）はそうした目で藤原夫妻の回想記二冊を読んでみたが、清水に関する記載はあっても丸山に関する記述は見つからなかった。それは山下の連載の中でもちらちら出てくるのだが、丸山の「社会主義者としての影」が関係しているのではないかと、筆者はさらに想像をたくましくした。

前出のアジア経済研究所の研究プロジェクトで、当時北京で発行された華字紙『順天時報』と『北京週報』を担当した飯倉照平は、一九二〇年に結成された日本社会主義同盟の加入者名簿に支那北京大学内の李大釗と共に北京新支那社の丸山幸一郎の名前が記されていると指摘した。さらに社会主義同盟の機関紙『社会主義』の第三号に、丸山昏迷名で、創刊号に掲載された大庭柯公《おおばかこう》の談話記事に反論する形で「支那社会主義に就いて」と題する文章も書いていた。

また山下（前掲）も一九二一年四月に丸山が「東亜新聞大会」に『新支那』代表として出席のため帰国した際、特高がずっと彼を尾行していたと記している。

さらに決定的なことに、石川禎浩は「マルクス主義の伝播と中国共産党の結成」で、当時の内務省の「要視察人一覧名簿」に、丸山が「一九一六年暮れに上京し、中央大学英語科夜間部に通う傍ら、大杉栄や堺利彦ら『主義者』と交遊し」、要視察人の乙号に指定されるに至ったとの記載があることを明らかにしている。「かれが中国に渡った時期は明らかではないが、渡った後も日本の社会主義運動と連絡を保ち」「李大釗の日本社会主義同盟加入の手引きをしたのは丸山であると言ってほぼ間違いなかろう」と指摘する。

とすれば、北京において藤原社長が憲兵隊などから丸山について警告され、丸山を切らざるを得なくなったという可能性が高い。実は、清水も後年、李大釗のために堺利彦の「平民新聞」の購入に便宜を図っていたことやアメリカに留学の際、李大釗に頼まれ、アメリカ共産党の宣伝パンフレットを届けていたことを回想しているから、二人は筋金入りの「ラジカル」だった。丸山は常に要注意人物として当局にマークされていた。丸山解雇の経緯について藤原たちは話題に挙げることすらできなかったのではないか。

## 第四節 『北京週報』論

先に紹介した一九七〇年代のアジア経済研究所の研究プロジェクトの小島分析で興味深いのは当時の雑誌や記者の論調を分析する基準として「同時代に北京で生きた伊藤武雄が作った『北京満鉄月報』と比較しておくことが一つの評価の方法である。彼こそ大満鉄の保護のもとにいたからである」と述べている点だ。その上で伊藤の中国論を「大正デモクラシーが作り上げた日本の思想状況を通して始めて中国の近代を担った運動を理解できる人が生まれてきた」「軍閥の抗争や列強の中国蚕食の中でじっと次の春を準備する新しい民衆の息づきを感じ取っていた」と評価している。

これに対し、『北京週報』について、小島は「経営的に日本権力、中国政府から自立していた『北京週報』は二つの面をもっていた。藤原に代表される顔と清水、丸山に代表される顔である。後者は、文学・思想面に限られたが、伊藤氏と通ずるものがあった」と、清水、丸山にも高い評価を与えている。大学で社会科学の基礎をしっかり学び、満鉄の保護の下、調査研究にあたった伊藤武雄ら満鉄グループと比較すれば、清水たちの仕事は研究というより評論に過ぎない。だが、中国の改革の指導者たちと直接交流し、また日本からの一流人士たちの案内役を務めたことで、清水たちは中国の新たな胎動を実感していた。清水、丸山という二人の『北京週報』記者に対する、小島の評価は極めて高いものがある。

余談になるが、小島は、戦後、一九七一年に、当時中国研究所の理事長となっていた伊藤に、「一九二〇年代に、北京で日本語の雑誌を出していた人の未亡人が亡夫の遺稿の一部を本にして出したいといっているが、一つ手伝ってやってくれないか」と依頼された。北京で日本語の雑誌を出していた亡夫とは、言うまでもなく藤原のことである。ちょうど日中国交正常化が動き出す時期であり、小島は「我等のアジアをみなおそう」というつた夫人のまえがきをつけて、一九七四年『革命揺籃《ようらん》期の北京――辛亥革命から山東出兵まで』という藤原鎌兄の遺稿集を、社会思想社から刊行している。遺稿集は夫人の意向に沿って編集されており、残念ながら清水や丸山の原稿は採用されていない。小島は遺稿集のあとがきで「藤原鎌兄は、伊藤武雄の文章を借りれば『フィクションにしかすぎない中央政府の「逐鹿」的争奪や、封建軍閥争いの電報は馬鹿熱心に打っていた』グループの一人である。軍閥指導者や改良派の中に次の中国を背負う人と思想を追い求めた人である」と酷評する一方で、「藤原の思想に反し、丸山昏迷、清水安三氏は国民革命にかけた人々で、彼らは『北京週報』の記者であった。さらに、魯迅、李大釗、胡適、李四光、郭沫若《かくまつじゃく》、周作人など、中国の近代史上に登場する多くの人々が投稿したり、記者のインタビューに応じている。これらの人々の論稿を編集すれば、別の『北京週報』像が描かれよう」と述べ、清水、丸山の『北京週報』でのユニークな仕事に高い評価を与えている。これでは、伊藤がどういう意図でこの遺稿集の出版を支援したのか理解できない。

伊藤徳也・東大准教授は『「帝国」日本の学知第5巻』(岩波書店)所収の「周作人、魯迅をめぐる日中文化交流」論文の中で、『北京週報』の役割について、周作人や魯迅の文章が掲載されていたとの事実を紹介する一方で、「国内の大きな出版社が出していた雑誌に比べれば、日本語文壇において占める規模はやはりごく小さかったと言えよう。ただし、『北京週報』は、北京を訪れた著名人や大使館関係者に対するインタビューを載せたり、中国の時事に関する豊富な紹介、論説を毎週掲載して、中国に関心を持つ幅広い読者の注意を引いたにちがいない」「『北京週報』は、しばしば原文と訳文を併載している。文学作品のみならず、重要な宣言書や文書については、中国語の原文をそのまま掲載することもあった。『北京週報』が想定していた読者は、もちろん日本語が理解できる人々であったが、中国語も読める読者層を強く意識していたと言っていいだろう。その意味では、『北京週報』は中国語論壇の間にも一定のインターフェイスを持った日本語メディアだった」と、そのユニークな存在意義を指摘している。

戦後、藤原鎌兄とつた夫人が出版した『北京二十年』に序文を寄せた笠信太郎《りゅうしんたろう》は『北京週報』などを舞台に展開された当時の中国論、日中関係論の意義について以下のように指摘している。

「日本と中国が、その切っても切れぬ間柄にありながら、その凡そ五十年の現代史のなかで、ともかくにも正常な国交状態を維持したのは、わずかに一九一二年（大正元年）の中国の第一次革命（三百年の清朝が崩壊して一応の共和制が実現した）から満州事変（一九三一年）までの、凡そ二十年間にすぎなかった。それ以後は、凡そ三十年間にわたって、戦争の暗黒とそれから今日に至るまでの空白の時代が、つづいている。この戦前の正常な二十年間というものは、日中国交史上ではむしろ特異な時代ともいえるのだが、しかしその中には、日本人の対中国感情の健康な一面がよく出ているし、その意味では、この中から貴重な経験を引出すことができそうに思える」

「当時、中国は、地方軍閥の跋扈《ばっこ》で、折角の革命の成果は挙がらず、生まれ出るべきはずの近代国家はなかなか生誕に至らず、いわば苦しい生みの悩みの胎動期といってもよかろう。……そこで日本は、その中国の近代国家への成長を、善意と同情をもって見守り、これに期待し、これに助言をすることのできる地位にあった。事実、日本はそういう風に動いていた」

「この時代は、日本と中国の数多くの有識者が、互に、両国の間を往来し、互い隣邦を研究しそして両国の前途にむかって理想の火を燃やした時期であった。『北京二十年』の著者も、そうした日本人の一人であった。著者は、あたかもこの中国の近代国家への悩みの多い胎動期を、一言論人として、北京にあって中国を知ること深く、当時唯一の日本字新聞であった「新支那」と週刊誌『北京週報』を経営主幹し、前に私がいったあの時代の理想の火を日中両国の多くの人々の胸に灯しつづけたものであった」

ただ、笠が描いた「中国の近代国家への成長を見守る日本」は、その後、中国の混乱を口実に中国に干渉し、中国を自国の国益拡大の場として利用する「侵略」の芽も内部に持っていた。清水たちはそれに対する批判の目も一方で持っていたという点でも「貴重な中国論」だった。だが、残念ながら、軍国主義の台頭にたちまち呑み込まれてしまった。

## 第五節　『北京週報』の受難

藤原夫妻共著の『記者五十年のうらばなし』は、「日本政府の対中国策は確たる目標も立たず、内閣の変わる毎に全然反対の政策を展開したり、軍人との二重外交をはじめたり、遂には軍刀の介入、圧迫、益々排日、排貨に拍車をかけてしまった」と回想する。そうした批判的精神を持つ『北京週報』を、いくらベースを北京に置くとはいえ、軍部が見逃すことはなかった。

「心血を傾倒した筆も遂に軍刀には勝てず、昭和五年（一九三〇年）、日本政府の機関漢字日刊『順天時報』等も全部廃刊をさせられた」（つたのまえがき）。但し、藤原夫妻はそれより三年前にこの雑誌から手を引いている。「大正十四年二月鎌兄母の葬儀のため家族五人にて帰国し、久しぶりに日本の現状に接し、日本に於いて思想運動の急を感じたる鎌兄は内心本格的の帰国を熟考した。もはや中国に於いて日本の対中国政策の非を痛感し、中国内の混乱危険中に於いて公平自由正義正確の執筆は困難に向かって来たのである」、「その引き揚げの矢先、昭和二年四月一八日陸軍中佐、佐々木到一氏の『南方革命の真相』の書を我が社にて発行し、その新刊書は日本警察署を経て納本すべき規則を私は（経営の担当）知らず、納本せぬまま、一般に売り出してしまった。又其前に社の清水安三氏が南方へ革命視察して記事を『北京週報』へ連載したりで、我社は日本軍部の反感を買っていた。清水安三氏は『今に青天白日旗（革命の旗）が日本公使館の庭に、日の丸の国旗と並揚されるのに』と先見を言明した、等々で事面倒と鎌兄は一人で先に天津へ引き揚げて行って、私共を待っていた」とその経緯を明かしている。

清水は軍部の圧力によって一九二七年、事実上停刊になる『北京週報』に最後の原稿として「国際精神と社会精神」（同年七月号）というエッセーを書いている。

「私は過去十年の間、北京においていつも、身を左端に置き、常に叫び続けて来たのである。ある時は国賊視され、ある時は過激派と罵《ののし》られもし、馬鹿といわれ狂人と扱われた」

「私が国賊視されたる理由はどこにあるか。非国民として罵られたる理由はどこにあるか。それはいうまでもない。私に一つの国際精神があるからである。私は日本民族を愛する心は十分にある。けれども同時に、隣国支那の憂いを、わが憂いと為すだけの心持ちを持っている」

「私の如き国際精神と社会精神とを持って、北京村の左端に生きているものが、一人くらいいても差し支えないであろう。それが時折り凄《すさ》まじい議論をなし、出兵に反対し、祖国を攻撃しても、それはいささか支那人の排日感情を緩和するとも、けっして悪い結果をもたらすものではあるまい」

軍部の圧力が高まる中、清水としては最後のぎりぎりの抵抗であった。清水は、読売新聞に続いて、『北京週報』という言論の場を失った。

# 民族自決と非戦

## 大正デモクラシー中国論の命運

高井潔司

# 第五章

# 清水安三は変節したか
## ——「北京の聖者」としての限界

### 第一節　郁子との再婚

読売新聞のデータベースで清水安三《しみずやすぞう》の名前が復活するのは一九三五年。当時の「女子新教育運動」のリーダーの一人、青山学院教授、「小泉郁子《いくこ》女史が四三歳で独身に終止符」という記事の中で、その結婚相手として、清水が登場する。大正期に清水が読売新聞に中国論を多数書いていたなどという事は、おそらくこの記事を書いた記者は知らなかっただろう。全く論及がない。

清水は二年半前に妻・美穂を失い、学園の運営やまだ幼い三人の子供(十二歳、十歳、八歳)の世話に窮していた。再婚までのいきさつについては、一九三九年に朝日新聞社から出版した『朝陽門外』に詳しい。窮状を見かねた知人たちが、さまざまな女性を紹介してくれるのだが、学園の運営を共にしてくれるような人はおらず、一九三四年夏、清水は思い余ってかつての留学先、アメリカのオベリン大学のクラスメート、小泉郁子に、北京から手紙を書いて求婚した。

その前に、貧乏宣教師兼ジャーナリストの清水がどうやって留学できたのか。これまた面白いエピソードがある。

一九二三年、倉敷の富豪、大原孫三郎が北京を訪問した際、清水が案内役として名所旧跡だけでなく、ふだん日本人が訪れることのない中国各層の人物に引き合わせたり、自身が開設したばかりの学校などにも案内した。その際、北京の骨董文筆街で大原が数千円もする翡翠《ひすい》を土産に買おうとした。この時、清水が「その金があれば、アメリカに留学ができる……」とつぶやいたところ、大原が「ならば」と留学の費用を出してくれることになったという。こうして二四年七月、アメリカへの留学の途についた。

## 小泉郁子と清水安三の結婚を報じる読売

山崎朋子は『朝陽門外の虹――崇貞女学校の人びと』の中で、この清水の求婚を「〈泥亀《スッポン》〉の〈月〉への求婚」と評している。「清水安三という姓名を知る人がひと握りなのに対して、小泉郁子の名は、日本の女子教育界・女性運動界・ジャーナリズム界において隠れもない。世間一般の常套《じょうとう》的な表現によるなら、小泉郁子は〈月〉であり、清水安三は〈泥亀〉であるとせざるを得ぬだろう。常識の眼には何とも釣り合わない」と、同書で率直に書いている。清水の『朝陽門外』には求婚の手紙の全文が掲載されているが、ここでは前半のみ紹介しよう。

「その後は絶えて御無沙汰。然れども、貴女の御動静は新聞、雑誌でよく存じ居候。この夏は汎太平洋婦女会議〔原文ママ／正しくは「汎太平洋婦人会議」〕に、デレゲートとして御出席、誠に御苦労様にて候ひき。…さて私事、この頃、再婚することに決意致し候。さて再婚するとせば、やっぱり自らの知れる女性友人の中より、索《もと》め度く存じ候。さて知れる女性は数多く候へ共、多くは支那人の姉妹にて、邦人婦女は極めて少数に有之候。その限られたる少数の邦人女性の中にて、未亡人、老嬢の知合ひは僅《わず》かに十数人にて候。その人々の中にて、貴女が最も高い教養の婦女にて有之候。依って、先づ貴女を第一候補者に推したる次第にて候」

しかし、第一候補と言われても〈月〉の方は驚いたことだろう。ただ、彼女は、清水も触れたハワイで開かれた汎太平洋婦人会議の席上、次期会長選をめぐって中国のハードな姿勢を直に体験して、中国やアジアをもっと理解し、奉仕活動にも参加したいと考えてはいた。さらに三四年十一月のある日、青山学院の創立六十周年を記念した行事の中で催された学院創設を描いた小演劇が痛く彼女を感動させた。それは「弱い女の身なのに開港したばかりの日本へやって来て女子教育に身を砕いたスクンメーカーの姿が、自分と二重映しになって実感されたのだ」という。スクンメーカーは一八七四年宣教師として来日、一か月後に早くも青山学院の源流の一つとなる女子小学校を作った。青山学院ですでに女子教育論の第一人者であった郁子だが、自分自身で学校を作り運営したいという夢があったのだろう。間もなく、彼女は「フツツカナルモノナレドモ　カミ　ユケトメイジタマフガユエニ　キカヲタスケ　トホトキゴシメイヲ　トモニハタシモオサン　イクコ」と長文の電報を安三に送った。プロポーズを受けたのである。

再婚後、清水は郁子の夢を達成するためにも、学園の大拡充計画に乗り出し、ますます多忙を極める。日本政府の補助金も得るようになり、一九三九年には日本人部として、日本人対象の三年制の女子中学を併設し、一九四三年には高等女学校として認可も受けた。もはや貧民救済の職業学校ではなくなった。終戦時には約五百人の中国人学生、二百人近い日本人女学生がいた。もっとも日本人といっても三分の二は、日韓併合で日本人とされた朝鮮人だった。

再婚当時、清水はもはやジャーナリストとして活動することはなくなっていた。だが、その一方で『朝陽門外』（朝日新聞社）など毎年のように本を出版している。それはジャーナリストとして時事問題を扱った評論ではなく、自身の体験を綴《つづ》った自伝的エッセーである。学校運営の資金稼ぎのためにペンを振るったのである。しかし、日中戦争の開戦前後から、北京在住の文化人として、雑誌に評論を求められるようになる。

## 第二節　「北京の聖者」清水安三

一九三一年の満州事変、三七年の日中戦争の勃発《ぼっぱつ》で、日本が国際社会で孤立を深めて来ると、北京で中国の貧民救済や学校経営をしている清水は、再び日本社会で注目を浴びる人物となっていく。日本政府が清水を

「北京の聖者」として持ち上げ、対外宣伝のために彼の事業を利用するようになったのである。

一九三九年二月二十二日付の朝日新聞は「『北京の聖者傳』成る」の見出しで、「北京の聖者として事変下の全支民衆に慈父の如く崇敬されている『崇貞学園』主、清水安三牧師（48）の伝記が今回外務省の情報部の斡《あっ》旋《せん》で完成、近く日本語及び英語両語版を刊行し世界へ隠れたる『聖戦下の聖人』の姿を宣揚する事になった」と報じている。記事は伝記出版だけでなく、清水の北京での活動ぶりやそれが中国人のみならず欧米宣教師の賞賛の的になっていると詳しく紹介している。清水は「聖者」として祭り上げられただけでなく、学園には外務省の補助金、果ては天皇陛下からの下賜金まで授与された。立場の変化もさることながら、さらに時代の変化、世論の動向にも彼の発言は左右されるようになる。雑誌や新聞紙上で発言を求められ、彼も積極的に言論活動を展開するが、『北京週報』時代のような歯切れのよい評論は書けなくなってしまう。「北京の聖者」としての立場もあるし、過激な言論を展開すれば、それこそ「非国民」として弾圧の対象になる恐れもある。

## 日本政府「北京の聖者」を売り出す

大正デモクラシーが生んだ様々な中国論のうち、「大満鉄の保護の下にあって」評価軸になると、小島麗逸が指摘した満鉄調査部の伊藤武雄らのグループさえ検挙され、まともな裁判も受けないまま収容所を転々とさせられ、獄死する研究者も出た言論弾圧の時代下にあった。

読売新聞のデータベースに戻ると、再婚のニュースの後は一九三八年十二月二十二日から始まる「大陸文化工作の第一線的人物」連載の第一回で、「紫禁城下の聖者　清水安三先生」として登場する。さらに翌年三月十七日には「東亜協同体と日本　日支文化検討　清水安三氏に訊《き》く」という清水を囲んだ座談会記事がほとんど一ページを使って掲載されている。

「いま、日本のやって居る仕方は支那を楽観して、即ち支那人も一つの重要な協力者として、山を拓くにも河を治めるにも鉱山を開発するにも日本人ばかりでなく支那人を入れると云う東亜協同体の方針となりつつある。それで今の所では私が思うのにそういう日本人の性質だからこれは最早是非を超えた運命じゃろうと思う。大きな大陸の自然資源をもっている四億の人間と協力して、一つのリーダーシップを執って、東洋文化建設に突進するというようなことにならざるを得ない運命を背負わされていると思うのです」

「支那の国民は日本人から受けるべき点、学ぶべきところは沢山あります。そのうちの最も大事なことは日本人はやはりフレッシュな力をもっている。ちょっと見ると支那人の方が社交的でリファインされていて直ぐ喧嘩《けんか》などせぬし、更に日本人に比し信用もできる。金を貸しても返すし、青年でも日本の青年は乱暴です。まあそういうような点はあるけれども、支那人よりも日本人の優れている最も大事な点は自己を忘れるということ、恥を知るということ、向う意地があり、気力がある。この点において、支那人は負けるのです。その気力に支那人が説服されればいいけれども、まあされなくてもその気力によって東亜建設ができるでしょうな」

新聞の座談会記事というものは筆記した記者の主観がかなりこめられるから、この発言通りに清水が考えていたかどうか断定できない。「運命」とか「気力」を持ち出し、字面をそのまま受け取れば、『北京週報』の藤原社長の「支那保全論」に近づいてしまった感もある。それでも本心がどこにあるのか、のらりくらりと「聖者役」を果たしているようにも見える。ただし、この文章の中でさえも、清水は中国人の能力を評価する一方で、逆に日本青年の暴力性を批判している。当時の日本の世論に見られるような、中国を見下し、植民地扱いする姿勢ではなく、建前論ではあるが、日本と中国を「東亜協同体」の対等な構成者と見る立場に立ち、日本の立場、日本人の言動を批判的に見る姿勢も相変わらず保持していると言えよう。

座談会記事のわきに「清水安三の聖者弁」という興味深いコラムが掲載されていた。

「近頃、誰でも北京の基督とか紫禁城の聖者とか呼んで敬意を表しているが御本人はこの聖者という言葉を冠せられるのが甚だ気になると見えて各方面に『聖者』取り消し運動を講じているほどだ。ところが先日子供がお父さんは耳と口の王でしょうと云ったので、ああ如何にもそうです。これならいい。と聖者改めて耳と口の王になったことである」

このコラムを見ても、清水にとって、聖者の居心地はよくなかったことがわかる。他の文章の中にも同様の心境の記述が見られる。子供が言ったとされる「耳と口の王」とは、ジャーナリスト清水にとって、最高のほめ言葉だったに違いない。彼自身から決して望んで「聖者」の役割を演じていたわけではない。クリスチャンとして国際的な精神から中国の貧しい子供たち、あるいは朝鮮半島から中国に避難してきた朝鮮の子供たちを教育する施設を北京で運営してきた日本人として稀有《けう》な存在であったが、その稀有なところに目を付けた日本政府が清水を「北京の聖者」として利用し国際社会に売り出したのである。本人は不本意であっても、どうしてもその枠の中で清水は動かざるを得ない。

## 第三節　日中戦争開戦時の言動

この時期、清水は単独の論考として『中央公論』に集中的に発表している。一九三七年二月、四月、十一月、十二月。日中戦争の勃発の年で、北京在住の清水に久々に執筆のチャンスがめぐってきたのだろう。

「雑誌記事索引集成データベース」で見ると、清水の執筆には一九二〇年代と一九三〇年代後半の二つのピークがあり、一九二〇年代は『北京週報』や読売新聞などを舞台に、年間平均二〇本ペースで書いている。三〇年代後半は『中央公論』やキリスト教系の雑誌に年間一〇本ペースである。これらの論考を読むと彼の屈折した心境を読み取ることができる。

軍国主義に覆われる時代、大陸戦場での日本の快進撃に酔う世論、〝北京聖者〟としての立場から、その侵略性を批判するどころか、むしろ日本のリーダーシップによる「東亜協同体」、「日支親善」を前提に議論している。しかし、そうした議論においても清水らしい発言も見ることができる。例えば「その後の蔣介石《しょうかいせき》」(『中央公論』一九三七年四月号)という論考では、西安事件の意義を以下のように述べる。

「どんな意味において、画期的事変であったかというに、それはいうまでもなく民国支那が、内争時代を完了して、実に統一時代に入ったという意味においてである……そのことが直ちに『容共』とまで進展するかどうかは今後の問題であるが、もうお互いに内争は止そうということになった」

この見解は、最終章で取り上げる尾崎秀実《おざきほつみ》と相通じるところがある。さらに、日本はどうかと反省を求める議論も展開している。

「祖国日本からの来遊者の言に聞けば、日本は明治大正を絶頂にして物質的繁栄は兎《と》も角《かく》、精神的に下り坂だとのことである。坂を下るのは足が速い。上るのは営々頗《すこぶ》る慢々的ではあるが、気が緊張しているものである。隣邦支那に恥じよと叫ぶものは必ずしもわたくしばかりではあるまい」

その上で日本の対中国政策についても、ストレートではないが、以下の三点を挙げて、批判の目を向けている。

一．日本国民は未だ支那語をマスターしていない、国民的にマスターしていない。〔支那語と言っているが、それまでの議論の流れから言って中国の変化を理解していないということを暗喩している〕

二．日本人は支那人を動かすコツを体得しておらぬ。支那には支那流というものがある。どこを押しても、ベルがじいじいとなると思ったら大間違いである。対支〇〇〇政策などやったって駄目。〔「〇〇〇」は伏字になっている。一撃論とか推定するしかない〕

三．日本人は移り行く支那を認識することが、実に不得手である。大衆の動きを見極むることが下手である。

こうした論考にも伏字が見られるように、言論統制が進む中でも、さらに批判的精神を発揮し、提言も行っている。

「権謀術策、小細工でやろうと思っても駄目。『正直』という点ならば支那人は日本に適わないが、小細工なら支那人の方が役者が一枚も二枚も上だ」「独立評論で胡適《こせき》がいっている。日支親善打開は利益を相互共にする点を勘考して、そこには協力を個人的に進めるより外に仕様があるまい。実業家は実業家で、学者は学者で、民間的に個人的に、相利相益の場合、機会をとらえて進むより外に致し方あるまい」

近年、悪化するばかりの日中関係の中で、「ウィンウィンの関係」「多チャンネルの関係構築」が叫ばれているが、清水は戦時下においても同様の考えを明らかにしていたということになる。

また「支那事変の見透し」(同十一月号)という論考では、盧溝橋《ろこうきょう》事件が共産主義の影響下にある学生連合会が仕組んだものとの清水が得た独自の情報から、日支事変の目標が「暴戻なる支那を膺懲《ようちょう》するというよりも、支那を共産主義より救うという意義になって来た」と分析し、事変を肯定的に捉《とら》えている。

しかし、読み進んでいくと、「支那を日本人の心で以て判断してはならぬ」「希望と予測とは必ずしも一致するものではなく、日本の支那通の予測はかつて、当たったことがない」「日本人はむしろ支那を予測することを止め、日本として如何に処すべきかを、考慮すべきである。支那の出様よりも、日本のやり口を眺めて、多分日本はどうするであろうと見透しをつけるのである」「支那兵は昔のチャンコロ兵ではない。『好鉄不打釘、好人不当兵〔いい鉄はくぎにせず、いい人は兵にならない〕』といわれた支那兵とは格段の相違である。もう到底、日本の一個小隊で、支那の一師団を走らせるというわけには行かぬ」「日支人は朗らかに提携し行ける〔原文ママ〕ことが明らかになった以上、先ず北支五省が、日支提携、防共を看板とする自治政府を建設したならば、それで事変を一段落つきしものと満足すべきである」と述べている。

中国が統一に向かい、兵の質も向上している事実に目を向け、日本側の抱える問題も指摘し、戦線拡大の収束を求めている。次章以降で詳しく検討するが、清水や吉野らの大正デモクラシー派の中国論は、いったん形成された日本の権益について、放棄論ではなく既得権益として認め、権益拡大のみを戒めるのが特徴である。清水らの警告にもかかわらず軍部や民衆はさらなる権益拡大を求め、猛進していく。満州から北方五省さらに中国全土へと侵略はますます拡大していく。残念ながらその論は抵抗にも歯止めにもなっていかない。

以上のように清水の発言を詳しく見ていくと、その主張にも限界があった。しかし、言うべきことはしっかり言っているということもわかる。第五節で見るように、その姿勢はハワイをはじめ、アメリカ本土、カナダを回って、講演会を開き崇貞学園の拡充のための資金集めをした時の講演会での発言や評論も同様である。

栃木利夫は清水の言論について「一九三七年の日中戦争開始頃を境とする変化、一九二〇年代と比較しての『落差』は何故かが、一つの疑問となる。一九二〇年代後半からの論説と評論には、慎重な検討が求められる部分もあると思われる。とくに日本の軍事的支配が強まる華北・北京で日本人と共に中国、朝鮮の子女が学ぶ学園経営を維持するためには、軍部関係者との交流も必要であったと、推定できる」と指摘する。

栃木の言うように学園経営者としての清水の発言には制約があった。ただその中でも清水なりの発言を展開し、ハワイでの舌禍事件にまで発展しているのだから、そのことの意義もまた評価しないわけにはいかない。

## 第四節　通じなかった日中非戦論

大正デモクラシーの中国論の限界という意味では、もう一点、紹介しておくべき清水夫妻の言動がある。それは、安三が開戦直前の一九三六年、胡適・北京大学教授を訪問し、戦争回避の努力を求めたという事実である。その失敗を受けて、今度は郁子が南京に蔣介石夫人の宋美齢《そうびれい》を訪問し、日中対立の平和的解決を訴えたが、これまた不調に終わってしまったという事実である。

胡適は後に駐米大使や北京大学長になる蔣介石陣営の最高ブレーンの一人だが、先に紹介したように、清水は一九二〇年代、『北京週報』の記者時代に度々、彼を訪問取材し、旧知の仲だった。清水は一九三六年の春、胡適訪問の直前、大阪の実業家に同行して、内モンゴルから河北、山西、河南、湖北、四川、江蘇《こうそ》、山東など中国の内地を回り、日中間の戦争が勃発寸前の状態にあると感じ、「旅装を解くか解かぬうちに胡適博士を訪ねた」のである。

清水は「蔣介石の抗日作戦は発火点近く熟していると考えます。今のうちに工作して置かぬとどうすることも出来なくなりますよ」と切り出したが、胡適はしばらく無言。そして「ナチュラリイ　ヒイ　シュッド　ファイト　アゲーンスト　ジャパン」と叫んだという。そして胡適は「満州事変の時より中国にとって有利」とまで述べて清水の助言に全く耳を貸さなかった。

結局、胡適訪問は全くの徒労に終わった。清水はこの訪問について、「今日《こんにち》、わたしが予言したのと殆《ほと》ど寸分変わらぬ結果になっている。それ見たことかといいたくて、今この文字を綴っているのではない。何故にもっと熱烈に、一度ならず二度も三度も、胡適の動くまで日参しなかったと考えて、只管《ひたすら》熱の足らざりしを懺悔《ざんげ》するのみである」と総括している。

しかし、外交には相手がある。軍部の中国侵略の足音が満州からさらに着々と中国本土に向かおうとする中、胡適とても、一方的に和平を求められても何とも答えようがなかっただろう。

胡適はすでに一九三五年十一月から『日本評論』誌上で同誌主筆の室伏高信との公開往復書簡を発表し、その中で「私が最初に日本国民に告げたいのは、二度と『中日親善』を言わないでほしいということだ。目下の真の問題はどうやって『中日仇恨《きゅうこん》』を解くかであって、中日親善ではない」ときっぱりと述べており、清水の申し入れを拒絶するのは自然の流れだった。胡適はこの文章の第一回目で、「〔日本の軍人が〕覇道の極みにあることは明らかなのに、それでも王道だと言い、恨みの種を播《ま》いているのが明らかなのに、それでも提携親善と言う。日本国民にも感情があり、常識があるのなら、このような異常な状態の下で『中日親善』を放談することは全くの無意味だとなぜ想像できないのか」と拒絶の理由を示している。

清水や室伏が日本軍の横暴をいさめないで、抽象的な平和や友好を説いたとしても、胡適たちの神経を逆なでするだけのことなのだ。一九二〇年代に軍へのシャープな批判も展開した清水なら、重々わかるはずと、胡適は考えていたに違いない。室伏も民本主義を提唱する大正デモクラシーの代表的な論客であり、胡適に対する清水と室伏のアプローチとその不調の結果は、大正デモクラシーの中国論、中日親善論の限界を示すものだとも言える。

郁子の宋美齢訪問は、郁子が一九三四年ハワイで開かれた汎太平洋婦人会議に出席した際に、知り合った中国人脈を通して実現した。郁子は「われらは国家のため、民族のためを思い考える以上に、母性愛から出発して、日支問題解決の鍵を見出そうではありませんか」と呼びかけたが、宋は無言のままだった。かろうじて、「全天、暗雲がたれこめては居るが、しかし、まだ天の片隅に僅かではあるが、のぞみの光が輝いているような気がしてならぬ」という言葉を引き出しただけに終わった。

結果は胡適・清水会談と同様だった。安三によれば、「宋女史が日本留学出身だったらなあ」というのが郁子の感想だったそうだ。清水夫妻の行動が善意から出発しているとは言え、二人の行動もやはり大正デモクラシーの限界を示していないだろうか。二人がいくら善意で走り回ったとしても、背後にある軍の侵略行動はますますエスカレートしているのだから、中国側の姿勢を変えることはできない。

やがて盧溝橋事件から日中の全面戦争へと舵《かじ》が切られていくことになる。

## 第五節　ハワイ舌禍事件の深層

清水は一九三九年末から約半年間、崇貞学園の運営を維持、発展させるための寄付金集めを目的としたハワイ、北米の旅に出る。旅では日系人を主な対象に、各地で講演会を開き、中国問題、日中関係などを論じて寄付を募ったのである。ハワイでは邦字、英字で発行していた日布時事《にっぷじじ》新聞社の全面的なバックアップを受けて、五十回以上の講演会を開いた。日布時事は、講演会について、同社の社長、相賀安太郎《そうがやすたろう》（渓芳）をはじめ記者たちが沢山の記事や論評を書き、講演の記録を掲載した。さらに、清水自身も日布時事紙上に、連載を十七回掲載している。

そもそも相賀と清水は、一九二四年五月、相賀が中国視察を行った際、共通のクリスチャンの知人の紹介で知り合い、例によって清水が二週間、「相賀の通訳兼ガイドとして北京とその周辺を案内した」という。その後、アメリカのオベリン大学に留学する際の行き帰りでも、清水はハワイに長期間滞在し、相賀の支援を受けた。とくに二年間の留学後、一九二六年六月にハワイに寄った際は、船賃を稼ぐために、約三か月間、日布時事社で臨時記者を務め、アメリカ留学の経験をまとめた十一回分の連載、さらに「支那ＡＢＣ」と題するシリーズを書いたという。

さて、四〇年一月のハワイ訪問では、すでに「北京の聖者」として知られ、朝日新聞社から出版した『朝陽門外』もベストセラーになっていたので、相賀は日布時事社を挙げて歓待した。ハワイの各島で開かれる講演会の予告記事はもちろん、講演後の記事や講演録も掲載している。それらの記事は「雑誌記事索引集成データベース」に含まれていないが、当時の清水の考え方を知るには、やはり欠かせない記事である。幸い筆者は、桜美林大学の榑松《くれまつ》かほる教授が所蔵していたその当時の日布時事のマイクロフィルムを借りて読むことができた。ジョージ・オーシロはこの新聞だけでなく、カナダの新聞に掲載された記事をも分析して、清水の当時の言論を論評している。オーシロ論文に対する検討は後ほどの問題として、まずこの時の清水の言動を見てみよう。

一九四〇年一月十五日付の日布時事は前日ホノルルで行われた講演について、「北京の聖者、清水安三氏愛の日支親善を力説」との見出しで、詳しく内容を報じている。この講演録では（英国の中国侵略の歴史を指摘した上で）、〝支那事変〟について「ややもすれば、今次支那事変を以て日本の支那侵略であると誤断し領土的野心を云々していますが、これは認識不足も甚だしきものであり、日本は支那人を殺す為に戦っているのではなく、支那人と協力したい為に戦っているのであります。欧米人は十字軍、南北戦争を聖戦だと云っていますが、支那事変こそ二〇世紀に於ける民族解放の為の聖戦でなくて何でありましょう」と全面的に日本の立場を代弁している。「元の東亜に戻すこと、即ち支那五千年の歴史を基調にして、新東亜の建設を完遂する事こそ、日支両国民に課せられた最大責任である筈《はず》」、「今や支那はその好むと好まざるに拘らず、日本の協力なくして滅亡より救われる事は出来ないのであります。私は真実に支那人を愛しています。しかし彼等国民が総ての点に於て国家的に見て下り坂に在ることは事実であります」、「今こそ支那全国民は永い過去の惰眠より醒め日本と真に協力すべきときであります。しからば果して日支は協力し得るか、この問ひに私は躊躇《ちゅうちょ》することなく〝然り〟と答へます。勿論彼等は尊大な国民ですから向ふから頼むなぞ殊勝な事は言って来ぬでせうが、また日本としても彼等を味方としなくては、新東亜建設の大業は完成困難で有ます」と述べ、さらに日中戦争の建前の大義を繰り返している。

これは新聞記者の聞いた講演であって、彼の本心であったかどうか、議論が分かれるところであろう。日系人社会で寄付金を集めるには、彼らのステレオタイプな日中観に合わせるような発言にどうしてもなってしまう。単純な日支親善論や平和論を訴えたとしても、すでに胡適との対話不調に見られるように中国側によってきっぱり拒絶されている。戦争を前提にして話さざるを得ない。そこで出てくるのは、新東亜建設のための戦争という日本の建前に沿った議論だ。

だが、「日本としても彼等を味方としなくては、新東亜建設の大業は完成困難」とした講演の後半に注目してみると、様子が変わってくる。清水は「昔は一人の大将を懐柔すればそれに国民はついてきましたが、今はそうでなく、民心を把握するのでなくては駄目です。それ故、汪兆銘《おうちょうめい》を後生大事にするよりは、先づ大衆を日本に心服さす事こそ肝心であります」、「しからば如何にすれば日本が支那民衆の心を完全に摑《つか》む事が出来るかと言へば、第一日本政府並びに役人が公明正大であり、彼等から尊敬される迄になる事、第二には民間の一人一人が宣撫班《せんぶはん》の積りで、彼等に暖かい手を差し延べてやり、双方の心と心が完全に融和されるのでなくてはなりません」、「支那を救ひ真の日支提携の基をなすものは、力ではなく愛の恵みでなくてはなりません。政府当局がしばしば声明せる如く日本は支那に対して毫《ごう》も領土的野心はなくこれと協力して倶に繁栄したいと願っているのみでありります」と、軍部のいうような日支親善ではなく、汪兆銘のような一部の中国政治家を取りこんだ傀儡《かいらい》政権樹立でもなく、国民レベルの「真の日支連携」を訴えた。そこには軍主導の先の見えない戦争に対する批判の意図も込められているというのは、あまりにも清水に対する好意的な読み方であろうか。

清水に対して少しは好意的な見方をしたくなるのは、一連の講演によって実はハワイで清水は舌禍事件に巻き込まれることになるからだ。清水は連夜の講演に加えて、聴衆の疑問に答える形で、一月十七日から十七回に渡って日布時事日本語版に「支那事変問答」という連載を掲載した。そのうち二十二日と二十三日に掲載された「大陸に行ける日本人は、どうしてあんなにラフなのでせう」という問答の中で、いわゆる「南京虐殺」事件について、その発生自体を認める発言を行い、大きな波紋を呼んだのである。その内容の一部を紹介しよう。

「支那の婦女が、狂犬に嚙まれしが如くに、遭難したといふ噂は、本当に我等と雖《いえど》も、切歯せねば居れぬ報告であった。特に、遺憾であったのは宣教師の保護している学校の避難所に集まれる婦女が遭遇せしことだった」と日本軍の悪行狼藉《あくぎょうろうぜき》の存在をはっきり認めている。と言って、清水のこの記事は日本軍を全面的に正面から批判したわけではない。むしろこのような事件は戦争につきものだと指摘し、さらに「一九二七年二月の南京事件に在りては、蔣介石が九江から指揮していたにも拘らずその部下何健が率いる正規軍が、南京に入城した際、それが内戦であったにも拘らず、支那兵は各国の領事館に侵入し、ミッションスクールにも乱入して、日本の婦女も悉《ことごと》く遭難し、米国の女性宣教師も遭難した」とまで書いている。その上で、「何しろ、人を殺すといふことが、人間の犯し得る最も大きい罪悪である以上、それをやってやりぬくのが戦争である。略奪だの婦女を虐めることは人殺し以下の罪悪である。然らば戦場でいろんなことが行われるのは無理ないことである」と肯定さえしているかのようである。

それでも清水はハワイの日本総領事館に呼び出され「すぐ帰国せよ」との厳しい指示を受ける。日本政府が南京虐殺事件を中国側のプロパガンダとして、その存在自体を否定していたからだ。南京大虐殺の否定はすでにこの頃から始まっていてハワイにおいても徹底していたのだ。清水は後年、こう回想している。

「南京事件の如きを隠さんと欲しても、到底隠しおおせるものではない。しからば少しでも弁解を試みるのが、国民の義務であると思ったからこそ、私がはっきりNOと答えなかったことは、大きいセンセーションを巻き起こしたらしい。在留同胞らは『日本の兵隊に限って、そういう乱暴は決してせぬ』と信じている。再びYESかNOか。どちらかひとつで返答せよと迫られた。NOと答えんと欲しても、良心が許さない。私は沈黙して答えなかった。領事館に出頭を命じられた。領事は送還を命じる、米大陸へ渡航は許さぬといいだした。私は夜な夜なワイキキの浜の椰子《やし》の木にもたれて、泣いて神に祈り、ついに決心した。『ここは米国、領事といえども、私を捕えることはできまい。横浜に帰りつくと同時に捕らわれ、獄にぶちこまれようと、構うことはない。よし行こう』。こっそり米船でハワイを脱出し、何食わぬ顔をしてロサンゼルスに上陸した」(『希望を失わず』桜美林大学出版会、二〇二〇年)

ハワイの一連の講演会、連載記事を切り盛りした相賀はもっと詳しくその経緯を『五十年間のハワイ回顧』に記している。

「連日連夜各地に於ける清水氏の日支親和論の講演は、全般的に大なる好評を博していたが、偶々《たまたま》日布時事紙上に同氏が連続的に掲げ居りし日支関係の記事中、南京事件に関するものが、一部同胞の忌諱《きき》に触れ、囂々《ごうごう》として非難の的となり、それには当時わが総領事代理たりし工藤敏次郎副領事が、日本軍部の化身の如き態度を執り、それ等反対論の者の側をリードしていたため、一層八釜《やかま》しき論議の種となった」

「南京事件というのは、日本軍が国民政府の首都たる同所を陥落せる直後、そこで演ぜられた日本軍の驚くべき暴行、略奪、婦女凌辱《りょうじょく》等の事実を指すものであり、筆者なども初めてその報道が、英米各通信社に依りて伝わり、世界的の大問題となりしとき、どうしてもこれを信ずることができず、たぶん一種のプロパガンダだと思っていたところ、後に至り、ついにそれが遺憾ながら真実であったことを知り、驚愕《きょうがく》と慨嘆《がいたん》とを重ねし次第にて、清水氏は寧ろ婉曲《えんきょく》にその事実を述べたに過ぎなかったが、その頃の日本では無論禁止項目中に有りし右の記事がわが日布時事紙上に現れたので、工藤副領事は清水氏及びその掲載新聞の責任者たる自分に向かい、干渉がましき態度に出て、表面にこそ現れざりしも、ついに衝突の止むなきに至った」

「清水氏はハワイ全島の講演旅行に於いて、所期以上の義金を集め、最初の目的通り渡米せんとする際にも、当地領事館はいろいろと渡航を妨害せしが、ついに押し切って大陸に渡り彼の地にても清水氏は同様の運動を続け、日支問題の講演に各地を踏破して努力した結果、そこでも又義金募集に成功した。なんでもハワイとアメリカ大陸の双方では日本金十万円以上を博し、ロサンゼルスより横浜直航の船にて帰朝せしが、帰国と共に清水氏は直ちに軍部監視の下に置かれ、一先ず北京に帰りしも、毎日の如く同地に於ける日本憲兵隊本部に引出され、種々の尋問を受けていた」

清水自身の回想では、軍部や総領事館だけでなく、ハワイの相賀のライバル紙も清水攻撃を煽《あお》っていたようだ。それほどこのハワイでの講演旅行が大きな反響を呼んでいたということだろう。清水の二男、畏三《いぞう》は二〇一六年に、桜美林大学内で行った講演で、父親を「反骨のジャーナリスト」と評価し、以下のような事実を明らかにした。

「七月一日　横浜に帰着。北京ですでに一日留置の憲兵隊の調べを受けていた郁子夫人が急きょ日本に帰国して、横浜で夫に北京での出来事を報告。それで清水は宇都宮に直行し、滋賀二中の先輩、喜多誠一中将に一部始終を報告し、善後策を相談した上で北京に戻った。北京では三〇日間連続の取り調べを受けるも留置はなかった。アメリカで集めた寄付金の二万ドル（十七万円）のうち十万円を軍に寄付して事件はうやむやになった」。

畏三が「反骨のジャーナリスト」と言うほどの存在であったかどうかは、多少疑問も残る。というのは「支那事変問答」の連載の第十五回（二月二日付）では、清水は周囲の予想外の批判に対して言い訳がましい議論を展開しているからだ。南京事件の記事の基になる情報は、彼自身直接目撃したわけでも、日本政府内の内部情報を得たわけでもなく、西洋の記者の報道や自身の知り合いの外国人宣教師や親日家ドクターの話を基にしたものであり、誤解を与えないよう書くならば、「自分はそういう噂、報告を毛頭真実とは信じぬけれども、一歩も二歩も譲って、そういう報告、噂を仮に彼らがいうが如くなりと見たところで、それは戦争そのものの持つところの特質であるから、その裏をようく理解を持ち、〇〇〔判読不能だが、「疑問」か〕を以て考えるべきである」と書くべきだったと言い訳している。そもそも清水はかつて吉野作造が激賞したように、情報を第一の源泉から汲み取るようなジャーナリストではなくなっていた。それどころか、中国側が南京大虐殺を取り上げるならば、中国側にも同じような行為があったと、昨今の右翼的評論家が反論のために持ち出す「通州事件」を、清水もこの十五回目の連載の中で取り上げ、「分けても支那の兵隊の如きは、通州事件の如き鬼畜のような無茶をやっている」と続ける。こうした言動から、次節で見るように、清水＝日和見主義者論も出てくることになる。

## 第六節　日和見主義評価の問題点

前節でも紹介した清水の北米での講演をトータルに分析したジョージ・オーシロは、清水に対し厳しい評価を与えている。

「当時の日本では中国を蔑視《べっし》する風潮があまりにも強く、安三もこの影響から逃れることはできなかったと思われる」

「安三は日和見主義者であったと言えなくもない。中国での長い活動の結果、有名になり、それを徹底的に利用したのだと。彼には敵もいた。何事も大げさにいう『ほら吹き』とも呼ばれた。しばしば状況判断を誤った。彼の中国に関する発言の中には、信憑性《しんぴょうせい》を欠く説や、浅薄な分析、おおざっぱな一般論など多くあることも確かである」(「戦前期における清水安三の国際主義と愛国心のジレンマ」、桜美林大学清水安三記念プロジェクト『清水安三の思想と教育実践』所収、桜美林大学、二〇〇一年)

とくにオーシロは、カナダ・バンクーバー、大陸日報の一九四〇年六月三日講演を扱った記事の中で、清水が「私も日本人である。日本人としての優越感がある。然し私は支那人には見せない、我々はクリスチャンである前に日本国民でなければならぬ……」と述べたことを取り上げ、「安三はキリスト教の博愛の精神に基づく立派な道徳的活動と中国にキリスト教を伝道しようという親善の精神を持っていたにもかかわらず、無意識のうちに戦前の日本にはびこっていた中国と中国人に対する差別意識も持っていた。安三個人の、また、日本全体の悲劇の原因がここにある。このような考えを持っていたことが、韓国と中国大陸に対する日本の帝国主義的行動の大きな原因であったし、太平洋戦争で敗北して叩《たた》きのめされる原因となった」と断じた。そして、清水が幼年時を振りかえって書いた次のような文章を引用し、批判を加えている。

「三、四歳の頃、姉に背負われて、村の若者達が中国との戦争に出陣する様子を見た。そしてその頃、子供たちが歌っていた歌を思い出して書いている。

ちゃんちゃんぼうずの首きって
李鴻章《りこうしょう》の鼻べっちゃ
ちゃんちゃんちゃんぼうずの首きって」
（『石ころの生涯』一七頁）

しかし、オーシロの分析はあまりにも皮相的だ。大陸日報の記事は長い講演の一部を記者が切り取ったもので本当に清水がそう語ったかどうか、検証の必要がある。しかも、日系人を前に、寄付を募るための講演会での話である。たとえ言ったにしても、清水が幼児のころのステレオタイプな中国観を引きずっていたかどうか大いに疑問がある。先に引用した清水の文章を見ても、中国の兵士はいつまでも「チャンコロ兵」ではないとはっきり書いている。しかも、この「ちゃんちゃんぼうず」の歌を紹介した文章でも、その直後に、清水は「いかに国民の教養がひくい時代だからといっても、この歌詞はひどく下品でお話にならない。これが私が生まれて隣国の中国人とかかわりをもった最初のことであった。私が生涯、すごく中国ビイキになってしまったのは、あるいはこの歌の反動的影響であったかも知れぬ」と書いている。オーシロは清水の後段の記述を見落としてしまったようだ。

もちろん清水も中国人に対する批判の気持ちを持っていた。しかし、それは日本国内に広がるステレオタイプな中国観からではなく、実体験や取材を通して自身が形成した中国観である。そもそも魯迅《ろじん》や李大釗《りたいしょう》らは、中国の現実に対する強い批判を持ち、革命的精神を訴えた。中国に対する批判や失望感を持ったからといって、それが即差別意識ということにはならないだろう。一九二〇年代以降の彼の評論をきちんと分析したら、そのような結論は出てこないはずだ。もちろん、彼の中国論に変化がなかったわけではない。批判的に読むことも当然必要だ。だが、その分析は、それぞれの時代背景や中国の事情、日中関係の状況を踏まえた上で、進められねばならない。現時点から見れば、日中戦争は確かに侵略戦争であり、批判されるべき出来事である。だが、その渦中にあって、北京で日本政府の補助を受けて学校運営をしながら、「北京の聖人」、「大陸文化工作者」として発言を求められる。本意でないことも語らざるを得ないであろうし、当時の言論空間、彼を取り巻く環境を考えた上で、評価を加えるべきであろう。

さらに彼を軍国主義に妥協した日和見主義者と一方的に批判することは、彼が一九二〇年代から展開してきたジャーナリズム活動の意義を見誤ることになるし、日中戦争勃発後の評論に込められた清水の真意を読み違えることにつながる。清水は思想家や政治指導者ではなく、またジャーナリストや中国研究者でもなく、教育実践者として活動していたのである。戦争という現実と向き合いながら、時に妥協もしながら、状況の改善に向けても闘い続けてきた。妥協の一面だけを取り上げ、批判するのは酷である。

これまで紹介したこの時期の清水の言動は公開の場、公式の場での発言、執筆記事であり、崇貞学園の責任者、「北京の聖者」としての立場があった。それは、どうしても当局の求める言論に沿わなければならないし、また大衆の意にも沿わなくてはならない。そこにともすれば日和見主義者と批判される余地もある。それでも、時に当局や大衆の期待するところから外れ、憤激や批判を招き、取り締まりまで受けた。実は清水には、こうした公式の場での発言だけでなく、崇貞学園での教育実践の中で残した数々の発言が記録されている。生徒たちの思い出の記録の中に登場する発言である。こちらの方が清水の本音が出ていると言える。建前と本音を使い分けることが限界であるとも言えようが、この時期の清水の中国論、アジア観を跡付け、その評価を行う場合、こうした発言も含める必要があるだろう。

清水の自伝的評論集『石ころの生涯』には、当時在籍した韓国人の生徒の思い出文集からの抜粋が転載されている。

「当時、韓国人は差別扱い、公立の日本人女学校に進学することが、とても難しかった。小学校の成績がクラスで一、二番、よほど優秀でなければ入れない、家族の素性やら思想の善し悪しも、合否にかかわります。私の場合、祖父が独立運動家、投獄されたこともありますので、全く見込みなしでした」

「安三先生は私たちを温かく迎えて下さいました」

「私たち韓国人生徒にとっては、自由の楽園でした。寮生活が一番記憶に残っています。日本人部〔当時は朝鮮人、韓国人も含む〕の生徒のうち八〇％が寮生でした。キムチを自由につくって食べられる。中国服や朝鮮服も制約なし、自国の言葉を大きい声で話せる……」

「思い出と言えば、民族の差別なく、中国人、日本人、韓国人が仲良く勉強できる学園だったことです。『国籍や民族に関係なく、人間はみな同じ神の子である』『労働は尊い、人間は働いて生きていくのが本分である』と教えられました」

オーシロが指摘した「クリスチャンである前に日本人」という大陸日報での発言とは異なり、自身が最高責任者である学園内では「人間はみな同じ神の子」という思想を貫いていた。しかも、キリスト教に基づく国際主義のみを述べていたかというと、民族主義についても彼なりの平等主義と協調主義を、こう訴えていた。

「安三先生は私たちに、『あんたたちの祖国は朝鮮だ。朝鮮人は優秀民族だよ。勉強して祖国のために貢献しなさい』と励まして下さいました」「私の場合、〈木村〉に改称させられましたが、先生は一度も『木村さん』とは呼ばない。卒業まで『朴さん』でした」「安三先生は亡国民であった私たちに、憐憫《れんびん》の情をいつも抱いておられた。日本史に関連、韓国史を一緒に教えていただきました。終戦後、同年配の本国高校出身者よりも、私の方が韓国史をたくさん知っていることに驚きました」「立葵《タチアオイ》の花が咲き乱れる校庭、安三先生は私たちに『この葵の花に似ている花を知っているかね』と問われました。誰も答えられない。先生は真顔で、『本当に知らんのか。この葵に似ている花は〈むくげ〉(木槿)という薄紫色の花で、朝鮮の国花だよ』『この葵の花の茎に虫がよくつくけれども、虫に負けずきれいな花を咲かせる。〈むくげ〉も葵の仲間、強い花だよ』と教えて下さいました」「安三先生が郁子先生とお二人で、朝鮮服で写真を撮られました。(その朝鮮服はソウルの女学校からの贈り物)。その際、私に『玄さん、わしと一緒に朝鮮服で撮ろう』といわれました。『持っていません』と答えたら、『それじゃ仕方がないなあ。チョゴリ一枚ぐらい持っていなさい』。先生は朝鮮服の縫い方を知らないと、嫁に行って困るだろう。そんな心配をして下さる人でした」

併合時、朝鮮半島では木槿《ムクゲ》の栽培は制限されていたそうだが、清水は朝鮮半島から逃れて北京に来ていた朝鮮の子供たちに「国花」を教え、民族主義を説いていた。彼の国際主義は、それぞれの民族が自立し、その平等の上に協調し、連携して形成されていくべきものとの認識だったのだろう。欧米列強と日本の帝国主義、植民地支配の中で、単純な国際主義を説いていたのでは、帝国主義や植民地支配を黙認することになる。むしろ国際的な平等主義を訴えるなら圧迫される側の民族主義やナショナリズムを理解し、支持する必要があろう。清水はこの時期、朝鮮に対する植民地支配や中国侵略に対して表立った批判や抵抗をしたわけではないが、それを支持していたのではない。

また韓国人の卒業生の証言する清水の言動は、決して学園内の安全な環境だから可能だったというわけでもない。日本の軍部は、北京においても、学園内の清水の言動もやはり警戒し、監視していた。それは当時、崇貞学園で働いていた日本人教職員の証言からわかる。山崎朋子は、『朝陽門外の虹』の中で、十八歳で日本語教師として崇貞学園に赴任し、一九三九年から終戦まで働いた門田昌子（旧姓＝佐藤昌子）をインタビューし、清水が憲兵隊から監視されていたという彼女の証言を次のように記している。

清水は一九四一年の初め、日本で大学教育を受けていない佐藤に対して、「崇貞学園の跡継ぎのひとりになってもらいたい。そのためにもっと学殖を積んでもらいたく、北京大学へ進学するか、または、あんたを養女にして援助したいと申し出のあったロサンゼルスの斎藤氏の援助を受けてアメリカの大学へ進むのでもよい」と大学進学を勧めた。その結果、佐藤は北京大学に進学したのだが、そこで知り合った中国人の友人たちと読書会を持ち、八路軍（共産党）の工作員、朱景明も近づいてきて、社会主義思想にも接触する機会を持った。そして、佐藤は北京駐在の日本の憲兵隊から呼びだされた。そこでのやり取りを、後年、山崎のインタビューを受けて以下のように回想している。

「それから一年あまり経った一九四五年五月ですが、わたし、日本の憲兵隊から呼ばれて尋問調査をされました。憲兵はこわいものと教えられていましたが、わたしが若い女だったからでしょう。やわらかな口調で『朱景明君との関係を教えてほしい』と。それからまた、『あなたは北京大学の前は崇貞学園にいたそうだが、あそこの校長は、皇軍の戦果を喜ばず、平和、平和とばかり言っているそうだが、教室でそんな授業をしているのを見たことがありますか』とも。あちらとしては、崇貞学園を中国共産党の隠れ家と疑い、わたしも日本人八路の一員かと疑っていたのでしょうが、調べているうち、わたし、共産主義思想についても八路軍の情報に関しても何の秘密もない幼女と分かったようです」

## 朝鮮服姿の清水安三

門田の回想にあるように、清水の言動に憲兵隊はしっかり監視の目を向けていたのだ。南京大虐殺発言で、取り調べを受けたのも北京の憲兵隊からだ。崇貞学園の経営は、国際的な孤立の中で日本が誇れる「北京の聖者」の活動であり、天皇陛下からの御下賜金を頂くような存在で、軍部もなかなか手が出せない状況にあったが、何か手がかりはないかと監視を続けていたのだろう。

山崎朋子は、『朝陽門外の虹』でもう一人、朝鮮人卒業生の興味深い証言を引き出している。終戦の年、北京郊外の小学校の教員をしていた玄次俊で、玄は一九四五年五月、一年間の教員生活を終えたところで、妹がやはり崇貞学園に在学していたので、学園の寮を訪ねたところ清水夫妻から「泊まっていきなさい」と勧められ、夕食の後、戦争の話となったという。

「安三先生が、例の通りの大きな声で、『誰も彼もが「日本が勝つ、〈神風〉で勝つ」と言っているが、そうじゃアない。日本は敗けるよ。〈神風〉で敗けるよ』。日本の憲兵でもいたら即座に逮捕されてしまう言動ですが、安三先生は、常にこういう具合なのですよ。わたしと妹が、驚いて目をみはり言葉を失っていると、先生は、『支那事変を起こしたことからして間違っていたんだが、大東亜戦争なんて無茶の上の無茶なんだ。その無茶が今や土壇場に来ていてねえ、そこで理性的な判断を下せば良いんだが、〈神風〉なんてものに縋《すが》りそれをふりかざすから、敗北という結果を招くんだよ」

「郁子先生が安三先生の鋭い放言的な意見をやわらげるような言葉をはさまれましたが、安三先生は、『日本が敗けたら、朝鮮は、昔のような独立国になるだろう。しかしねえ、三十年以上も日本の靴に踏みつけられていたんだから、ひとり立ちには骨が折れ、多くの人の力が必要だ。日本も中国も朝鮮も男尊女卑の気風が強くって、女が社会的に立ちはたらくことはむずかしいが、しかしね、玄さん姉妹、自分の民族のために〈自分のできること〉をやるんだよ。分るね？』。朝鮮人の父母から生まれ確かに〈朝鮮民族〉の血を引くわたしですが、しかし〈日本国〉の一員なのだと学校でもそのほかの所でも教えられ、それを信じていたわたしにとって、安三先生のこの言葉は、本当にショックだったと言わなくてはなりません」

こうしたアジアの人々に対する清水夫妻の姿勢、まなざしについて、山崎朋子は「清水安三も郁子もキリスト者にして自由主義者、人間も国家も独立自尊・相互不侵のモラルからして日本のアジア侵略には批判的というよりも反対であり、日中戦争にも太平洋戦争にも協力・同調はしなかった。したがって、中国人や朝鮮人の立場を省みての〈民族独立運動〉には共感と支持はあきらか。けれども、資本主義左派としての〈自由主義〉

の嶺《みね》を大きく左に越えた〈社会主義＝共産主義〉思想となるとふたりは従《つ》いていけなかったに違いない」との評価を与えている。

憲兵隊だけでなく、清水たちの教育実践を快く思わず、潰《つぶ》してやろうと考えていた役人もいたようだ。清水は一九六四年に執筆した『桜美林物語』の中で、その人物をめぐるエピソードを記している。それは日本から派遣されてきた北京市政府の教育顧問で、日本の国粋主義を体現するこの教育顧問はまず英米系のクリスチャン学校を北京から追放し、崇貞学園にも手を伸ばそうとしていた。

清水が記したエピソードとは、一九四二年三月、崇貞学園の教育理想に憧れ、日本から赴任する長尾貞子（体育教師となる）に関するものである。船上で知り合った日本人中年男性と言葉を交わす機会があり、これから崇貞学園に赴任すると話したところ、その人物は北京市の教育顧問であると身分を明かした上で「絶対口外しては困るが、崇貞学園はもう消されてしまうことになっているんだ。貴女はとんでもないところに赴任することになったものだ。軍は今まで清水安三と言う人物を生かして置いたのが不思議だ」と述べたというのだ。長尾はその三か月後にこの会話を清水に明かしたと記している。

清水は『桜美林物語』の中で、さらに面白くこのエピソードを綴っている。

「日支事変が世界大戦に移行されるや、英米宣教師の設立したミッションスクールは悉く一時閉鎖せられることになった。その時わたしの崇貞学園も同じくクリスチャンスクールであるというので、これも序に閉鎖せしめることに手筈が決まっていたとのことである。然るに霹靂《へきれき》一声、碧天《へきてん》に霹靂一声とは蓋《けだ》しこのことであろうが、東京から北京朝陽門外の崇貞学園へ、畏《かしこ》くも天皇陛下が、御下賜金を賜うことになったというニュースが放送された。草野氏〔仮称、教育顧問〕は『ああしまった。もう一週間早く閉鎖せしめて置いたらよかったのに』と歎せられたとのことだった」

御下賜金や「北京聖者」といった称号は、一方では、中国側に崇貞学園を理解してもらう上で障害にもなる。清水は国策で学校を経営しているのか、という見方にもつながる。だが、このエピソードに見られるように軍部や国粋主義者らの手から学園を守ることにもつながった。まさに両刃の剣であった。

ただし、この興味深いエピソードも実はちょっとこじつけとホラが含まれている。御下賜金給付の知らせは一九四一年暮れのことであり、長尾が教育顧問と会話したのがその三か月後のことだから、「ああもう一週間早く閉鎖しておけば」と教育顧問が嘆くのは実際いつの時点か、時間が相前後して、矛盾だらけである。ちなみに、山崎朋子の『朝陽門外の虹』にも同じエピソードが挿入されているが、そこでは教育顧問が「(御下賜金の)発表があと三日遅ければ……」と残念がったとあり、細かなところでは清水の話はつじつまが合わない。

清水の回想にはこうしたことがままある。例えば、先に紹介した魯迅を最も早く日本に紹介したのは自分だといった類の話だ。ジョージ・オーシロが清水を〝ほら吹き〟と揶揄《やゆ》するのもわからないではない。ただ、このエピソードでも、多少話は盛っているかもしれないが、もともと清水にとって本意ではなかった御下賜金や「北京聖者」という称号が、皮肉にも軍部などの弾圧から守ったという側面を見落としてはならない。その上で、清水の回想の続きを紹介する。

「わたしは今でも忘れえぬ。朝陽門外からモーニングに身を固めて三輪車に乗り、東四牌楼大街を走る時に、熱い熱い涙が拭《ぬぐ》えども拭えども、両頬を伝い流れたことを。曾《かつ》ては憲兵隊に捕えられて只の一夜ではあったが家内の如きは牢屋の中へぶち込まれ、わたしは囹圄《れいご》の身にこそはならなかったが四週間もの間毎日八時から、四時まで衛兵と共に憲兵隊の門前に座らされたものだ。そうしたことは悉く、わたしはこの度の御下賜金に依てすっかり、水に流され、今や大手を振って北京日本人村を活歩し得ることになったのであった」

清水は大正デモクラシーという背景の下で、日本国内の中国に対する侮蔑《ぶべつ》的なステレオタイプと戦いながら、中国の現地で当時の中国の指導者や諸運動のリーダー、そして庶民と直接触れ合い、そのネットワークを通して、ユニークな中国論を構築した。また戦時中にあっても、圧倒的な軍国主義とそれを支持する世論の前に、時に媚《こ》びたり、彼らに利用される側面はあったものの、ぎりぎりの抵抗を試み、正論を吐いていたこともきちんと評価する必要があるだろう。日米開戦前夜のハワイ・北米の講演旅行では、ハワイの領事館の警告を無視して講演行脚を続けた。日布時事の相賀社長は、南京事件をめぐる清水の発言がハワイで物議を醸した時、日布時事紙上で、自ら論陣を張り、堂々と清水を援護した。

「日布時事紙上での『支那事変問答』の中で、南京陥落当時に於ける所謂《いわゆる》日本軍の不始末事件の噂に就いて論ずるや、大分八釜しき非難が聞こえて来た。阿片《アヘン》問題に就いても、ああいう風に書かなくても好いだろうというような議論もあるようである。此等の非難攻撃を為す人々の大部分が、いづれもみな熱烈なる日本の愛国者である点に於いては、わたくし自身何等の疑いも挟んでいない。清水氏自身も日本の臣民の一員として、故国の此の非常時局に際して、一片の赤誠を致さんとして居り、わたくしなども微力ながら同じ立場に立つ者である。若しわれわれに幾分異なるところがあるとすれば、余りに狭量なる愛国主義を排することでありそれが却って国家を毒することを信じている点である」「事変以来日本からアメリカへ来た国民使節の数は随分多いが、日本の立場を宣明して、真実の日本の主張を、米人に納得せしむる上に於いて、いずれもみな大した成功を上げることが出来なかった。日本から宣伝用のパンフレットや小冊子は山のように頒布されたが、それとても大した効果はなかった。今までの日本のやり方は、少しでも自国の短所欠点と思われることは、出来るだけこれをかくして、抽象的の理屈のみで押し通そうとする傾きがあり、それが米人の頭にぴったりと来ぬ所以であった。しかし何事でも表裏両面の真実を語らずして、先方の了解を得んとすることは、不可能である。わたくしは清水氏が南京に於ける所謂日本兵の不始末事件の噂に就いて論述せしことを以て、或る一部の人士がいうように、皇軍の威信を毀損《きそん》したものとは、どうしても考えられない。況《いわん》や阿片問題に由って起こった歴史と日本の方針を示したことを以て、国威の軽重を問われるものとは、断じて思わない」（一九四〇年二月三日付）

相賀の「狭量なる愛国主義はかえって国を害する」「短所や欠点をかくすような議論では説得力がない」という清水擁護論には、言論人としての矜持《きょうじ》が感じられる。話は多少、飛躍するかもしれないが、日中関係が同様に危機的な状況にある現在、日本の中国報道には、中国の現状から出発せず、中国を遅れた体制の下にある、理解できない国、野蛮で危険な国、異様な国といったイメージから、そのイメージに適った情報ばかりを伝える報道が目立つ。その報道を通して、日中関係の更なるイメージの悪化をメディアが演出するという危険な状態が続いている。事実を軽視した「狭量な愛国主義」「国益中心の他国批判」の報道からは真の国際理解は生まれない。

清水が中国を問題にする時、一方では自身を、あるいは日本を振り返って、反省する目を必ず持っていた。そして事実を多様な側面から検討する姿勢を貫いた。相賀は「何事でも表裏両面の真実を語らずして、先方の了解を得んとすることは、不可能である」と述べているが、ここがキーポイントであろう。表裏両面の真実を語ることで本当の真実が見えてくるし、軍部専制や侵略の問題点も見えてくる。それが軍部批判にもつながる。

現在の日中関係に置き換えると、相手方の問題点を指摘するだけでなく、やはりこちら側の問題をも議論してこそ、両国間の様々なレベルの議論を共有する場が持てるし、また相互理解にもつながる。この点で、清水や相賀の報道姿勢、中国論から学ぶところは大きいと私は考える。

清水の中国論も、中国の新たな息吹を肯定的に捉え、その中国との対等な関係の構築を訴えた一九二〇年の論調から、日中戦争の勃発を前提に日本の権益を守る立場での発言へと確かに変節している。一九二〇年代は、ジャーナリストとして活動し、吉野作造が賞賛したように、第一級の人たちと交わり、そこから情報を汲み取って、議論を展開した。だが、日中戦争勃発前夜から再び言論活動に復帰するが、それは北京在住の教育活動家の立場からの評論であり、とりわけ「北京の聖者」に祭り上げられ、自由に発言できたわけではない。そうした立場の変化した中でも、たとえ不都合な事実であっても、事実は事実として論じる姿勢を貫いていたと言えるのではないか。次章以下では、大正デモクラシーの代表的な中国論、中国報道を検討する中で、清水の中国論の意義も捉え直したいと考えている。

朝鮮服を着た崇貞学園時代の清水安三
（桜美林学園 提供）

民族自決と非戦

大正デモクラシー中国論の命運

高井潔司

# 第六章

# 満州事変を侵略と断じた吉野作造

## 第一節 「外にあっては帝国主義」か?

本章では、清水安三《しみずやすぞう》と関係の深かった大正デモクラシーの旗手、吉野作造の中国論を取り上げる。吉野の中国論をめぐっては全否定の議論から肯定的な議論まで両極端に広がっている。第二章で取り上げた福沢諭吉同様、吉野の中国論も、時代の推移、日本、中国をめぐる情勢の変化などによって大きく変化しており、一時期の言動だけで彼に対する評価を行うと大きな誤解を招く。

吉野は一八七八年、宮城県大柿村(当時)の綿屋の長男として生まれた。一九〇〇年、東京帝国大学入学。卒業後、大学院に残ったが、大学では満足な職を得られず、一九〇六年、袁世凱《えんせいがい》の子息の家庭教師として中国に一時移り住んだ。三年後帰国し、政治史担当の東大助教授に就任した。アジア主義者の頭山満らに中国革命史の執筆を依頼され、一九一五年、『日支交渉論』を出版する。これが後に大きな批判を招くことになる。

成田龍一の『大正デモクラシー』（岩波新書、二〇〇七年）は吉野作造の民本主義を大正デモクラシーの代表的な議論として俎上《そじょう》に乗せている。とりわけ吉野を含む大正デモクラシーの東アジアに関する議論の大きな流れについて、帝国主義批判を展開した社会主義者たちと対比しながら、「民本主義の歴史的な評価が揺らぐのは、内政的には自由主義を主張しているが、それが国権主義と結びつき、対外的には植民地領有や膨張主義などを容認し、帝国とのきっぱりとした態度がとりにくいためである。こうした点から、民本主義は一国デモクラシーと言いうるが、まさに帝国のデモクラシーの姿でもあった」と批判的な評価を下した。

いわば「内にあってはデモクラシー、外にあっては帝国主義」というマルクス主義学者たちの図式だが、この枠組みに多くの論者が今もって引きずられている。私も清水安三研究をきっかけに、本格的に戦前の中国論、中国報道研究に取り組む前はそう考えていた。とりわけマルクス主義的な観点から大正から昭和にかけての中国論、中国報道を分析する人々は、この枠組みを用いて、大正デモクラシーの中国、朝鮮半島に関する東アジア論について、厳しい全面的な否定的議論を展開するのが常だ。

その先がけは歴史家の井上清・京都大学教授を中心とする「大正期の世論と時代思潮」研究グループであろう。一九七二年、『大正期の急進的自由主義』（東洋経済新報社）というタイトルで、大正デモクラシーをトータルに批判する研究書を刊行している。この中で、第一次世界大戦への参戦、その勝利に伴う中国への利権要求（対華二一カ条要求）に対する日本の帝国主義について論じた井上清は、「大正政変の際は軍閥《ぐんばつ》打倒の世論を高める先頭に立った『大阪朝日新聞』でも参戦と帝国主義熱を鼓吹するのに全力を挙げている」、「『大阪朝日』にしても『中央公論』誌上の有名人〔吉野作造を指す〕にしても、もともと日本の帝国主義的拡張には大賛成であったから、いまかれらのいわゆる『絶好の機会』に際して、右のようにいうのも〔日本の利権要求を中国は受け入れるべきとの大阪朝日社説〕怪しむに足りない」「この〔吉野が対華二一カ条を支持する〕ことと、当時のもっとも『民主的』な新聞『大阪朝日』の参戦鼓吹とを合わせ考えれば、当時の『民主的』な言論なるものの底の浅さが知られよう。帝国主義に対する明確な批判なしに民主主義も徹底できない」と指摘している。

井上グループの研究は、大阪朝日新聞と対比しながら、「外に帝国主義」を痛烈に批判した『東洋経済新報』及びその編集最高責任者の主幹、石橋湛山《いしばしたんざん》を徹底分析し、その思想的意義を明らかにした研究である。グループの研究は、『東洋経済新報』を一つの座標軸として、大阪朝日新聞や吉野作造のそれこそ「大正デモクラシーの中国論、中国報道」の限界、彼らの感情を込めていえば、「虚妄性」を明らかにしている。しかも、同グループの研究では、満州事変以降の『東洋経済新報』、石橋湛山も「帝国主義、植民地主義を是認した」と、その変節を批判した。

しかし、こうしたマルクス主義的歴史学からの大正デモクラシーの中国論、中国報道批判に対して、後章で詳しく紹介する大阪朝日新聞の中国社説を研究した『辛亥《しんがい》革命から満州事変へ』(みすず書房)、菊池寛率いる戦前の『文芸春秋』を研究した『文芸春秋の戦争』(筑摩書房)などは、マルクス主義歴史学からの全面的な否定的議論に対して疑問を呈し、それぞれの大正デモクラシーを代表する中国論を詳細に、実証的に検討し、マルクス主義的解釈に疑問を呈したり、反論を加えている。二つの著作は、むしろ「内にデモクラシー、外に帝国主義」という図式に反発し、その反論のために書かれたと言えるだろう。また近年、吉野の中国・朝鮮論に対して、より実証的にその意義を見直す研究が増えている。

多くの研究者が、吉野の中国論を「外に帝国主義」とあっさり片付けたのは、彼が一九一五年六月に刊行した『日支交渉論』の中で当時日中間の懸案として浮かび上がっていた対華二一カ条要求について「予は此度の対支要求は、皮相的に見れば、或《あるい》は支那の主権を侵害し、或は支那の面目を潰《つぶ》したやうな点もあるが、帝国〔日本〕の立場から見れば、大体に於いて最小限度の要求である」と述べるとともに、「支那に対する帝国将来の地歩を進むる上から見て、極めて機宜に適した処置であったと信ずるものである」と評価したためである。

対華二一カ条要求とは、第一次世界大戦に参戦し、ドイツに勝利を収めた日本が、ドイツが山東省に持っていた権益の継承だけでなく、大連・旅順、南満州鉄道の租借延長や沿岸の港湾・島嶼《とうしょ》の他国への譲渡・貸与の禁止、中国の軍事・政治・財政部門の日本人顧問採用など日本の利権の拡大を要求したものである。吉野が『日支交渉論』を刊行する約一か月前の五月七日、日本側が中国に対し受諾の最後通牒《つうちょう》を突き付け、袁世凱政府が要求を受け入れると、中国の民衆はこの日を「国恥記念日」として、反日運動、愛国主義（ナショナリズム）を高揚させる発端となった。吉野がこの帝国主義的な利権の拡大要求を「最小限度の要求」、「機宜に適した処置」と認めたことで、吉野の中国論は「外に帝国主義」のレッテルを貼られることとなった。

ただ、『日支交渉論』を読み進めると、「日本の支那に対する本来の理想的政策は支那の領土保全であらねばならぬ、而して支那が自ら立つことが出来るだけの、強力な国家であれば、敢て斯《か》くの如き保全の約束などの必要は毫《ごう》もない」であるとか、「支那が弱いながらも今日の領土を保全し、日本と提携して大いに発達自彊の道を講じ、行く行くは東洋に於て強固なる一の勢力になると云ふことは、日本の自衛の為には勿論、東洋の平和の為にも、進んで世界の平和の為にも、最も必要なことである」と、中国に対する同情論も展開している。決して帝国主義万歳の立場ではないのだ。

もっともこのシナ同情論も、井上清のような立場の人に言わせれば、「二一カ条の内容を知っている者からみれば、友誼《ゆうぎ》的とか支那保全主義とかが黒竜会〔日本の右翼組織〕の『日支親善』『支那保全』と同様にあつかましいうそであるかは、読者をして胸が悪くならしめるほどである」ということになる。

## 第二節　吉野中国論の見直し

井上の感情的な批判に対し、同じく石橋湛山の対中外交論を論じた増田弘『侮らず、干渉せず、平伏さず』(草思社)は、「〔吉野は〕各国が相競って中国の内部にそれぞれの勢力を扶植するという今日の現実の状況では、もっとも関係の深い日本が『独り指を咬《くわ》えて傍観して居る事』はできない。つまり『已《や》むを得ず列国と同様に支那に於て専属的排他的の勢力範囲を得ることに努力せねばならぬ』と主張した」と冷静に分析している。ただ増田も、列強の中国分割の動きの中で、吉野は日本の傍観を容認できなかったのだと同情的に分析しながらも、この後、石橋湛山の議論と吉野を比較し、吉野の二一カ条に対する「全体的評価はこれを可とした」と、井上と同様の否定的評価を下した。

これに対し、狭間直樹は『吉野作造選集』の第七巻解説「吉野作造と中国」の中で、吉野の中国論が一方的な帝国主義の肯定論でない側面を重視する。それはのちほど紹介する台湾の吉野作造研究者である黄自進に共通した吉野論で、吉野の中国認識はその後の歴史の展開、情勢の変化によって変化し、改善したという見方を取る。狭間は、吉野が二一カ条要求を認めると同時に、「帝国の支那に対する理想的な政策は、何処迄も支那を助け、支那の力となって、支那の完全な且つ健全な進歩を図るに在り、今日支那に其の如き要求を為して一時彼等の反感を買うのは、実は支那に於ける列国競争の勢いに促されて已むを得ざるに出づるもので、決して日本の本意ではないということを、深く各自の脳裏に印し、将来支那の事物に対しては、大に同情と尊敬を以て接せんことである」と、中国に対し「同情と尊敬」を持ち合わせていたと指摘する。つまり吉野は対中認識の出発点において、二つの要素を持っていたという。その上で「この時、反感を買わざるをえない自国の行為にたいする一方的肯定と、隣国にたいして『同情と尊敬』をもって接すべしとする倫理的要請との間には、ほとんど飛び越えることのできないほどの溝が横たわっていた。のちの歴史が前者の立場の肥大化の方向にのみ突き進んだことは周知のとおりであるが、しかし吉野はやがて後者を主とする立場を確立する」と記している。

また狭間は、二一カ条要求を肯定した時期の吉野は、まだヨーロッパ留学から帰国して二年足らずであり、頭山満などの依頼を受けて中国研究に着手したばかりだったと指摘する。実は吉野は東大大学院でヘーゲルの法哲学を研究し、一九〇四年末二十六歳で東大の講師を委嘱されるが、十分な収入がない身であり、その約一年後、恩師の命を受け、清国の重臣、袁世凱の息子の家庭教師として中国大陸に移り、三年間滞在した。そのために中国問題の専門家のように見られ、井上清から手厳しい批判を浴びているが、中国から帰国後、一年おいてヨーロッパに留学している。したがって、『日支交渉論』は初めての中国研究の書だった。そもそもそのような著作をいきなり出版するようなレベルであったかどうか疑わしい。吉野自身も一九一九年四月に書いた「支那問題に就いて」(『中国・朝鮮論』所収)という文章の中で「支那に三年も居ったのだが、その時は支那に人物なしときめて、大いに失望して帰ったのであります。あまりに支那の前途に光明を認めないから、したがって支那のことを研究するつもりにもならず、支那のことは全く分からなかった」と書いている。井上清は、吉野の『日支交渉論』を論評するにあたって、吉野は「民本主義の総師であり、かつて袁世凱の私教師として北京にいたこともあり、当時の日本の『支那問題』研究の第一人者とされた」と前置きした上で、批判する。だが、吉野はまだ中国研究の第一人者でもなければ、民本主義の総師でもなかった。民本主義者として勇名をはせることになる「憲政の本義を説いて其有終の美を済すの途を論ず」の論文を発表したのも、『交渉論』の翌年、一九一六年のことである。井上は過剰に吉野を持ち上げた上で、その「帝国主義」的性格を罵倒《ばとう》するものだから、のちに吉野の中国論を研究、論評する人は、そこで立ち止まってしまって、吉野のその後の中国論を読み落とす結果となったのではないか。

### 第三節　民衆運動への理解と連帯

例えば吉野は一九一九年に発生した五四運動について同年六月の『中央公論』巻頭論文で「北京学生団の行動を漫罵《まんば》する勿《なか》れ」とこの運動を支持した。吉野は、この運動を日本国民全体に対する反日運動ではなく、「我官僚軍閥乃至財閥の親友」である親日派中国官僚に向けられたものであるとし、「支那に於ける排日の不祥事を根絶するの策は、曹章諸君〔運動の標的になった曹汝霖《そうじょりん》、章宗祥《しょうそうしょう》〕の親日派を援助して民間の不平を圧迫する事ではない。我々自ら軍閥財閥の対支政策を拘制して、日本国民の真の平和的要求を隣邦の友人に明白にする事である」「吾人は多年我愛する日本を官僚軍閥の手より解放せんと努力して来た。北京に於ける学生団の運動は亦此点に於て全然吾人と共に其志向目標を同じうするものではないか」と述べている。

それどころか、吉野は「我々は両国の民衆の間に、平和主義、自由主義、人道主義の基礎に立つ社会改造の共同運動が現れて来ることを希望する」と民衆レベルの連帯を呼びかけた。彼は「我々はまず向う方の学生全体と意思の疎通を計り、親善の関係を確立するを手始めとして、北京の諸大学の教授学生の招聘《しょうへい》と云う事を企てた」（「日支国民的親善確立の曙光《しょこう》」、『解放』一九一九年〔大正八年〕八月号）と実際に行動に移した。

吉野がその親善相手として連絡を取ったのが、清水安三の章で、度々登場した中国共産党の創設者の一人、李大釗《りたいしょう》・北京大学教授だった。吉野はこう書いている。

「余は有志を代表して在北京大学の友人李大釗君に手紙をやったところが、予想の如く――或る人に取りては予想外にも――次のような返事があった。北京学界は貴君の来遊を甚だ望んで居る。たとい大学の交換教授の試みが不可能とするも、民間の学会や新聞社にして、貴君を聘《へい》して講演を聴かんとする者がある。貴君が今夏或は今秋に於て駕《が》を枉《ま》げて華に来り〔中国にご光臨頂き〕、数月の間日本国民の真意及びデモクラシイの精神を弊国人民の前に披示する事ができれば、東亜黎明運動の前途に甚だ重大なる関係を有するであろう」

李は吉野の手紙や記事を翻訳して北京の新聞にも掲載したらしく、吉野は「多くの未見の友人より極めて同情に富んだ又極めて感激に値する書面を貰った。而してこれらに依って余は、彼等が決して滅茶苦茶に日本の敵たらんとするものではない、我々の態度一つで彼等にはむしろ大いに我々と結ばんと欲する本能的熱情を持って居る者なる事を認め得た。彼等は異口同音に自国の悪政府を呪い、したがって又これを助くる日本の一部の政客を罵倒するけれども、何とかして本当の健全分子と結ばん事を希望せざる者はない」と書いている。吉野は外に対してもデモクラシーの精神を発揮して、民間の対等な交流を呼びかけた。

こうして帝国主義日本とそれに連なる中国の軍閥、官僚に対抗する日中の民間人の提携がスタートした。翌年の『中央公論』六月号の「日支学生提携運動」で、吉野はその経緯と意義を報告する一方で、日中官憲に提携阻止の動きがあると指摘している。

提携はまず東大の学生二人が一九一九年の暮れから春にかけ訪中し、上海で開催の中国学生聯合大会に参加した。大会で演説をした宮崎竜介は、吉野と親交のあった宮崎滔天《みやざきとうてん》の子息で、吉野の教え子でもあった。翌年五月には北京大学の教授一人と学生五人が来日し、約一か月間の滞在で東京、京都で教員、学生、労働団体と交流した。

ちなみに中国側の来日には、本書前半の主役清水安三も深く関わっていた。吉野研究の第一人者、松尾《まつお》尊兊《たかよし》によると、吉野は新聞インタビューの中で、「この実現にあたっては、北京在住の組合教会牧師清水安三が計画を立て、北京大学教授の李大釗・陳啓修、晨報記者の陳溥賢の尽力があったらしい」との推測を明らかにしたという（『大正デモクラシーの研究』、青木書店）。

吉野は相互交流の意義について「支那の方でも日本に対する考えが変わって来た」と高く評価し、「日本にも侵略の日本と平和の日本とあるということは、朧気《おぼろげ》ながら彼等の認むるところとなった。今まで日本は侵略主義で一貫して居ると考えて居った誤を覚った。而して、従来の日支親善は、兵権を擁して万民を虐ぐる支那の軍閥が侵略の日本と提携する事を意味したからいけない、これからは平和の日本と吾々が提携することにならなければならない。これが本当の日支親善であるという風に考えたのである」と述べている。

ただ吉野は、中国側にそうした変化をもたらすには、「この際に於ける吾々の立場は、本当の親善を挙ぐるの途はまず自分の過を反省するというところから初めなければいけない。換言すれば、侵略的対支政策の非を十分に承認する所から初めなければいけないというのである」と釘を刺している。ここでは吉野は中国に対する帝国主義的侵略を明確に否定している。

## 民間交流へ政府が介入

まだ昭和の軍国主義が跋扈《ばっこ》する時代ではないが、ここまで言ってしまうと、さすがに両国の政府から干渉を受けないわけにはいかない。日本政府がどのような姿勢で対応したか、吉野の評論から引用しよう。そもそも上海での宮崎らの大会参加について「駐在日本官憲の忌諱《きき》に触れ、かくの如き者の渡来は甚だしく国交を遮《さまた》げる原因となるから、以後こういう種類の者をよこさないようにという注意が来た」という。中国学生の来日にあたっても「(両国学生が)数度会見を重ねて大いに疎通共鳴するところあり、今後は彼我《ひが》相往来してますます親善の実を挙げ、並びに東洋文化の開発の為に協力すべき事を誓った」にもかかわらず、「政府の方では、どういう訳でこの種の運動を国交に害ありと観たのか、この夏休みに同じ目的で支那に遊ぼうというような学生があったならなるたけこれを阻止するように、というような通牒を各大学に発したそうだ」(前掲『中央公論』評論)と記している。

それでもこの時期の吉野は楽観的だ。

「支那と日本とはだいたいに於て大いに阻隔して居る。これが為に支那も困れば日本も困って居る。何とかして一日も早く親善の関係を恢復《かいふく》せねばならない。……官僚軍閥の提携に依って日支親善の実を挙げる事が出来るのか、官僚軍閥の提携は更に国民的提携に拡張せらるるの見込みがあるのか、官僚軍閥の提携を傷つけざらんが為に青年学生の提携を遮ぐるが日本の為また東洋の為になるか」と正論を吐いている。ここまで書いても当時は伏字とならなかった。

しかし、親善の第三弾として、吉野自身の訪中も計画されたものの、結局、「両国人民の提携をおそれる日本政府は、『日支国交上面白からず』との理由で彼らの中国旅行を禁止し」(松尾尊兊編『中国・朝鮮論』)、実を結ぶことはなかった。

松尾は日中親善をめぐる吉野の言動について「日本の中国侵略がはじまって以来、おそらくはじめて見る本格的な日中友好論の提唱として、永久に記録さるべき不滅の文字といっても過言ではあるまい」と称賛する。民間交流を先行させるという吉野の試みは、戦後の国交正常化のプロセスを思い起こさせる。

李大釗は、吉野が袁世凱の子息の家庭教師として中国に滞在した際、天津の学校で教師をしていた時期の学生でもある。

## 漢学者との見解の相違

残念ながらこの日中の連帯行動はその後、日本政府の規制によって継続不能となったが、このエピソードだけでも、吉野を「外にあっては帝国主義」の代表格とすることが如何に不当であるかがわかる。

狭間はさらに『吉野作造選集7』の巻末解説に面白いエピソードを紹介している。京都大学付属図書館に吉野作造が寄贈した『支那革命小史』があり、「その『弊政改革』云々の部分に鉛筆で傍線が引かれ、欄外に『弊政改革ノタメノ革命運動ナド支那ニアツテ堪マルモノカ　支那ニタイスル甚シキ認識不足』と達筆で書き込まれている」という。狭間は「中国人の改革能力を確信してはばからない、時流に抜きんでた吉野の見解には、当時からかなりの批判が出されたらしい」とコメントしている。

当時、この京都大学の教授であった漢学者、内藤湖南《ないとうこなん》は、中国の改革やその前途をめぐって吉野と論争を繰り広げていた。当時の中国論の研究にあたって、吉野と内藤を対立軸に据えて論じた興味深い論文もある。[註i]狭間は「書き込みが何時のものかはわからないが、その語勢からなんとなく刊行当時の憤慨の趣が感じられる。この書き込みが吉野の観点を真っ向から否定する、支那人に宿弊《しゅくへい》改革能力なしとする、その意味で内藤の側に立つ、当時の時代思潮の主流ともいうべき見解の吐露《とろ》であることにまず疑問の余地はない」と指摘する。

第三章で紹介した清水の読売「女性解放運動」の連載の冒頭では、清水も、「漢学を甲羅に着けている日本の多くの支那通に現支那が理解出来よう筈《はず》がない」と述べ、内藤湖南をはじめとする国内の漢学者の保守的な中国論への強い反発を持っていた。吉野、清水の中国論の背景には、中国の民衆運動への共感がある。

## 第四節　吉野の転換

どのようにして吉野の中国論は転換していったのか。

太田哲男・元桜美林大学教授は『吉野作造』(清水書院、二〇一八年)で、「一九一六年の『政客の昏迷《こんめい》』論文、『満韓を視察して』論文以降、吉野は二一カ条要求を支持していた中国観を転換させていく。中国で二一カ条に反発する五・四運動が起こると、それに触発されるかのように吉野の中国論はさらに新たな展開を示すようになる」、「吉野の中国観の転換には、中国人、特に『支那革命』を推進しようとする人びととの交流が大きな役割を演じた」と指摘する。

その「満韓を視察して」(一九一六年)の中で、吉野は「日本の統治を有難くおもわないもの」があると指摘した上で、彼は「親しくこれらの人々の意見を叩《たた》き〔聞き出すの意〕、誤解を解き、又その言う所に真理あらば採って以て我が植民政策の参考に供し、更に又もしこれら朝鮮人のいわゆる不平の念がその極に達し、危険なる感情的排日思想とでもなって居るものならば、それらの人々の隠れたる実際の勢力はいかん、又これに対して我々の執るべき態度はいかん、というようなことを研究するのは、我々に取って極めて必要である」と視察の目的を説明している。ここで吉野が視察の前提として植民地統治を肯定していると批判することは可能だが、それよりも植民地統治を前提にしながら、被統治者の生の声を聞き出し、植民政策の問題点を分析し、それを見直すという姿勢を見ることが大事であろう。吉野は視察後の感想をこう残している。

「朝鮮に於ける日本人は、官民共に朝鮮人を軽蔑し、甚だしきは公開の席上などで、相当の地位にある朝鮮人の言う事を、側にいる日本の一小官吏などが、何が信用が出来るものかという態度で、言下にこれを否定し、非常な侮蔑《ぶべつ》を与うるというようなことが珍しくない。…こんなことで自然と朝鮮人の反感を買うことは非常に多いと思う。…いかにこの事が、現在は勿論将来に向っても、日本の発展を禍するか解らない」

その一方で、吉野は、北京の現場で中国の変革を正当に評価した清水安三らの評論にも注目していた。吉野が清水安三の著書に序文を寄せて清水の中国論を高く評価したことはすでに清水の章で紹介したが、その序文の中に、「予が氏〔清水〕を識るに至ったのは、実は大正九年の春同氏が某新聞に寄せた論文に感激してわれから教を乞ふたのに始る。爾来《じらい》同氏はいろ〳〵の雑誌新聞に意見を公にされて居るが、一として吾人を啓蒙《けいもう》せぬものはない」と記している。

吉野を感激させた論文とは第四章で紹介した五四運動に関する「排日の解剖」や『基督教世界』に書いた「理解すべき排日運動」などを指す。例えば、「理解すべき排日運動」では、「少数の権門を篭絡《ろうらく》せば、支那を左右できるものと考え来たった日本は、支那の群衆を手なづけるためには、些《いささ》かの努力もせなかった。多数の民衆をとらえるためには、開放的な外交、少なくとも正義を看板とする政策によらなければならぬ。……軍閥の連中は、猶も支那官憲の威嚇に信頼して排日運動を制止しようと考へてゐる」と指摘していた。

こうした清水の評論を読んで吉野は自身の考えをますます確信する一方、清水を仲介役として中国の革新的なリーダーとの連携を深めようとした。東大教授でありながら、彼は現場からの報告を常に関心を持ってフォローしていたことがわかる。それが彼の中国論の進化の源だった。

台湾の吉野作造研究家の黄自進・中央研究院近代史研究所副研究員は「なぜ吉野作造なのか――近代日中関係史を考察する上で――」と題する文章（『吉野作造選集8』附録）で、国際情勢の変化の中で吉野の転換をより詳細に検討している。黄はまず吉野が中国情勢を判断する上で、一．どの政治勢力が将来の中国の中心的勢力となるか　二．利権の略奪を宗旨とする日本の対中帝国主義政策が理性的であるか否か　三．中国国民に政治的な独立の能力が備わっているか――の三つの判断基準があり、その基準を柱として中国革命（辛亥革命）、二一カ条問題、五四運動という三つの事例を取り上げ、それぞれの事象に対する吉野の中国観を検討したという。

その上で「吉野がその立場を日本政府擁護論から批判論へと次第に変化していった」背景として、一．ウィルソンの提起した国際民主主義の勃興《ぼっこう》　二．米騒動の目撃　三．中国における北伐の成功と南京国民政府の成立を挙げている。そして、「それまでに国内社会に対して適用されてきた法律と道徳の理念を国際社会に適用しようというものだった。このように道義的かつ平和的な国際関係を樹立しようとする思想こそ、二〇世紀の人類文明の成果であると吉野は考えた」と、黄は吉野を評価する。

黄の分析結果は井上清の吉野批判と全く正反対の評価である。黄はさらに「吉野は満州事変に反対した。『渇して盗泉の水は飲むな』という諺《ことわざ》に吉野の反対理由が含意されている。盗泉の水を飲めるか否か――この根本的な人としての価値判断こそが、最終的に吉野の研究態度を決定づけた主な要因なのではないか。吉野のこの姿勢は、現在の我々に対して多くのことを教えてくれる。人として根本的な価値理念を堅持してこそ始めて正論が生まれる」と結論した。

## 第五節　満州事変を侵略と批判した吉野

黄が評価した吉野の「満州事変に反対した」論文とは、『中央公論』一九三二年（昭和七年）一月号に掲載された「民族と階級と戦争」という論文だった。

満州事変に関するこの論文は「日本の満州経営は一朝一夕の事ではない」で始まり、また井上清らの酷評を受けそうな出だしである。しかも、「最近彼国（中国）官憲は種々の口実を設けては権益の完成を妨げる。甚しきはすでに完成したものを蹂躙《じゅうりん》する。信義に悖《もと》って我国人の生存発展を阻止するが如き事実は数ふるに遑《いとま》ない。斯くて満鉄線路爆破という突発事件に機会を見付けて今次の事変が勃発《ぼっぱつ》したのである」、「そういう意味で起ったとすれば……この事変を通じて我国の民国に望む所は最少限度に於て既得権の尊重でなければならぬ」と、まるで当局の代弁をするように議論を続ける。

だが、この後、「併《しか》し実際問題になると爾《しか》くその範囲が明瞭《めいりょう》でない」と議論を転換する。この「しかし」が中国論では大きなポイントだ。余談になるが、筆者（高井）は中国特派員だった若いころ、先輩特派員から、「中国や香港の報道を読む時、『しかし』に注意しなさい。独裁国家の報道では、前半に当局の建前が滔々《とうとう》と述べられ、『しかし』から本論、本音が出てくる」と、指導を受けたものだ。まさに当時の日本も独裁国家である。吉野はこの後「我国官憲は断じて侵略の意志なきを中外に声言し頻りに一切の行動は自衛権の発動に外ならざる旨を弁明している」「初めはなるほど単純なる自衛権の発動であったかも知れない。今日では自衛権の意味を余程広く取らねば××（説明）のつかぬことが多い」と批判に転じる。と同時に、伏字が登場し始める。

そして吉野は自衛権の発動といいながら、日本側が要求していることは、これまで中国側と係争中の権益の確認であるとか、将来の保障のための新たな義務の負担まで含めるのは理屈に合わないと、理路整然と政府および軍部を批判していく。

「それでも政府殊に××××××（陸軍省当局は）今なほ頼りに自衛権を以て一切の行動を説明せんとして居る。去年の暮南陸軍大臣は錦州政府の関外に存立する間は邦人の安全なるを得ぬ、張学良の勢力を満州から完全に駆逐《くちく》し去るまでは軍事行動をやめないと宣言した。北に於ては馬占山を、南に在ては張学良を、即ち日本に好意を有たざる諸勢力を一掃し、×××（満州に）プロ・ジャパニーズの××××××××（政権を樹立すること）までを自衛権××（当然）の発動と見得るや否やは問題であろう。ここまで行くと実は××××（侵略行動）になるのだ」

吉野は当局よりのような議論から始めて、ここまで来ると、満州事変は侵略だと言い切っているのである。その上で、満州は日本の生命線、特殊な地域、権益であるといった考え方にも、議論を広げ、それがいかに危険なものか、批判を繰り広げる。

まず「満州は日本の生存に取って特殊の緊密な関係に在る、従て其権益に就ても特殊な見方をする必要があるといふのである。国際連盟あたりの異議に遇ふと、這般《しゃはん》の認識が足りないのだと云つて対抗する」、「満州が領土接壌《りょうどせつじょう》の特殊地域であると云ふ事は従来国際的に認められて来た所である。意義が極めて明確だとは云ひ難いが、従来認められ来りしは実は国防的意義に於けるそれであったといふべきであろう」と、ここまでは当局も受け入れるような議論を展開する。

だが、続いては「所が」と差し挟んで、議論を逆転していく。「満州を特殊地域とする意味は我国に於て何時の間にやら段々変って来て最近は特にその経済的方面を高調するやうになった。即ち日本は極めて天恵に乏しい国である。満蒙《まんもう》の自然が埋蔵する宝庫に倚《よ》らずして日本民族の将来に活くべき途はない。満蒙は日本民族の生存其のものの為に絶対必要と云ふのである」、「そこで私は考へる。表向き政府や軍部やは今なほ満州に於ける軍事行動を自衛権で説明しようとして居るけれども、一般国民の方は知らず知らずの間に日本民族の生存上絶対必要と云ふことに目標を置き換えて居ると。軍事行動の起りは在留邦人の生命財産の保護と謂《い》ふだけの事であったかも知れない。併し在満邦人は日本民族にとって絶対必要たる満州経営の前衛だ。之を迫害するは則ち絶対必要たる権益の侵害だ」「折角始めた軍事行動だ。之が跡始末はどうしても満州の事態をして我国の特殊地域としての面目を完全に備うるに至らしむることでなければならぬといふのである」と、邦人保護を名目に始まる柳条湖事件が、最終的に満州の中国本土からの分離、満州国の独立へと向かうことを、吉野は見抜いている。つまり、「満州に於ける軍事行動は斯うした国民的信念を背景とし、其支持に恃《たの》みつつ其要望に応じてすすめられつつありと観ねばなるまい。して見ると満州に於ける××××（軍事行動）の本質は××××（帝国主義的）だと謂はねばならぬ」と結論付けた。

「外にあっては帝国主義」と後のマルクス主義歴史家に断罪される大正デモクラシーの代表的論客は、この段階で満鉄爆破が関東軍の仕業と知っていたわけでもないのに、これは日本の帝国主義的軍事行動、侵略行為だと批判する。これはどういうことか。吉野を「外にあっては帝国主義」と切り捨てたこと自体が誤りと言わざるを得ない。

## 第六節　吉野の国民世論批判

吉野のこの「民族と階級と戦争」論文にはもう一つ重要な論点がある。それは論文中で「渇しても盗泉の水を飲むな」と述べた吉野の根本的な人としての価値判断の問題である。

吉野は柳条湖事件が帝国主義的行動だと見破り、批判したあと、「渇しても盗泉の水を飲むな」という子供のころから教えられてきたことわざを引き、一方で自衛権の発動とはいえ「其の貫徹に大規模の×××（軍事行動）を執ったと云ふ事に付ては心中ひそかに一種不安痛恨の感を催さざるを得ない」「戦争で勝ったからとて、今に莫大な利権が×××（取れる）からとて、全国民がただ一本調子に歓喜するのみなるは決して正義の国日本の誇るべき姿ではない。満州事件に関する問題に就て国内にもっと自由無遠慮な批判があっても然るべきではあるまいか。今次の事変は日清戦争や日露戦争などとは全然其性質を異にするものである」と、勝利に沸く日本の世論に対して強い違和感を表明している。

その上で、吉野は「私が最も××（遺憾）とし同時にまた最も意外としたことは二つある。一つは不思議な程諸新聞の論調が一律に出兵謳歌《おうか》に傾いて居ることであり、他は無産党側から一向予期したやうな自由闊達《かったつ》の批判を聞かぬことである。無産党は黙し新聞は一斉に軍事行動を賛美する。国論一致は形の上で出来上がった。而して之を無上の祥事とするは蓋《けだ》し××（浅薄）である」と述べ、軍事行動賛美一色となった世論に対して批判の矛先を向けた。

この発言には、大正デモクラシーの代表的論客、吉野作造の面目躍如たるものがある。吉野は「少なくとも諸大新聞の論壇に又無産党側の言論行動に国民の良心を代弁する自由闊達の遠慮なき批判を期待した」が、「諸新聞の態度はいたずらに××××（遠慮して）いるようで変だ」と批判する一方、無産党に対しても国際主義の立場から中国の民衆への連帯感情が表明されないことに失望し、「富強の国の無産階級が其国の国際的搾取の分配を期待して意識的に民族争闘を暗黙に支持するに傾くと云ふのは言い過ぎか」とまでこき下ろしている。「盗泉の水は飲まない」という倫理観を失ったメディアは、総動員体制の構築に積極的に関与していった。

吉野の満州事変批判は突然生まれたわけではない。すでに五四運動支持に見られるように、中国の新たな動向に深く共鳴するだけでなく、日本の中国政策についても批判を繰り広げていた。一九三〇年十二月に出版された『対支問題』に収められた「帝国主義日本の大陸進出」では、「大陸進出と云ふ事に依って、さらでもヒビの入った日支関係は頓《とみ》に著しく困難なものにされた」という事を知るべきであり、「満州は云ふまでもなく支那の領土だ。その支那は青年論客の鼓吹宣伝に因て漸く抗外的愛国心に燃えんとして居るのだ。日支両国の間は、少なくとも満州の問題に絡んで、不祥の紛争あるべきは識者の早くより予想せる所であった」と警告した上で、排日の風潮を日露戦争にまでさかのぼって検討している。その中で以前は賛意を示した対華二一カ条についてわざわざ一節を設け、その内容を紹介している。その記述で注目されるのは以下の部分だ。

「この要求は最後通牒を発し開戦の決意までを示して大半は目的を達した。目的を達した点から云へば成功といへぬこともないが、之れが無理押しの結果であった丈け、支那青年の反感をそそれること夥《おびただ》しく、爾後の両国関係をして殆んど済《すく》ふべからざる窮地に陥れしを思えば、漫然成功を謳歌し難いように思われる」

この記述は一九一五年はじめての中国研究の著作として発表した『日支交渉論』の中で、同要求を「支那に対する帝国将来の地歩を進むる上から見て、極めて機宜に適した処置であった」としたコメントとは全く異なった認識であり、吉野が日本の帝国主義の歩みについて評価を変えてきたことを示している。吉野はそうした認識の変化の下に、対支政策の見直し、中国観の見直しを提言している。そこでは、結論として、一．日本の過去の行動を慎密に反省すること　二．わが方の過去の行動の彼地における評価を探りかつこれを味わうこと　三．支那そのものの動きを忍耐して永い目で見ること（従来の日本側の対支方策には全然将来の発展という事を無視してきた。隣邦四億の大衆は決して無能な民族とは言えない。出発点に還って改めて支那観を鍛え直す必要がある）四．世界の大勢並びに東洋における波動の注視を怠らぬこと　五．支那に対する日本の真の必要を攻明すること（今まで日本の支那に求めたものは日本の真に必要とせしものか否か、誰が見ても成程と肯《うなず》かるる様な要求ならば支那でも故なく斥くることはあるまい）――の五項目が挙げられている。五項目の提言は、相手国に対する理解、自らを省みることの重要性の指摘など、十五年前の初論文当時の姿勢とは大きく異なるものだった。だが、その後の日本政府の対中政策は、中国観を改めるどころか、ますます中国蔑視《べっし》を深めていった。歪《ゆが》んだ中国観は近年、また頭をもたげ始めている。吉野の指摘に学ぶところは多い。

黄は、「吉野は力に頼って日中問題を解決する方策を完全に棄て、国際協調という新しい観点から日中問題へと観察するようになる」と評価する一方で、「吉野は在中利権を新たに獲得することに賛成したことはなかったが、他方で既得権益を放棄すべきと主張したこともなかった」と指摘する。私には吉野の対中国観見直しの最後の項目は、既得権益の見直しをも提言しているように思える。

吉野研究の第一人者松尾尊兊も『中国・朝鮮論』（平凡社ワイド版東洋文庫）の解説で、吉野が最晩年の論文「リットン報告書を読んで」（『改造』一九三二年十一月号）において、満州国の存立を既成事実として認めた上で議論を展開しているとし、「現実追随のそしりをまぬかれ難い」と指摘する。その上で、日本の軍国主義化が本格化する直前の一九三三年に亡くなった点に触れ、「吉野にとって早すぎた不幸な死が、その民主主義者としての晩節を汚させなかったということも、あるいはいいうるかも知れない」と、厳しい吉野評価を披歴している。まるで吉野は存命であったら軍国主義に屈したと言わんばかりの評価である。

吉野と同時代を生きた長谷川如是閑《はせがわにょぜかん》は、吉野追悼文と言える「吉野作造博士と彼の時代」(『長谷川如是閑評論集』、岩波文庫)で異なった解釈をしている。如是閑は松尾らと同様大正デモクラシーの限界を指摘しつつも「氏の関心はどこまでも当面の現実政治であった。されば氏の理論は、いつも着実に、実行論を伴っていた」「それだけ反動的現実政治家や××(軍部)の忌諱に触れることを免れなかった。ただ細心の注意が、氏を×××(不敬事件)に陥ることから救っていたのである。しかし多くのデモクラシー理論家のうち、吉野氏ほど反動政治家や××(軍部)から敵視されたものは少なかった」と語る。

理論ではなく現実の政治からアプローチする吉野。それこそ侵略という事態が起きてしまった現実の上に批判を展開するから、ある面、現実追随と映るのは避けられない。第三章で検討したようにそもそも大正デモクラシーが当時の現実政治を支配し、動かしていたわけではない。現実に外交も含め政治を動かしていたのは、元老藩閥《はんばつ》政治(軍閥政治)であり、彼らがイニシアチブを取って、対外膨張、対外侵略を進めていった。大正デモクラシーを標榜《ひょうぼう》する知識人、ジャーナリストは元老藩閥政治がもたらした内政、外交の現実を分析し、批判を加えてきたに過ぎず、その既成事実を前提にして議論するのはある面、止むを得ない。また言論統制の中で、彼らは様々なレトリックを使ってぎりぎりのところで、自身の見解を発表せざるを得ない。そのあたりの事情も勘案しながら評価を加える必要があるだろう。

最後まで死を賭して軍国主義と戦ったかどうかはもちろん定かではないが、彼は軍部や右翼の圧力を受け、東大から転籍した朝日新聞社をわずか三か月で退社に追い込まれ、自宅に放火されたこともあった。だが、満州事変においても堂々とその侵略性を指摘しているから、吉野追悼文の如是閑の以下の評価の方がむしろ説得力がある。

「多くのデモクラットが滔々としてファシズムの理論的使徒に堕してしまった今日、吉野氏は敢然としてその民主主義理論の当面の現実政治における役割を死守していたのは、時代の要求でもあったが、氏が志操の人であることを示すものであらねばならぬ」「社会主義者としてなお現役であったが、しかし一層歴史の人であった堺〔利彦〕氏を失って間もなく、デモクラットとして歴史の人であったが一層時代によって現役たることを要求されていた吉野氏を失ったのは、このファシズムの日本において、ただ両君の死という以外に何かの意味があるように思われる」

本章では、「内にあってはデモクラシー、外にあっては帝国主義」という図式を批判するため、吉野中国論の〝進化〟の部分を強調したが、最近においても李秀烈「民本主義と帝国主義再考」のように、吉野の進化を認めつつも、「たとえそれがどれほど格調高い五四運動論であっても山東を中国に返せと主張する吉野の論文を見たことがない。」と同時に、たとえそれがどれほど日本の権益を擁護しようとしても、むきだしの侵略を訴える吉野の言説を読んだこともない。吉野は『民本主義と帝国主義』を調和させようとした」と吉野の帝国主義批判の甘さを指摘する研究者もいる。

李は「中国革命史学習が始まる以前における吉野の二一カ条要求への情熱的な取り組み方は、彼の中国論の出発を考える際、重要な意味をもつものといえよう。つまり二一カ条要求から後まで一貫する吉野の権益擁護論は、現実的動機から発せられたナショナル・インタレスト論であり、その後の革命史研究はそのような外交論的中国論に基本的な枠組みを与え、また原則的な方向を提示したとみるべきであろう。両者はそれぞれ吉野の中国論を支える基本軸であったが、一九二〇年代の日中間の現実はそれらの共存を許さなかった。五四運動を境とする中国ナショナリズムの質的変換は、吉野の中国論にそのいずれかの選択を迫るものであったが、彼はひたすら両者の調和の可能性を信じようとした。それほどまで『軍国的施設経営』は、吉野にとって切実な現実問題として存在していたのである。この意味で吉野の中国論は、それが無限な可能性を秘めたものであったにもかかわらず、結局「中国認識失敗の歴史」としての「近代日本の歴史」(野村浩一『近代日本の中国認識』研文出版、一九八一年)の例外たり得ない」と、一層の吉野研究の意義を訴えている。

しかし、本章で検討してきたように、李の見方も井上清らの吉野批判に大きく影響され、日本の中国侵略が拡大する中での吉野の中国認識の進展と抵抗の跡を十分に見ていないと言わざるを得ない。権益擁護についても、吉野は例えば張作霖《ちょうさくりん》爆死事件を受け、その真相が不明の段階で書いた「支那の形勢」という文章の中で「いわゆる我が国の有する既得権益の中には、最近の形勢の変化に伴って、我から進んで棄て去らねばならぬものまた捨て去るを得策とするものもあるに相違ない。一旦得たものは事情の如何にかかわらずこれを離してはならぬとするは、特に親善の関係をいやが上にも開拓すべき支那に向って執るべき態度ではなかろう」と述べている。当時の社会的な雰囲気の中でこう語るのはぎりぎりの抵抗ではないのか。満州事変の後、吉野が左翼の側からの反対論が聞かれなかったと嘆いたことを思い起こしてもらいたい。

評論家の安田武のエッセー集『昭和　東京　私史』(中公文庫)は昭和の世相を軽妙、洒脱《しゃだつ》に描いたものだが、

「満州事変」だけは珍しくしっかりと論じている。安田はまず佐多稲子が小説『歯車』の中で「この一月に日本軍閥によって上海事件が起こされ、陸戦隊は作戦を開始し、三月の満州国の建国宣言に引き続いて中国本土への出兵が行われていた。国民の生活はあわただしい雰囲気の中にしかも発言を封じられて、ふるえる胸を押さえたままざわざわとしている。そんなときであった。つらい緊張は、日本国民の全体の中にあった」と書いている点を取り上げこう批判する。

「上海事件は、翌昭和七年のことだが、満州事変の勃発をひっくるめたこの時期の『国民の生活』を、『発言を封じられて、ふるえる胸を押さえたまま』とか『つらい緊張は、日本国民全体の中にあった』などという、佐多の言い方が、どんなに実相を歪めた我田引水であるか」

本書でこれまで見てきたように、私のいう「大正デモクラシー中国論者」を除いて、左翼でさえ、軍部の暴走を批判しなかった。佐多のいう「つらい緊張」は国民ではなく、左翼を覆ったというのが正しい。安田は「もし佐多稲子がいうように、この時、国民全体が『ふるえる胸を押さえていた』のならば、いかに無謀な軍部も、あれほど専断をほしいままにすることはできなかったろう。国民が熱狂し歓呼の声をあげ、『侵略』を支持したのだった。満蒙は日本の生命線、という合言葉が、折あるごとに繰り返され、昭和に入って以来の不況を、この『生命線』を突破口に、打開することができると信じていた。『つらい緊張』ではなく、意気軒昂《いきけんこう》たる緊張が漲《みなぎ》ったのだった」と述べる。

次章以下では、新聞が煽《あお》った国民の「意気軒昂」を検証する。

i　山根幸夫「日本人の中国観――内藤湖南と吉野作造の場合」（一九六八年）は内藤と吉野を「当時の日本においてはもっともよく中国を理解し、中国に親近感を持っていた中国研究者」としながらも、「両者の中国観はかなり対照的だった」として、辛亥革命と五四運動の二つの事件での二人の見解を比較分析している。

# 民族自決と非戦

## 大正デモクラシー中国論の命運

高井潔司

# 第七章

# 大阪朝日新聞と大正デモクラシー

## 第一節　新聞の変節はどう形成されたか?

日本の新聞が戦前、日本の軍国主義に追随し、軍国主義を煽《あお》る役割を果たしたことはよく知られている。歴史学者だけでなく、メディア研究者も様々な研究を発表してきた。

前章で紹介したように、吉野作造は満州事変の勃発《ぼっぱつ》時、「私が最も××（遺憾）とし同時にまた最も意外としたことは二つある。一つは不思議な程諸新聞の論調が一律に出兵謳歌《おうか》に傾いて居ることであり、他は無産党側から一向予期したやうな自由闊達《かったつ》の批判を聞かぬことである。無産党は黙し新聞は一斉に軍事行動を賛美する。国論一致は形の上で出来上がった」（『中央公論』一九三二年一月号）と、軍だけでなく当時の新聞論調をも批判した。

マルクス主義歴史家の井上清は『大正期の急進的自由主義』（東洋経済新報社、一九七二年）で、「大正政変の際は軍閥《ぐんばつ》打倒の世論を高める先頭に立った『大阪朝日新聞』でも参戦と帝国主義熱を鼓吹するのに全力を挙げている」、「当時のもっとも『民主的』な新聞『大阪朝日』の参戦鼓吹（井上論文中の参戦とは第一次世界大戦を指す）とを合わせ考えれば、当時の『民主的』な言論なるものの底の浅さが知られよう。帝国主義に対する明確な批判なしに民主主義も徹底できない」と切り捨てた。

メディア研究者の掛川トミ子は「マス・メディアの統制と対米論調」（『日米関係史　開戦に至る十年』東京大学出版会、一九七二年）で、満州事変前後の新聞論調を分析し、事変を契機として「『反対意見なき、全員一致』型の事変支持の『世論』が成立した」と指摘し、その「世論」形成に大きな係わりを持つ新聞の責任を問うた。掛川は、事変後各社は報道合戦で現地の情勢を刻々と報じたが「最も重要な事実、すなわち事件が現実にどのようにして起こったかについては、ついに一度も触れなかった」と批判した。特に事変発生翌日の東京朝日社説が「日本の重大な満蒙《まんもう》利益が現実に侵犯され、ふみにじられる時、如何に日本が死命を賭しても、強く防衛に当る」のが「厳粛無比の事実である」と主張した点を取り上げ、「厳粛無比の事実」という用語自体が、日本軍の行動を絶対化し、客観的批判を封じてしまったと結論付けた。

先に引用した吉野の議論を見ても、実は満州事変の勃発前まで、新聞は軍部を批判するなど多様な報道を展開していたことがわかる。吉野に対するマルクス主義歴史家の偏見に満ちた批判同様、戦前の新聞の果たした役割について、軍部の弾圧に屈し、戦意の高揚と戦争協力に走った一面ばかりが強調され、全面的な評価がなされないできた。

前章で検討したように、吉野の場合、国際情勢の変化、中国の民衆運動の展開に着目し、当初の対華二一カ条要求の肯定から日本の侵略、帝国主義の動きを批判する立場に転換した。大阪朝日新聞の場合も、満州事変の勃発を境に、結果的に変節するが、吉野と同様に時代に沿って中国に対する認識を新たにしてきた。時には大正デモクラシーの精神を発揮し、中国の変革の動きを支持し、それに介入しようとする日本政府や軍部の動きを批判する論調を張ることもあった。しかし、吉野の場合と違って、満州事変をきっかけに変節した。大阪朝日新聞をはじめとする新聞、あるいはメディアの変節の過程を再検討することは現在の中国報道を考える上でも、大きな意義があるだろう。

## 第二節　軍とメディア、大衆の三位一体体制

新聞の論調を分析する場合、それを取り巻く時代背景、社会環境をより詳しく見る必要がある。新聞というメディアの特質、商業新聞としての経営環境の推移、さらに読者の意向、軍部の検閲・介入も、その論調の決定に大きく関わっているからだ。

第一次大戦後、戦争の長期化に新聞が果たした役割を徹底分析し、メディア研究の基礎を築いたウォルター・リップマン著『世論』（邦訳岩波文庫、原著は一九二二年刊行）は「ニュースの性格やジャーナリズムの経済基盤を分析すると、新聞は世論を組織する手段としては不完全」だと結論付けた。リップマンは、新聞に

は内外から様々な圧力、制約がかかり、必ずしも事実を伝えきれないとメディアの限界を指摘する。私はこれをリップマンの「メディア制約理論」と名づけている。

リップマンはそもそも「ニュースとは、ある出来事の、はっきりしている局面でしかも興味を唆るものをかたるもの」とし、「そのような定石に固執せざるを得ない圧力」として「ある状況のステレオタイプ化された一面だけに注目すればよいという省力主義、これまで自分が学んだことがなかったものに目を注ぐことのできるジャーナリストを見つける難しさ、どんなに健筆のジャーナリストでも伝統に縛られない新しい見方を納得のいくように説明できるだけのスペースを得がたい、という宿命的事実、読者をすばやくひきつけるべしという経済的要請」――などメディアを取り巻く制約を挙げ、そのため編集者は「論議を呼ぶ心配のない事実を採り上げ、その扱い方も読者の関心にいっそう副《そ》うようにする」と批判的に指摘した。その上で「悪くすれば少数の人間が自分の目的のために社会解体を宣伝する際の道具にもなる」とまで警告している。

またリップマンは百年前のこの著書で、すでに「広報係」の報道への役割の大きさを次のように指摘している。

「ビッグ・ニュースの場合、そのほとんどの問題をめぐる諸事実は単純でも明白でもない。どれを選択するか、どんな意見がつけられるかでどうにでもなる。となれば、誰しもが諸事実のなかから自分自身が選択したものを新聞の印刷にまわしたいと願うのは当然である。広報係はそれをする。それをすることによって、記者一人で目鼻もつけかねるような状況についてはっきりとしたイメージを提供し、記者の大きな手間を省いてくれる。しかし、広報係が記者のためにつくるイメージは、広報係自身が公衆に見てほしいと願うイメージとなってしまう。そうなれば広報係は検閲官であり宣伝家である」

リップマン理論に従えば、戦前の新聞を振り返る時、新聞自体の責任、軍部の圧力・メディア操作と同様に着目しなければならないのは、さらに読者の存在とその意向、役割だろう。一九〇五年の日比谷焼き打ち事件から一九一八年の米騒動といった頻発する民衆の騒擾《そうじょう》事件の高まりと新聞や雑誌、ラジオなど大衆メディアの発展に伴い、大衆社会が生まれた。選挙権の拡大と共に世論の動向が政治を左右する時代が到来した。情報化社会の到来とも言える。大衆世論の動向が政治や新聞の論調にも大きな影響を与える。満州事変から日中戦争、日米戦争へと戦火が拡大する中で、新聞と世論の相乗効果によって、好戦ムードは高まる一方となる。

山本武利『近代日本の新聞読者層』によると、一八八五年三万部台だった大阪朝日新聞は、日清戦争直後の九五年に一〇万部台に、十年後の日露戦争時には一五万部台に成長した。満州事変の時期には朝日、毎日は一〇〇万部を超えた。部数の維持と成長のため、読者の意にそう新聞作りが求められる時代になる。

子安宣邦は『「大正」を読み直す』の中で、「『大正デモクラシー』はその発火点と結節点に大規模な『民衆騒擾』をもっている。『大正』という時代の政治的遂行にも、それがとっていく政治的形態にも、『騒擾』としての時局への抗議を強力に、集団的に表現していく大衆が存在するのである」、「私は、昭和の『全体主義』の成立の中に『大衆デモクラシー』を見る」「『大衆的喝采《かっさい》』なしには『全体主義』は成立しない。国民的歓呼なしには『総力戦』は遂行できない。昭和の『全体主義』は大正から生まれでたのではないか」と指摘している。

『太平洋戦争と新聞』（前坂俊之）によると、一九三六年の朝日の全部数は約二三〇万部、太平洋戦争勃発の一九四一年末では三五一万部に増加した。「戦争によって新聞（メディア）は発展する」を実証しているという。軍部のメディア統制にもかかわらず、満州事変、太平洋戦争を通し、朝日、毎日といった全国紙は倍々ゲームで成長を遂げた。メディア操作に乗せられながら統制を受け入れていった。虚偽の戦果発表を大いに宣伝し、国民の戦意を高揚し発行部数を伸ばした。その意味で軍部とメディア、世論の三位一体の総動員体制と言える。それぞれが互いの操作、虚偽、誇張に踊らされ、戦火の拡大へと突き進む。その中で中国報道も変節していった。次節からメディアと世論の具体的な展開を見ていく。

## 第三節　ぶれる大阪朝日の論調

　大阪朝日新聞は戦前の新聞界で、大正デモクラシーをリードする新聞でもあった。だが、井上清ら『大正期の急進的自由主義』の研究グループは、日本の帝国主義化を一貫して批判した石橋湛山《いしばしたんざん》率いる『東洋経済新報』を高く評価する一方で、大阪朝日新聞を「外に帝国主義」を体現する典型的な新聞と批判した。

　これに対し元朝日記者の後藤孝夫は、朝日が満州事変以後、戦争に加担し大きな誤りを犯した点を認めつつも、「だからといって、一九三〇年代初期、あるいは昭和初頭といった急激に暗さを増す時期にあっても、社説の筆者や記者のなかにはそれなりの信念をもった人たちのいたことを抹殺し去ってはなるまい」と反論する。後藤は「〔朝日が〕一体となって求めたのは普選と軍縮の実現であった」と同紙の社説を詳細に分析し、『辛亥《しんがい》革命から満州事変へ――大阪朝日新聞と近代中国』（みすず書房、一九八七年）を刊行した。元記者だけあって、新聞社内の仕組み、内部事情に詳しく、社説が生まれた背景、経緯、その後の推移について詳しく分析し、社説の原文も数多く掲載している。

そもそも朝日新聞は一八七九年(明治十二年)大阪で創刊された。八八年東京に進出し、『東京朝日新聞』を発行するようになったため、翌年から大阪発行の『朝日新聞』を『大阪朝日新聞』と改めた。東京朝日と大阪朝日では、報道内容も、社説さえも異なっていた。戦火が拡大する中、一九三六年五月、東京朝日の緒方竹虎の東西共同主筆就任で、翌六月から社説は一本化され、題号も一九四〇年、それぞれの地名を外し『朝日新聞』に改めた。したがって、満州事変の勃発時期の朝日新聞を議論する場合、大阪朝日か、東京朝日か区別する必要がある。大阪が発祥の毎日新聞も同様だ。

後藤は冒頭から同書の狙いを「『内に立憲主義、外へ帝国主義』という二つの顔をもって発足した大正デモクラシーの生成・発展・衰退の過程を、辛亥革命(一九一一)から満州事変(一九三一)まで、ちょうど二〇年間にわたる大阪朝日新聞の日中関係論を通して検証することにある」と書く。吉野作造らの大正デモクラシーの中国論同様、大阪朝日も二十年間に、生成—発展—衰退という展開があるとして、それを検証し、井上らへの反論を試みている。

序章の冒頭部分では「内なる民主主義への希求が高揚し純化されてゆけば、外への帝国主義の野望はどう響くか、起るとすればどんな変化か」と自問しながら、その過程で「次のような美しい出遭いに行きつく」と一本の社説を紹介している。

「専ら国家及社会を思ふ政治家並に識者の年頭感は、新年に期すべきものとして、国内政治ではデモクラシーの確立、……国際政治では平和主義を説くに一致してゐるやうである。……徹底した国内のデモクラシーは国外では即ち民族自決主義と平和主義になる。国内に於て自由と平等を与へられんことを説く者は、他国民に向っても、同じくこの態度を以て当るのが当り前である」

この年頭社説では帝国主義が否定され民族自決、平和主義が語られている。社説が書かれたのは、後藤が対象とする二十年間のちょうど真ん中の一九二二年だ。つまり、前半は帝国主義から脱皮し、平和主義、民族自決主義を大阪朝日の基本理念へと確立する格闘、発展の時期であり、後半はとくに晩期の満州事変の発生によって、「外への帝国主義が、みずからの必要に迫られて内なる民主主義を圧殺する日」すなわち衰退期を招いたと後藤は指摘する。

後藤本は井上清らの共同研究に反論する書ではあるが、袁世凱《えんせいがい》の帝政復活（一九一五年）に対する南方派の倒袁の動き、第三革命が開始されるまでの間、中国に関する大阪朝日の社説は、「中国へは威嚇と懐柔、日本政府や経済界には叱咤《しった》と激励を反復」し、「『外への帝国主義』にはいささかの反省も生まれていない」と、井上ら以上に大阪朝日の論調に手厳しい評価を与えている。その典型として以下の社説を紹介する。

「垂亡の支那が耽々たる列強環視の間に未だ俎上《そじょう》の肉と化せざるは、同文同種なる日本が常に之を提撕《ていせい》し擁護して、列強を監視しつつあるが為に外ならず。然るに徒らに無智なる驕傲《きょうごう》的態度に出で、却て与国たる我国を侮辱して、列強の乗ずべき虚隙《きょげき》を益々甚だしからしむるは、我国の損失は扨置《さて》き、実に寒心すべき支那自身の危険にはあらざるか」（一九一四年三月二十四日）

この社説が書かれたのは日本が第一次大戦に参戦し、敗戦国ドイツの中国の権益継承に加え過大な権益を中国に求める対華二一カ条要求を突きつけようという時期だ。後藤は「二一カ条要求での強硬論は、大阪朝日に限られたことではなかった。間もなく大正デモクラシーの先頭に立つ吉野作造でも、この交渉終結の直後には、『我国の最小限度の要求』『極めて機宜に適した処置』と進んで肯定」していた時期だったと、社説への多少の同情も示す。この時期はアジアの盟主としての驕《おご》りが蔓延《まんえん》していた。

## 「共和支那」支持が転換の原点

大阪朝日の対中論調が大きく変化したと後藤が指摘するのは、一九一六年初め、袁世凱打倒の第三革命を、孫文率いる南方派が開始した時期だ。年頭から袁世凱と彼につながる一部日本商人を批判する社説に始まり、第三革命をめぐり「袁と中国『新興階級』の対立という図式がはじめて出てきた」とした上で、「帝政反対＝新興階級支持＝共和「支那」支持＝南方派支持」が大阪朝日の「対華政策」の原点とまで評価する。

そして二月十二日から四日連続という異例の連載社説「支那革命の民族上の系統」を紹介する。そこでは「支那民族の革命の理想は、その内的要求に於て、伊太利《イタリア》の夫れの如く外国の羈絆《きはん》より脱せんとするものにあらずして、仏国の如く、専制より脱せんとの動機に出でたるなり。……而して之を倒さんとするものは、専制君主的英雄にあらずして、現代の傾向に刺激されたる漠然たる民衆的勢力なり」と革命支持の姿勢を鮮明にしている。後藤は「この社説には、日本の優越感とその裏返しともいうべき中国への蔑視《べっし》意識がなく」と評価し、その筆者は長谷川如是閑《はせがわにょぜかん》だろうと推測する。

後藤本によれば、後に大阪朝日の主筆となる高原操《たかはらみさお》の自宅に残された資料から、当時の社説は六人の筆者によって書かれていたことがわかっている。六人の間では、保守派から革新派までかなりの思想の開きがあった。その中で、中国社説の転換には如是閑が大きく関与したと見る。吉野作造の中国論の進展同様、中国の民衆運動の高まりを前向きに評価した点が注目される。

しかし、大阪朝日の社説はまだまだぶれが激しく、やがて如是閑ら革新派が一掃される事件が発生した。

## 第四節　大阪朝日を襲った白虹事件

中国蔑視から革命支持へと、ようやく転換した大阪朝日新聞社説。だが、一九一八年八月、その社説を書いた長谷川如是閑ら革新派がこぞって「白虹《はっこう》事件」に巻き込まれ、社を追われた。

この年七月から九月にかけ、富山県をはじめ全国でいわゆる「米騒動」による民衆暴動が燃え広がった。各紙は暴動の拡大と政府の無策を批判する報道を展開した。これに対し政府は八月十四日、米騒動に関する報道を一切禁止する通告を各社に流した。政府の措置に新聞界は一斉に反発、関西では寺内内閣を弾劾する新聞記者大会が開かれ、政府と対峙《たいじ》した。
緊迫した雰囲気の中、一本の記事が日本の新聞史上最大の弾圧事件の一つといわれる「白虹事件」を引き起こした。名古屋以西の新聞社の幹部らも参加した記者大会を報じた記事だった。大会後の食事会を紹介したくだりに、以下の表現があった。

「食卓に就いた来会者の人々は肉の味酒の香に落ちつくことが出来なかった。金甌《きんおう》無欠の誇りを持った我大日本帝国は今や恐ろしい最後の裁判《さばき》の日に近づいているのではなかろうか。『白虹日を貫けり』と昔の人が呟いた不吉な兆《しる》しが黙々として肉叉《フォーク》を動かしている人々の頭に電《いなづま》のように閃《ひらめ》く」

大阪朝日は米騒動だけでなく、寺内内閣に対し真っ向から攻撃する報道を重ねていた。事件をめぐる社内外の動きを詳述した『朝日新聞社史』の表現を用いると、「こうした状況のなかで、大阪府警察部新聞検閲係が『白虹日を貫けり』を見のがすはずはなかった」。この言葉は中国の古典で内乱の兆しを示す。当局は「金甌無欠」以下数行が内乱を意味し、国民に不安、動揺を与えるとして当日の新聞を発売禁止、執筆者と編集責任者を「安寧秩序ヲ紊《みだ》ス」とし新聞紙法四一条違反で告発した。二人は起訴され、初公判で検事側は朝日新聞の発行禁止の処罰を論告する厳しい方針を明らかにした。
事件は当局の取り締まりに止まらなかった。問題の新聞発行の翌々日、村山龍平社長が右翼の暴漢数名に襲われけがを負った。四面楚歌の中、十月になり村山社長は辞任を決意。鳥居素川《とりいそせん》編集局長、長谷川如是閑社会部長もこれに続いた。また丸山幹治通信部長ら革新派の記者、河上肇《かわかみはじめ》ら紙面投稿の社友たちもこぞって退社を申し出た。十一月上野理一新社長の下、「上下一心の大誓を遵奉《じゅんぽう》して、立憲政治の完美を裨益《ひえき》し、以て天壌無窮の皇基を護り、国家の安泰国民の幸福を図る」「不偏不党の地に立ちて、公平無私の心を持し、正義人道に本きて、評論の穏健妥当、報道の確実敏速を期する」などとする編集綱領を発表した。

こうした恭順とも言える低姿勢もあり、十二月の判決公判では執筆者、編集責任者にそれぞれ禁固二か月の有罪判決を受けたものの、大阪朝日は発行禁止を免れた。ただ『朝日社史』は「なんとしても痛手だったのは、いちどに論客を失った論説陣で、このため大朝は大正八年から九年にかけて、その補強に苦しんだ」と記している。中国に関する社説も大きく後退した。

またこの事件で村山社長が襲撃されたが、満州事変の際、同様に右翼から激しい抗議を受けて、同社の幹部の脳裏にはその記憶が蘇ることになる。

## 白虹事件は大正デモクラシーの始まり

事件は大正デモクラシー中国論の終わりではなく、むしろ始まりだった。そもそも本書で紹介してきた清水《しみず》安三《やすぞう》、吉野作造らがユニークな中国論を展開したのは白虹事件以降のことだった。とくに清水の中国での初論文は、長谷川が大阪朝日を退社後発行した『我等』に掲載され、それがきっかけで中国評論を始めた。清水が読売新聞に五四運動を高く評価するなど三十数本の記事を書いたのも、読売に再就職した丸山幹治が執筆を依頼したからだ。恐らく長谷川が推薦したのであろう。

その長谷川は『我等』創刊号（一九一九年二月）に「『大阪朝日』から『我等』へ」という巻頭論文を書き、退社の経緯、退社後の大阪朝日の姿勢転換などについて思いのたけをぶつける一方、対中論調のあり方などについても持論を鮮明にしている。

長谷川は「前の『大阪朝日』の主義主張は、決して内外からの圧迫や、暴挙や、社員一個の感情の現れであった一記事が刑に触れたこと等の為に全然放棄しなければならないものではなかった」と悔しさをにじませる一方で、彼の時代の大阪朝日の基本姿勢を詳しく説明する。そこでは「国家主義」と「厳正中立」について論じているが、「国家主義」の意味を大正デモクラシーの旗手らしい解釈と表現で説明している。

彼のいう国家主義とは、「我が国家を唯一絶対無上のものと信ずる」いわゆる国家主義者と違い、「広く智識を世界に求め」「万機公論に決す」という「維新の際に於ける五ケ条の御誓文の精神に準拠した」ものだと述べる。その上で国内的には「其の政治が、啻《ただ》に人民の意志を尊重し、其の意志の参加を原則として認めているばかりでなく、政治の実際に於て、有効に参加せしめ得る組織でなければならない」ことが条件であり、その演繹《えんえき》で対外的には「他国の国民的意志を尊重し、国家集団の生活を道徳的ならしむる共同の目的を持ったものでなければならない」「大国が小国の意志を無視し、強大なる国家の意志のみが、世界の全体の上に働いて、自余の国民の存在は、そういう強大国の任意の慈恵によるというような状態では、到底、世界的人道は成り立ち得るものでない」と指摘する。具体的に中国や日中関係に論及していないが、武力を以て自国の意志を押し付けるやり方は「警戒され、嫉視《しっし》され、邪推され、いろいろの困難な地位に堕せしめられて、終《しま》いに国際競争に於ける落伍者たらしめられる虞《おそれ》があるのみである」と警告している。その主張は「帝国主義」ではなく、軍縮と国際協調の路線だ。

この巻頭論文ではさらに次の二点に注目したい。一つは米騒動に関し「我国の多数人民は未だ各自の生活の実質上の要求を国家に対して主張する政治上の手段を十分に与えられていない」、政治的訓練を欠く人民が「現実に、自分達の生活の不満を、政治的に勃発せしむるときは、それこそ過般の米騒動的のような危険なる動揺となる」と述べた点で、暴動という米騒動のありように長谷川が全面的な支持をしていないことがわかる。これは日中戦争時の長谷川のファシズム、ポピュリズム批判へとつながる姿勢である。この点は大阪朝日のその後を検証した後、改めて論じたい。

もう一点は退社後の朝日の対応を「倫理的価値の低い事について赤面させる」などとこき下ろす一方で、「我等が同社から去っても尚ほ同社には現代青年の智識と道徳と良心を持った多くの人達が居る筈《はず》である」と全否定せず、再起に期待した点だ。

次に紹介するように大阪朝日の論調はしばしの低迷を経て、長谷川の期待通り普選の実現、軍縮を掲げるデモクラシー路線へと回帰する。対中国論調も改善される。

## 第五節　デモクラシー路線への回帰

白虹事件で革新派幹部が一斉退社し、デモクラシー路線から大きく後退した大阪朝日新聞社説。しかし、事件のきっかけとなった米騒動以来、民衆運動、労働運動は高まるばかり。普通選挙を求める声も全国的に強まった。大阪朝日社内でも、保守的社論を率いていた西村天囚《にしむらてんしゅう》編集顧問が大正八年（一九一九年）六月退社し、白虹事件の際、幹部の中で唯一残った高原操経済部長が臨時編集局長に就任した。これを機に社論は大きく転換する。

『朝日新聞社史』は、この時期を「大正デモクラシーの開花」とわざわざ一章を設け記録している。高原局長の下、「大朝は軍備拡張反対、労働問題の啓発とならんで普選促進のためのキャンペーンを、より強力に展開することになった。大正八年だけについてみても、東西『朝日』共通社説二十六本を含めて、大朝七十八本、東朝四十五本という大量の社説、論評が労働問題と普選運動のために書かれた」と自賛している。

その上で、『社史』は高原執筆の十一月六日付社説「普通選挙案と時代の急転」を全文掲載している。そのさわりを紹介しよう。

「機運はすでに熟せり。国民の大多数は、立憲国にして制限選挙の行はるるを不合理なりとするの自覚を急速度に刺激せられたり。是れ世界的大戦の結果が女子参政権を訳も無く先進国の政府者をして認めしむるに至れるの時、納税の額を以て男子の選挙権を制限するの国何処に在りや。愚者と雖《いえど》も父祖の遺産を相続すれば議員選出の権利を有し、教育を受け知能を啓発せし為に、直接国税の納税不足すればとて是等には代表選出の権なし、斯の如き不合理は、階級制度の盲目的に尊重されし時代ならばいざしらず、大正の今日、万事を徹底的にデモクラチックに改造せんと要求する時代に於いて、過去の因習を擁護せんとする制限選挙の存続は到底民人の論理的満足を得べきものにあらず」

意気軒昂《いきけんこう》とした論調に時代の息吹が感じ取れる。高原社説は、大阪朝日の再起に期待していた長谷川如是閑に応えた形だ。それは偶然ではなく長谷川が時代の流れ、大衆の要求を適切に読んでいたゆえの結果だろう。

論調の転換は、中国に関する社説にも現れる。大阪朝日の中国社説を丹念に検証した後藤孝夫『辛亥革命から満州事変へ』を参考にデータベースで社説を読んでみるとその変遷がよくわかる。

大正デモクラシーの中国論を代表する吉野作造や清水安三が中国の目覚めとして高く評価した五四運動について、保守頑迷《がんめい》派の影響力がまだ残っていた一九一九年六月初旬の段階では「隣邦相互連携の必要いよいよ急務なるの今日、日本に対し盲目的排斥行為に出づるは自ら日需必要な供給を絶ち、自縊《じい》を企つるに等しく延《ひ》いては東亜百年の大計を誤むるものである」、「中学程度の学生までが扇動家の口車に乗せられ参加せる如き狂気の沙汰なり」、「対日反感と誤解を強める鷸蚌《いつぼう》の争いはやがて異人種をして漁夫の利を収めしむるに過ぎない」と運動の意義を著しく貶めていた。

しかし、同二十一日の社説は「対支策の一転機」のタイトルで大きく舵《かじ》を切る。社説は、排日運動が一段落したものの、いつ何時再燃してもおかしくないとした上で、「日支親善という空漠なる辞令の交換」では両国の協調は進まず、排日の根本的原因を政府、国民が真面目に研究する必要があると指摘する。そして「支那における排日傾向の原因は日本の勃興《ぼっこう》する勢力に対する嫉視も其の一なるべし。一派政治家の浅果《あさはか》なる野心に由る使嗾《しそう》も其の一なるべし。又時として漁夫の利を目的とする一部外人の煽動《せんどう》も其の一原因として数ふることを得べし」と掘り下げる。だが、それはあくまで導火線であり、「火薬がなければ爆発するものにあらず」、「忌《き》憚《たん》なく云へば、従来日本の支那に対する行動は動《やや》もすれば支那人をして排日を行わしむる種子を蒔きたる嫌《きらい》も無きにあらず」と対中策への反省に向かう。

さらに社説は、その種子とは「日清戦争以来最近迄で伝統的に実現されたる日本固陋《ころう》派の軍国主義」「領土侵略其の者が即ち国権伸張なりと誤信したる旧式頑迷の一部の思想」だとし、「第一に支那人をして日本に対する恐怖心を起さしむる総ての行動を慎むべきこと」、「殊に支那人の最も恐れ最も警戒しつつある領土的侵略につき日本の絶対に野心無きことを支那人をして理解せしむべき方法手続きを講ずることが何よりも急務」と主張し、「山東事件に対して日本は世界に対して声明したる〔権益還付〕宣言を成るべく早く実行する」ことまで具体的に提言した。

当時の大阪朝日の社説は一面トップの位置に配置されていた。読者にとってこの変化は劇的に映っただろう。それは論説陣の顔ぶれの変化だけでなく、社を挙げた中国に対する取り組みの変化の結果だった。

『朝日社史』は、元北京特派員で一九一七年(大正六年)にいったん退社していた神田正雄が一九一九年三月に再入社したことが大きかったとしている。翌年五月大陸に特派された神田は二か月のうちに旧知の孫文と会見し、孫文から日本軍国主義批判の時局談を引き出し、長期連載で中国の新たな潮流を伝えた。

『社史』は「大陸浪人風の〝支那通〟の中国観が横行していたなかで、神田のリポートはあたらしい史眼に裏付けられた視野のひろさと、観察、立論の公平妥当さで、新風をもたらすものだった。五四運動を中心とする中国民衆のエネルギー、保守、革新の抗争による中国政界の混乱などについての神田の豊富な情報と鋭い分析は、朝日の対中観を徐々に変化させることに役立った」と称える。ただ山東問題が未解決のまま、その後も各地で日本人居留民と中国人の衝突も発生し、社説も時に動揺した。それでも普選と軍縮を訴える高原体制が固まるにつれ、中国論調も安定していった。

先述の後藤が「五四運動から約一年、早いとはいえぬが、大阪朝日はここまできた」と紹介するのは、二〇年四月十日の社説「支那最近政情」だ。軍閥、革命勢力内の連衡・対立を取り上げながら、それを「時代遅れ」と批判し「政府威力の減退と相竢《ま》ちて民力の向上、人民自恃《じじ》の精神を鼓舞するの結果となり、民間の気力を回復しつつあるは顕著」「就中《なかんずく》青年学生間に勃興せる一種の新精神は今や漸《ようや》く永続性の確実なるかに見え、従来圧服せられたるものの覚醒《かくせい》すべき一新転機に際せるは掩《おお》ふべからざるに似たり」と明確に新たな潮流を認めた。内外の政治情勢の変化もその転換を後押しした。

## 第六節　協調外交に寄り添う大阪朝日

保守派幹部の退陣で、軍縮、普通選挙推進と、大正デモクラシー流の論調へと大きく舵を切った大阪朝日新聞。そうした転換には、ただ社内事情だけでなく、むしろ内外の政治状況の変化が大きく関係していた。

中国論調で言えば、一九二〇年代の戦間期、幣原喜重郎《しではらきじゅうろう》外相が率いた「国際協調外交」が最も大きな影響を与えた。

故緒方貞子元国連難民高等弁務官の若き時代の博士論文『満州事変』（岩波現代文庫）は「幣原外交は、ワシントン条約によって成立した極東の新しい体制を承認することから出発した。ワシントン会議（一九二一年）当時駐米大使であった幣原は、全権委員として会議に出席し、日本の将来は『門戸開放』と『領土保全』とを尊重する国際協定の範囲内で中国における権益を保持し発展する外はないと信じるに至った。幣原外交は中国に対する進出は経済進出たるべきこと、また中国の内乱には不干渉主義をもってのぞむことを二大原則とした」と明解に解説している。一九二〇年代の大阪朝日の中国論調は幣原外交に寄り添う形で展開していった。

約十年間の幣原外交は決して順風満帆に進行したわけではない。幣原外交は、協調外交、中国の内政不干渉という基本方針の一方で、満蒙での権益保護をもう一つの基本方針とする矛盾した外交でもあった。結果的に「弱腰外交」と揶揄《やゆ》され否定される運命をたどる。

その反動として日本は田中義一内閣の「強硬外交」が主流となり、さらに関東軍の暴走によって満州事変、日中戦争へと突き進んでいくことになる。

だが大阪朝日の中国論調は、幣原外交が否定された後も、満州事変まで不干渉主義を堅持し、協調路線を訴え、政府や軍部を批判する論調さえ掲げた。ただその過程でも、大陸における「日本の権益」に関する議論では振幅も激しく、その弱点を軍部や右翼勢力に突かれ、戦争協力へと変節してしまうことになる。

そもそもワシントン会議による条約やその後のロンドン軍縮条約は、列強間の軍備増強を抑止する国際協調を目的とする一方、新興国日本の中国進出拡大の抑止を狙ったものだった。アメリカの嫌う日英同盟も軍縮条約の推進と共に廃止された。米英との協調外交にもかかわらず、アメリカでは排日移民法案が採択されていった。日本国内では幣原外交に対し、軍部を中心に大きな不満が高まった。

中国国内では、ワシントン体制を契機に、関税自主権の拡大、治外法権の撤廃要求など五四運動以来の民族主義、ナショナリズムはますます高まる。しかし、一九二五年に亡くなった孫文の「革命未だならず」の言葉に象徴されるように中国の統一は実現せず、軍閥間の内戦どころか、国民党内の派閥抗争さえ繰り広げられる始末だった。

その動きの中で、既得権益を守り、その拡大さえ目論む日本は翻弄されていく。米英は中国情勢を利用しながら日本の抑え込みを図り、事態はますます複雑となる。とても協調外交というきれいごとでは済まない事態を迎えた。

中国情勢が混迷を深める中、毎週のように中国社説を書き続ける大阪朝日の論説陣の苦労がしのばれる。当時、東京朝日と大阪朝日は社説も異なり、これから紹介する社説も東京では掲載されていない。それだけ関西の企業が上海を中心に大陸に進出し、中国の動向に関心を持っていたということだろう。協調外交に沿ったいくつかの社説を紹介しよう。

一つは満州を舞台にした軍閥抗争に関する社説だ。日本をバックに東北の軍閥、張作霖《ちょうさくりん》は二度にわたる軍閥戦争で東北から山東にまで勢力を伸ばした。これに対し一九二五年十月、浙江に本拠を置く孫伝芳ら長江軍閥が連合して決起し、周辺の軍閥も臨戦態勢を取り、再び大規模な内戦を迎えようとしていた。その中で、張作霖側近の郭松齢が反旗を翻し、主力部隊を天津に派遣し、奉天付近にいた張作霖陣営は壊滅寸前に追い込まれる。

現地の関東軍や在奉天の吉田茂総領事らは張支援を日本政府に求めたが、幣原外相、宇垣一成陸相らは支援に反対し、不干渉の方針を指示した。だが、関東軍は条約上守備範囲とされていた地域を越え軍を出動させ、結果的に郭松齢軍の追撃を阻止し、張を生き延びさせた。二年後、関東軍は支援した張作霖を爆死させるからその対応は場当たり的だった。郭松齢事件は政府からの指示を無視した関東軍暴走の先駆けと言われている。

さて大阪朝日は事件をめぐり、同年十二月一日「支那また大混乱に陥る」、十一日「動乱満州に及ぶ／我警告の効果如何」、十七日「満州へ増遣隊の出動／態度の公正を期すべし」、二十四日「いよいよ重大時機に入る／増兵後の満州戦局」と四本の社説を立て続けに掲載した。前二つの社説はまだ事件進行中であり、要点は張支援が「各種の悪作用を伴ふこと確実であるから仮令《たとい》その時期であっても行ふべきではない」「暫く満州の内政的変化を傍観し単に在留民の生命財産に加はる直接の脅威を排除するより外に途はない」とやんわり諭した。だが、三本目になると「〔居留民保護の〕範囲を越え対抗両軍に好悪の感情をまじへて一党一派に私する如き行為は断じて不可。況んや内政干渉を以て支那の内憂に影響を与ふることを以て国威国権と誤信する如きは、我軍の武威を乱用しこれを冒瀆《ぼうとく》する一種の罪悪であると信ずる」と警告した。四本目では、もし郭軍が勝利し、奉天（現瀋陽《しんよう》）に入城しても阻止してはならぬとさえ述べていた。

だが、この幣原外相らの不干渉主義を支持する社説も虚しく、関東軍は張支援を断行した。同じ日の大阪朝日の一面トップ記事は「形勢一変して郭軍総崩れ」。社説も関東軍の張支援を受け入れざるを得なくなる。

もう一つ幣原外交援護の社説を簡単に紹介しよう。一九二七年一月、国民革命軍の急進撃に伴い、長江沿岸の大都市の租界回収の主張が高まった。漢口、九江の租界を失ったイギリスは日本に対し共同出兵を提案、上海死守に動き出した。これに呼応し上海の日本企業家たちも出兵を望んだ。この動きに関しても幣原外交は不干渉方針を議会で明確にした。

十六日の大阪朝日は「国民政府に告ぐ」の社説で、日本の出兵に反対するとともに、治安維持の保障さえあれば各地の租界は「悉《ことごと》く返還すべきもの」との認識を示す一方で、革命軍の暴力的な回収の動きを諌《いさ》めた。また「何人が政権を掌握するか、または如何なる国内政策が果たして支那のため健全妥当なりやは当然支那国民が決定すべき問題である」とする幣原演説に対し、二十日付社説「外相の観た支那問題」は全面的な支持を与え、治外法権の撤廃問題などで日本独自の対中交渉も提案した。同社説は珍しく東京朝日にも掲載された。

ロンドン軍縮条約（一九三〇年）をめぐっては、海軍内部での対立からさらに軍強硬派や野党政友会などから「統帥権干犯」との強硬反対論が噴出した。この問題をめぐって、例えば東京朝日新聞は以下のような明確な軍部批判を展開している。

「ロンドン条約に関して軍令部が不同意のために、条約が成立しなかったらば、それは明らかに軍令部に条約締結の運命が左右されることである。国民に対して憲法上何等の責任を負うことが出来ない海軍軍令部が、国防の責任が負えないといって、軍縮会議の結果を左右し、条約締結の大権を輔《ほ》ひつする国務大臣の決定を動かすことが出来るならば、海軍軍令部長は、国防用兵の事以外に、軍事に関するかぎり条約の批准権をも輔翼せんことを要望するものであり、国防を理由として、外は条約締結に、内は予算編成に関する拒否の最高権を要求するものに外ならぬのである」

「これは武官制の下にある軍部大臣と、いあく〔帷幄〕機関における統帥権問題というが如きいわば紙の上の問題ではなくて、国民負担が出来るか出来ぬかという国民生活の上に直接ひびく問題である。軍部大臣を含めた軍部全体と、国民一般との利害対立の問題である」

軍と国民との間の利害対立の構図を明確に示した社説と言えよう。だが、こうした協調外交を支持する社会のムードに、不満を募らせる軍部、特に満州駐在の関東軍将校の間では強硬策が着々と練られていた。張作霖爆殺事件の首謀者、河本大作は、満州にみなぎる反日運動によって二十万の邦人の生命は危殆《きたい》に瀕《ひん》し、日清、日露の役で将兵の血によって購われた満州が奉天軍閥によって蹂躙《じゅうりん》されようとしていると危機感を募らせ、当時の時代の雰囲気について「世は滔々《とうとう》として自由主義に傾き、彼らは、満蒙問題の武力解決に対しては、非難攻撃を集中し、甚だしい論者中には、満蒙放棄論をさえ唱えだす外交官を見るのであった」(「河本大作手記」半藤一利『昭和史探索1』所収　ちくま文庫)と糾弾した。

## 第七節　比較的緩かった新聞統制

協調外交と軍縮、普通選挙推進という一九二〇年代は意外なほど新聞論調は健全だった。確かに戦前、新聞紙法(一九〇九年)、治安維持法(一九二五年)によって新聞に対し、発売禁止を含む様々な規制が加えられていた。だが、それが激しくなるのは満州事変以降のことだ。前坂俊之著『太平洋戦争と新聞』によると、昭和元年（一九二六年）の新聞の発売禁止件数は二五一件、その後毎年数十件の漸増はあるが、同事変発生の一九三一年は八三二件、翌三二年は二〇八一件と倍増する。同書は「太平洋戦争へ突入した時点では新聞は百パーセント軍部、政府の宣伝機関にすぎず、すでに新聞とはいえなかった。言論の自由と真実を護る瀬戸際は十五年戦争に当てはめれば、一九三一年の満州事変であり、遅くとも翌年の五・一五事件までである」と解説する。

つまり、満州事変まで新聞は一定程度の報道の自由を享受していた。吉野作造が事変発生の際、なぜマスコミは沈黙するのかといぶかったのもこの背景があるからだ。

当時、東京朝日新聞の編集局長で主筆の緒方竹虎は戦後出版の『五十人の新聞人』で、「中央の大新聞が一緒にはっきり話合が出来て、こういう動向〔軍部の暴走〕を或る適切な時期に防げば、防ぎ得たのではないか。実際朝日と毎日が本当に手を握って軍の政治関与を抑えるということを、満州事変の少し前から考えもし、手を着けておれば出来たのじゃないか」「軍の方からいうと、新聞が一緒になって抵抗しないかということが、終始大きな脅威であった。……今から多少残念に思うし、責任も感ぜざるを得ない。満州事変で軍が非常に政治的に力を発揮するようになってからは、これは丸腰の新聞では結局抵抗は出来ない」と回想している。

だからこそ、なぜ満州事変にあたって新聞とくに大正デモクラシーの先頭を走っていた大阪朝日新聞が変節していったのかを問わなければならない。その場合、新聞自身の変節の過程だけでなく、それを促す軍部の工作、そして、次第に政治・外交・社会の成り行きに大きな影響力を持つようになった大衆世論の動向にも着目する必要がある。

軍部は、一九二〇年代、軍縮、普選が進展する中で追い込まれ、被害者意識さえ持っていた。筒井清忠・元京大教授は『戦前日本のポピュリズム』（中公新書）の中で軍に対する国民の侮蔑《ぶべつ》感情や新聞の反軍論調をいくつも紹介している。例えば東京日日新聞に投稿した陸軍三等軍医は「今や軍縮の声は陸海軍人を脅かし、彼らを『不安のドン底』に陥れているが、他方、軍人に対する国民の眼は近時憎悪から侮蔑へと大きく変わった。関西の或都市辺では、頑是《がんぜ》ない小児がいうことをきかぬ場合、親がこれを叱るに、『今に軍人にしてやるぞ』と怒鳴り立てる。停車場周辺で軍人が俥《くるま》を呼べば、車夫は傲然《ごうぜん》として『戯談《じょうだん》じゃない。あるいたらいいでしょう』と剣呑《けんのん》を喰《く》わす。軍隊が終日演習して、ヘトヘトに疲れて夕方或る町にたどりつけば、町の民家はいそいで戸をしめ、内から錠をおろす……」と嘆きっぱなしだ。

秩父宮の評伝を書くため陸士三十四期の同期生を調査した歴史家、保阪正康は沢山の途中退学者が出ているのに気づく。『昭和陸軍の研究』（朝日選書）で、「軍縮、和平ムードの中で軍人になるのを潔しとしなかった」「大正デモクラシーの影響があったのではないか」と述べている。

だが、反軍感情を抱いていたのはあくまで都市部の富裕層、知識人やそれに同調する市民だ。多くの兵士を送り出す農村や都市の下層階級は米騒動に見られるように困窮に瀕していた。農村出身の下級青年将校たちはデモクラシーの風潮に強く反発していた。

軍の予算削減の声も政府、議会、国民の間に高まり、軍を刺激した。それ以上に陸軍が危機感を募らせたのは、中国のナショナリズムの高揚だ。蔣介石《しょうかいせき》の北伐が進むにつれ租界回収の機運が高まり、上海から満州まで日本人居留民を震え上がらせた。それに幣原軟弱外交は手をこまねいた。

## 第八節　潜行する総動員体制の企み

本来、陸軍刑法百三条では「政治に関し上書建白その他請願を為し、又は演説若しくは文書を以て意見を公にしたるものは三年以下の禁固に処す」と、軍人は政治運動を禁止されている。しかし、青年将校たちはやがて苛立《いらだ》ちと危機感の中で血気にはやり、日本国内では二・二六事件をはじめ見通しのないクーデターやテロ事件が頻発した。

だが、中堅将校の場合はより戦略的な意向を持っていた。欧州に派遣され、第一次大戦の各国の戦略を研究した中堅エリート将校、永田鉄山、岡村寧次、小畑敏四郎は一九二一年十月ドイツのバーデンバーデンで会合を開く。いずれも陸士十六期卒。三人は今後の課題として長州閥が要職を独占する軍閥人事の打破、将来戦争に備える総動員体制の早期確立で一致した。帰国後、陸士卒の同年輩幹部に呼びかけ、二葉会、木曜会、一夕会といった勉強会を開催し、戦略を練った。その顔ぶれは東条英機、石原莞爾《いしわらかんじ》、板垣征四郎、山下奉文、武藤章など満州事変、日中、太平洋戦争を率いた面々だ。

満州事変発生時、永田鉄山軍事課長をはじめ各部局の主要実務ポストは一夕会系の将校で占められていた。さらに重要なのは、資源不足、遅れた産業体制の下で、対ソ、中国、最終的には米英との戦いに備える総動員体制の構築には、満蒙の領有が不可欠との議論が一連の勉強会で確認されていた点だ。満州事変は一九二九年の世界恐慌の困難打開のため関東軍が仕組んだとの見方が一般的だ。川田稔著『昭和陸軍の軌跡』(中公新書)は「じつは一九二九年末の世界恐慌より一年半前に、陸軍中央の幕僚〔木曜会〕の中で、満州事変につながっていく満蒙領有方針が、すでに打ち出されていた」と指摘している。

軍縮、和平ムードにひたるメディアと大衆世論をどう転換させていくのか。そこにはメディアの弱点を突く軍の宣伝戦略があった。保阪は前掲書でバーデンバーデン会合当日の岡村の日誌を引く。「ルーデンドルフの総力戦が話題となる」に続き「戦時の宣伝につき考える」と岡村は記している。そして事変の五か月前に関東軍参謀部が作成の「満蒙問題解決ノ為ノ戦争計画大綱」では、軍事行動を起こすとすれば「全国民とくに操觚《そうこ》界〔メディア〕に満州の実情を承知させる」と世論工作を強調していた。

もう一点、政治をめぐる軍の発言権強化という点で忘れてならないのは、日露戦争後の朝鮮・満州支配を通じて陸軍の政治への影響力が格段に増したことだ。藤村道生「国家総力戦体制とクーデター計画」（三輪公忠編『再考・太平洋戦争前夜』創世記、一九八一年）は韓国併合後、「陸軍は朝鮮総督が陸軍大将であるときは、朝鮮総督を通じて合法的に中国とシベリアに独断越境して出兵する権限をえた」とし、「大陸政策にかんして半独立した組織であった」と指摘している。こうした動きがのちに関東軍が暴走した満州事変を契機に、国家総動員体制にまでつながる流れを形成していったと言えよう。

またこの藤村論文で興味深い指摘はこの時期（辛亥革命勃発時）に陸軍内で生まれた中国政策に関する宇都宮構想である。陸軍の主流、元老山県《やまがた》は革命の混乱を好機と捉《とら》え軍の出兵と占領を主張したが、列強の圧力、国内の議会の反対で見送りとなる。その中で宇都宮太郎参謀本部第二部長は「中国の革命援助による中国の分裂固定化を狙い、その結果できあがった新中国と提携して欧米列強と対決しようという戦略を提示した」という。それは「西園寺〔公望〕首相はもとより軍長老の山県の見解とも原則的に異なっていた」が、満州事変から太平洋戦争に至るまでの日本の対中政策の基本路線を描いていたと言えるだろう。

すなわち、「辛亥革命に対する山県の対応が中国分割のための派兵強行にあったとすれば、宇都宮の対応は軍が中国政策の指導権を握り、そのもとで反西欧同盟を構築して西欧的秩序を打破することにあった。この宇都宮構想をつきつめれば、軍の政治への関与と、政治化した軍による対中国政策の独占という方向がうかびあがってくる」と藤村は宇都宮構想の意義を強調する。

## 第九節　流れを変えた「国益」概念

世は挙げて、普通選挙実施と国際協調、さらに軍縮という大正デモクラシーの風潮に流されていた一九二〇年代。その一方で来たるべき世界戦争に向け総動員体制の構築を検討していた軍部はどのようにしてこの流れを変えることができたのだろうか。メディアをはじめ大正デモクラシーをリードしていた側に、軍部がつけ入るどのような隙や弱点があったのだろうか。

この疑問に答えるには、まずこの時期のメディアをめぐる環境の変化、それに世論の台頭という要素を考える必要がある。

新聞で言えば、日清・日露戦争を経て、政治主張を掲げる政論新聞から報道中心の「中立新聞」へと移行し、発行部数も十万単位を数えるようになった。関東大震災を経て、朝日、毎日の大阪勢が関東も席巻し全国紙へと飛躍する。それぞれ百万部を超える大新聞に成長した。新聞だけでなく、朝日新聞社でいうと、一九二二年

（大正十一年）出版部を設け、アサヒグラフ、旬刊朝日、週刊朝日、アサヒスポーツさらには月刊のコドモアサヒと立て続けに創刊した。出版界では円本ブームも巻き起こり、いくつもの文学全集が十万部単位で刊行された。メディアの商業化が本格化したのだ。都市への人口集中、労働者、サラリーマンの増加、中学生以上の学生の増加など「徐々に変わる社会が大正デモクラシーを開花させ、大正文化を育てた」と『朝日新聞社史』は記している。都市部では大正モダンの自由を謳歌する。

一方、世論の動向はどうか。日米戦争への道を基調テーマにする筒井清忠著『戦前日本のポピュリズム』は、明治末期から大正にかけ、「政治的大衆」が登場したと指摘し、この点をいち早く見抜いたのは吉野作造だったと彼の言葉を紹介する。「民衆が政治上に於て一つの勢力として動くという傾向の流行するに至った初めは矢張り明治三八年九月からと見なければならぬ」。それは日露戦争の講和条約の締結に反対する国民大会が暴動化した日比谷焼き打ち事件を指す。以来、普通選挙要求、米騒動、各種の労働運動、対中強硬政策要求、米国の排日移民法抗議など大正期には、民衆の直接行動や暴動が頻発する。

筒井は大正期の大衆運動の特徴としてナショナリズムと平等主義の二つの方向を挙げる。大衆行動は理性的ではなく、感情的だった。「アメリカに対する排日移民法排撃運動が激化すると親中国的なアジア主義の高揚が見られるのだから、こうしたポピュリズム的運動が、元来無方向的な性格なもの」であり、「二つの方向性が次に日本をどこに導くのか誰にも予想できないものであった」と指摘する。

吉野作造や長谷川如是閑ら大正デモクラシーの旗手たちはこうした大衆の動向に、批判的だった。白虹事件で大阪朝日を追われ、雑誌『我等』を発刊した長谷川は創刊号で、欧米で根付いたデモクラシーと比較しながら「我国の多数人民は未だ各自の生活の実質上の要求を国家に対して主張する政治上の手段を十分に与えられていない。のみならず其の手段を要求する順序方法において相当に考慮し得るほどの政治的素養をも有していない」と日本の現状を批判した。

吉野も同じ創刊号の「我憲政の回顧と前望」という論文で、西洋諸国の憲政は「民衆が、一個独立の公民として世に立つ前、すでに充分なる自治生活の経験を積んでいる」からこそ成果を収めたとし、それにひきかえ「我国においては従来の国民教育中、殆《ほとん》ど全く市民或いは公民としての訓練なるものがない」と指摘した。

大正期の大衆世論、大衆行動は、旗手たちの眼から見ればデモクラシーというには程遠いものだった。ただ彼らの批判の対象は大衆ではなく、デモクラシーを実現する手段や教育を施さない政府だった。その一方で、大衆行動とそれを煽る商業メディアが大正期に育っていた。

一方、商業化を進めるメディアと大衆世論との関係も微妙だった。そもそも日比谷の焼き打ち事件では、大衆を煽ったのも新聞であり、逆に講和条約を支持した新聞社が襲撃された。普選や軍縮を歓迎する理想論は展開するが、「国益」がからむ外交では、大衆の声を反映して、感情的なナショナリズムがどうしても前面に出る。中立、事実報道へと転換しつつあった新聞だが、商業化が進む中で、読者本位の論調の傾向がむしろ強まる。メディアは読者の利益、特に対外問題では大衆の求める国益に配慮しなければならない立場になった。

中国報道についていえば、一九二〇年代大阪朝日新聞は、中国の大衆運動や革命の動きに理解を示すようになった。しかし、そうした中国の動きは、しばしば日本の国益との衝突を生み出すようになる。本書でしばしば引用する大阪朝日新聞の中国報道を検証した後藤孝夫著『辛亥革命から満州事変へ』はこの時期（一九二三年から二七年）の論調を「排日の高潮にたじろぐ」という形でまとめている。「中国人民の覚醒」に期待する大阪朝日だったが、排日運動の高まりに対中強硬論と中国理解論が交錯した。

例えば一九二三年三月十四日付社説は、中国が侵略の原点と批判する対華二一カ条要求などの廃棄を通告した問題を取り上げた。これらの要求が中国にとり「直ちに立国の基礎を動かすものでもなければ、又実行が不可能となったものではない。ただ今更ながら内政上の事情と体面論により一気に全体を廃棄せんとするのは、国際関係上余りに無責任な仕打ちで、あまりに得手勝手であまりに乱暴」と評した。「支那は付け上がっている」との表現さえ登場する。

蔣介石軍の北伐で動揺する満州問題においても、満州が中国の一部であることは認めつつ、中国との協力の下にむしろ日本の満州関与を拡大することで根本的な解決を図るべしとした。後藤は「満蒙という地域にこだわり続けた」と朝日の論調を批判する。

世界戦争に向け「満蒙の領有」が不可欠と考える陸軍エリート将校たちは、こうしたマスコミ、大衆世論の動向を分析しながら、「満蒙の特殊権益」論を突破口に世論の転換を図っていく。加えて、一九二九年、世界恐慌が日本をも襲い、農村は疲弊し、政党政治や都市部の大正モダンを否定する空気が広がっていた。中国論においても、中国の民族自決権などは考慮の外に置かれ、時の幣原外交を軟弱外交と批判した野党代議士、松《まつ》岡洋右《おかようすけ》の「満蒙はわが国の生命線」という国会演説の一節が徐々に時代の基調を作り出していくことになる。

## 第十節　総動員体制と在郷軍人会

軍縮論が内外でもてはやされる中でいかに国民を動員していったのかの研究を調べてみると、意外にも軍縮を受け入れた軍の上層部も、総動員体制構築に向け着々と手を打っていたことがわかる。

由井正臣『軍部と民衆統合』（岩波書店）によると、後に陸軍大臣、首相と上り詰める田中義一は「日露戦争の体験から予備軍の存在を重視し、一九一〇年在郷軍人会を結成し、これを「『軍隊と国民を結合する連鎖』たらしめるべく、育成・指導した」と、その動きを紹介している。田中の狙いは「『軍隊教育ト国民教育トヲ一致サセル』こと、在郷軍人を郷党の中堅人物として、国民統合をはかっていくこと」にあった。さらに彼は一九一四年、第一次世界大戦の開戦前に欧米を視察し、ドイツの青年団組織に学び、帰国後内務・文部両省に働きかけ、全国の青年団の再統合に動いた。田中の構想は義務教育卒業後の青年を徴兵検査までの間青年団員として組織、精神修養と軍事教育を施し、兵役終了後は在郷軍人会に編入することだった。義務教育―青年団―兵役―在郷軍人会という軍部主導の国民統合ラインを描いた。また一六年には小学校教育の中に兵式体操（軍事訓練）を導入した。田中は軍内に新聞班を設置、世論対策にも着手している。総動員に向けたチャートを描いていた。

田中構想は直ちに実現したわけでなく、むしろ一九二四年、宇垣一成陸軍大臣の軍縮改革の中で実現した。宇垣軍縮では二十一あった師団のうち四個師団を削減、十六の連隊区司令部などを廃止した。だが、軍縮を断行した宇垣一成も一方で早くから「国防の挙国一致」すなわち総動員体制を構想していた。由井正臣は『宇垣一成日記』からその構想を読み解いている。由井は「宇垣一成の軍政改革構想は比較的早く現われる。一九一六年、当時参謀本部第一部長であった宇垣は、その日記に『今後数年間施設の要義』として、一、国民の軍事的陶冶《とうや》、二、産業の軍事的促進、三、軍部内の整理の三項目をあげ、それぞれについていくつかの具体的な目標を列挙している。これらの中で注目されるのは、一について『国防は挙国一致でなければならぬ、と云ふ一点の印象は今次の大戦争に依りて全国民に沁《し》み渡りかけた。此の機を逸せず益々之を助長することが肝要である』として、⑴地方各種機関として軍事思想の普及促進に勉むること、⑵軍部及国民との体育の統一を図ること、⑶京阪の新聞を利用し、また有力なる雑誌を刊行して国家主義及び軍事思想の鼓吹に協力をさせる、の三点を挙げている」と指摘する。その上で宇垣の軍制改革について「端的にいうなら軍部独裁を志向したものにほかならなかった。したがって軍縮による軍隊の編成・装備の近代化は軍部主導の国民統合・国民教育の軍国主義化と不可分のものであった」と結論付けている。

こうして宇垣は四個師団の廃止などの軍縮を実施するが、その分の予算を装備拡充に回しただけでなく、余剰の将校を中学校以上の学校に配置して軍事教育を徹底した。また各地に青年訓練所を設置し、田中構想を実現していった。そして満州事変直前、在郷軍人会の下で、「国防思想普及運動」が繰り広げられる。軍の意向を受けたこうした運動は表立って政治活動のできない軍部の隠れ蓑《みの》となり、大衆世論を組織していった。

『ある憲兵の記録』(朝日文庫、一九九一年)は、朝日新聞山形支局による元憲兵の土屋芳雄に対するインタビューの連載を文庫化したものだ。連載は関東軍憲兵として満州で中国人に対して行った虐待の数々の懺悔《ざんげ》を中心にしたものだが、そこに至る青年時代の教育についても語っている。昭和の初め、土屋は兵役を半年免除されるという魅力で十八歳から二十歳までの三年間青年訓練所に通った。だが、それには村の目もあったという。それは「青年訓練所に行かないなんて、あれは一人前ではない」「娘を嫁にやれない」「恥さらしだ」などの評判だった。「だから、多少体に故障のある若者も無理して通った」そうだ。訓練所では軍事訓練だけでなく、「軍人勅諭」を丸暗記させられ、軍事思想を徹底的にたたきこまれたという。同連載は「一つ軍人は忠節を尽すを本分とすべし……。五十数年前の訓練の〝成果〟は、土屋の口から滑るように出て来た」と記録している。

田中構想・宇垣構想と大阪朝日の変節はこの時点では一見無関係のように見える。だが実は次章において展開する大阪朝日の変節の過程で、在郷軍人会による報道への圧力行使、不買運動の仕掛けが大きくものを言う。私は当初この組織にどれほどの力量があるのかと疑問に思ったが、それが国家総動員体制の要になっていると知り、合点がいった。

加藤陽子『満州事変から日中戦争へ』（岩波新書）は冒頭、満州事変の四つの特質の一つとして、本来は政治への関与を禁止された軍人によって主導されたことを挙げ、その事例として評論家・石堂清倫が青年時代、故郷の石川県で目撃した講演会の話を紹介している。

「ある日、小松町の公会堂前を通った石堂はふだん町では見かけない日焼けした顔の農民たちで公会堂が満員となっている様子を目にする。入り口には『時局大講演会』との看板が掲げられ、陸軍省から派遣された少佐が演説していた。壇上の少佐は、貧乏のどん底にある農村のさまにふれた後、解決策としては思いきった手段が必要だと説いて次のように続けた。諸君は五反歩の土地をもって、息子を中学にやれるか、娘を女学校に通わせられるか。ダメだろう。（中略）日本は土地が狭くて人口が過剰である。このことを左翼は忘れている。だから、国内の土地所有制度を根本的に改革はできない。ここでわれわれは、国内から外部へ眼を転換しなければならない。満蒙の沃野《よくや》を見よ。（中略）他人のものを失敬するのは褒めたことではないけれども、生きるか死ぬかという時には背に腹はかえられないから、あの満蒙の沃野を頂戴《ちょうだい》しようではないか」

講演の中の「頂戴する」という表現は余りにも頂けないが、「満蒙は日露で血で贖《あがな》った土地」、「奢《おご》れる暴戻支那がわが満蒙の権益を侵そうとしている」など軍は大衆を感情的に憤慨させる主張を繰り広げていく。大衆の間に「満蒙は日本の生命線」というスローガンを受け入れる土壌が形成されていった。

こうした在郷軍人会、青年団問題、あるいは国防思想普及運動の動きについて、大阪朝日新聞はどう見ていたのか、データベースで当時の記事を検索してみたが、ほとんど記事になっていない。大した力とみなしていなかったのだろう。

むしろ地方紙の方がフォローし、地方大学の研究者が当地の地方紙の報道に着目し研究している。宇垣軍縮で師団を失った愛知県豊橋市、新潟県高田市などがその典型だ。

そもそも国防思想普及運動は、一九二〇年代から三〇年代にかけ、軍縮とそれに伴う反軍思想の広がりに危機感を募らせた軍部が在郷軍人会と新聞社の協賛を得て、推進したものだ。当初はそれほどの盛り上がりはなかったが、満蒙情勢の緊迫化の中で各地で新聞社を巻き込み、やがて国民総動員体制にまで発展していくことになる。

愛知大学の佃隆一郎《つくだりゅういちろう》「〝国防〟運動と〝軍都・豊橋〟」(『愛知大学国際問題研究所紀要一〇七、一〇八号』)は、豊橋市に所在していた第一五師団の廃止後、当初〝軍都〟からの脱皮を主張していた豊橋日日新聞が、満蒙情勢の緊迫化を受け、師団の廃止に代わる青年団訓練や在郷軍人会の国防思想普及運動の重要性について、その報道を増加させ、総動員体制への実質的な支持、推進に動いていく過程を明らかにしている。その結論として「各地の在郷軍人会が中軸となった国防思想普及運動はとりわけ〝国論喚起〟の面で、青年団や町村総代会などの地域団体・組織と地元新聞社をいわば両翼として展開された」と指摘している。満州事変前夜、底辺では、軍部、大衆、メディアの〝三位一体〟が動き出していたのだ。満州事変勃発後はその動きが急激に顕在化する。

# 第八章

# 大阪朝日新聞の変節

## 第一節　国外クーデターとしての満州事変

満州事変はそれがなければ、日中戦争もなく、太平洋戦争もなかったとよく言われる。満州事変の勃発《ぼっぱつ》によって、協調外交は終焉《しゅうえん》に追い込まれ、日本は国際的に孤立する。政党政治も終止符を打ち、歯止めを失った日本は、軍部の独走、総動員体制、軍国主義へと展開していく。

協調外交の終焉は欧米との協調で植民地支配の拡大を図るいわば「欧米を友とする脱亜論」からの脱却とも言えるだろう。事変後の対外膨張は、自らをアジアの盟主とするアジアとの連携という大義名分によって、欧米の植民地支配と対峙《たいじ》する大東亜主義、興亜論へと転換し、満州では五族協和の「協和論」が唱えられた。内実は侵略の拡大であり、中国、朝鮮の抗日運動をますます刺激し、欧米の中国支援を高める結果となった。

満州事変は軍部とりわけ関東軍の暴走と言われる。が実際の客観情勢は一九二九年の世界恐慌以来、国内経済だけでなく、抗日運動の高まりによって中国、満州との経済往来も不振を極め、何らかの打開策が求められていた。事変の三年前に発生した張作霖《ちょうさくりん》爆殺事件はその予兆だった。ほとんど日本の傀儡軍閥《かいらいぐんばつ》であった張作霖でさえ日本の満州権益を脅かす存在になりつつあった。[註i] 満州領有の計画について、政府としては、国際社会の反発や宮中、元老の反対を恐れ、強硬策を思いとどまっていたとの見方もある。そこで、関東軍は軍事行動に出ても、反対論が高まらないよう、着々と手を打っていた。最も注意を払ったのはマスコミ対策、世論対策だった。満州事変直前まで、新聞メディアは軍部の暴走を正面から戒め、批判していた。しかし、軍部のマスコミ対策が功を奏し、満州事変を境に、新聞は事変を断行した軍部を称賛し、太平洋戦争の敗北まで、国民を総動員体制に駆り立てた。その意味で新聞にとっても満州事変は大きな転換点だった。

メディアはなぜ、どのようにして変節していったのか。どこに弱みがあったのか。その報道の変節を検証する場合、前提として以下の二点を押さえておく必要がある。

一つは、奉天(現在の瀋陽《しんよう》)郊外の柳条湖付近の満鉄線爆破事件をきっかけに始まった満州事変は、軍部の出先機関である関東軍が仕組んだ謀略によって進められた点だ。もう一点は、軍中央も、日本政府も薄々はその謀略を承知していたという点だ。メディアでさえ、出先は関東軍によって仕組まれていることを知っていた。

にもかかわらず、真相を明らかにするどころか、関東軍の巧妙な宣伝と圧倒的かつ素早い勝利に引きずられ、関東軍の暴走を許してしまった。とりわけ「満州は日本の生命線」、「満蒙《まんもう》権益の擁護」というスローガンによって、新聞も大衆世論も踊らされ、満州事変の勝利に酔いしれてしまった。メディアは真相を伝えるという使命を完全に放棄してしまった。

## 第二節　事変前夜のメディアと軍部

時計を事変勃発の一か月前に戻そう。新聞紙上では一九三一年八月四日開催の参謀本部会議での南次郎陸相の訓示をめぐる報道が物議をかもした。

南陸相は訓示の中で、軍縮を求める世論に対し、「門外無責任の位置に在る者乃至深く国防に関心せざる者に至りては動《やや》もすれば軍部が国家の現況に盲目にして不当の要求を敢てするが如く観測し或《あるい》は四囲の情勢を審《つまびらか》にせずして妄《みだ》りに軍備の縮小を鼓吹し国家国軍に不利なる言論宣伝を敢てするもの所在少なからず」と新聞論調を批判し、「諸官は当局と協力し謬論《びゅうろん》を是正する」よう呼びかけた。また満蒙問題をわざわざ取り上げ、この地が「帝国の生存発展上極めて密接な関係を有する」にもかかわらず、近時「甚だ好ましからざる傾向を辿《たど》り寧ろ事態の重大化を思はしむる」と指摘。「隣邦の排外的国権回復思想」と「新興経済力の満蒙方面発展」は「一時的現象にあらず永続的現象」と満州が日本の生命線であることを改めて強調した。戦後公刊の資料集は要旨のみで明解ではないが、武力行使を示唆する不気味な発言が続いた。

「此の秋《とき》に方《あた》り職を軍務に奉ずるものは益々奉公の誠を固くし教育に訓練に熱と誠を尽し以て其の本分

を完うするの用意を欠くる所なきを期せられたし」

これに対し、翌日の大阪朝日新聞は一面の半分以上を使って発言を伝え、「南陸相の訓示、果然問題となる特に軍拡、満蒙に関する言辞　各方面で重大視」との見出しで痛烈な批判を展開した。東京朝日の社説は「卒然殊更軍人に向って『熱』と『誠』を要求する陸相の訓示にはそこに多大の暗示、見方によっては危険極まる暗示を包蔵しないか」「満蒙外交を軍人一流の考え通りに引きずって行こうとする意図の現れと解されてもまさに弁解の辞はないのではないか」と批判し、「このうえ満州問題が軍人の横車に引きずられてゆくのを許さぬ」とまで書いた。毎日や報知新聞社説などでも同様の批判が相次いだ。

その扱い、論調は、批判というよりも南発言は寝耳に水、新聞社としては度肝を抜かれたという感がある。そのため慌てて釘を刺すように紙面で軍部を大々的に批判したことをうかがわせる。新聞はこうした軍部の言動に対し、楽観的だった。もう一つ新聞の楽観ぶりを示すエピソードを紹介しよう。

半藤一利は『戦う石橋湛山《いしばしたんざん》』の中で、メディアと軍部のやり取りを紹介している。

「八月のある日、朝日新聞の編集局長、緒方竹虎は、同盟通信の岩永裕吉、毎日新聞の高石真五郎、それと外務省の中堅官僚とともに、陸軍の今後の方針を聞く会に出席した。陸軍側からは小磯国昭軍務局長、林桂整備局長、鈴木貞一軍務局課員らが出席した。席上、小磯が『満州国独立の必要と必然性』をのべ、緒方がこれに対して、『満州国の独立などとは時代錯誤もはなはだしい。そんなことに、いまの若いものがついていくとは思えない』と強く反駁《はんばく》した。小磯軍務局長は『日本人は戦争が好きだから、火蓋を切ってしまえば、アトはついてくる』」

半藤の記述に沿って、満州事変勃発前夜の雰囲気とその流れについて、まとめてみると、一・大新聞の幹部たちは「満州におけるひそかな軍の謀略になかば気づいていた」二・陸軍は謀略決行に不動の自信をもっていたわけでなく、「新聞が抵抗しないかということが、始終大きな脅威であった」三・八月初旬段階では、満州の危機を煽《あお》る南陸相の訓示に対し、「満州問題が軍人の横車に引きずられてゆくのを許さぬ」（東京朝日八月五日社説）と堂々の批判もあった 四・言論界は勇気をもってすればまだ自由になんでも書けた 五・それだからこそ、満蒙の地に戦火をひらくために、陸軍は世論の動静にいっそう慎重になって、さまざまな手を打っていた 六・八月十七日中村大尉殺害事件が発表になると、新聞は一気に権益擁護と軍部支持に回り、冷静さを失って、感情的になった――が挙げられる。

半藤は、「緒方は戦後になって、このように軍部が戦争を起こす気でいるのを知りながら、なんら手を打たなかったことを『今から多少残念に思うし、責任も感ぜざるを得ない』と書き、歎《なげ》くのである。そして軍部にとっては『新聞が一緒になって抵抗しないか、ということが、終始大きな脅威であった』とも書いている」と、緒方をはじめとする新聞界の怠慢と無責任さを批判する。

軍部の圧力、世論の意向で、新聞は自由に書けなかったという言い訳は、このエピソードを読むかぎり、通用しない。軍部は新聞が一斉に正論を吐いて、抵抗することを恐れていた。新聞の側には抵抗するチャンスはあった。その気概がなかった。それに戦争はそれまでの戦争がそうであったように、新聞業界を発展させるチャンスでもあったからだ。

## 批判よそに軍部は秘かに戦争準備

だが軍部がすでに腹を決めていたことは戦後刊行の資料集[註ii]で明らかになっている。例えば満州事変の主導者、石原莞爾《いしわらかんじ》関東軍参謀が一九三一年五月にまとめた「満蒙問題私見」では、「満蒙ハ我国運発展ノ為最モ重要ナル戦略拠点ナリ」「東洋ノ保護者トシテ国防ヲ安定セシムル為満蒙問題ノ解決策ハ満蒙ヲ我領土トスル以外絶対ニ途ナキコトヲ肝銘スルヲ要ス」とし、懸念される中国や欧米の反発についても「支那問題満蒙問題ハ対支問題ニアラズシテ対米問題ナリ。此敵ヲ撃破スル覚悟ナクシテ此問題ヲ解決セントスルハ木ニ拠リテ魚ヲ求ムルノ類ナリ」と喝破した。また国内世論についても、「戦争初期ニ於ケル軍事的成功ハ民心ヲ沸騰サセ団結セシムルコトハ歴史ノ示ス所ナリ」と自信たっぷりに語っている。実際、満州事変をめぐる事態は石原の見通し通りに展開することになる。

石原はその上で「我国情ハ寧ロ速ニ国家ヲ駆リテ対外発展ニ突進セシメ途中状況ニヨリ国内ノ改造ヲ断行スルヲ適当トス」とまで述べた。当時日本は世界恐慌のあおりを受け農村を中心に底なしの疲弊が広がっていた。だが政治は政党間の政争と腐敗に明け暮れていた。軍の青年将校と右翼勢力は不満を募らせ、クーデター計画が進行していた。石原は満蒙問題解決の目的を、満蒙領有だけでなく、国内政治の刷新、総動員体制確立への狼煙と位置付けていたことがうかがわれる。

石原はさらに「国家ノ状況之（満蒙問題の解決）ヲ望ミ難キ場合ニモ若シ軍部ニシテ団結シ戦争計画ノ大綱ヲ樹テ得ルニ於テハ謀略ニヨリ機会ヲ作製シ軍部主動トナリ国家ヲ強引スルコト必スシモ困難ニアラス」と、謀略を使ってでも断行するとの覚悟を決めていた。

問題は軍中央が実行に伴う欧米の反発を多少とも和らげる大義名分を求めていたことだった。覚悟どころか、戦争計画も出来上がっていた。それは同年八月十二日付の石原から軍中央の永田鉄山軍事課長に当てた書簡を読むとわかる。石原はこの書簡で、中村大尉の事件がそのきっかけになると、計画実行を迫っている。

「拝啓　今回ノ中村事件ニ就キ軍ノ意見中央部ノ採用スル所トナラサリシハ誠ニ残念ニ御座候」で始まる書簡は、対ソ作戦調査のため満州興安嶺《こうあんれい》方面に調査に出ていた中村震太郎大尉が現地で殺害された事件を「満蒙問題解決ノ端緒タラシムル絶好ノ機会ナリ」とした関東軍の意見書を改めて実行するように求めたものだ。とくに石原は南陸相の訓示を持ち出し「満蒙問題ナルモノハ外交交渉ノ無力ヨリ生シ来リタルモノニシテ理解アル国民ハ軍部ノ力ニヨリ解決スル外ナシトノ意見ニ一致セントシツツアル今日陸軍大臣カ満蒙問題ニ対スル軍部ノ重任ヲ訓示セラレタル最モ時機ニ適セルモノト拝察ス。而モ此訓示ヲ一片ノ議論ニ止メス之ヲ事実ニ示ス為今回ノ事件ハ真ニ絶好ノモノタリシコト生等ノ深ク信スル所ナリ」と説得を試みた。

この書簡が功を奏し、八月十七日中村大尉殺害事件が新聞発表された。事件発生は六月二十七日だったが伏せられていたのだ。内密に進められていた交渉では、日本側は正当な調査旅行だったのに、中国軍にスパイとして殺害されたと抗議し、真相究明を求めていた。これに対し、中国側は事実無根と反論していた。

## 第三節　大尉殺害事件公開で一変する新聞

突然の事件公表はそれまで、軍部批判を繰り広げて来た新聞論調を一変させた。

「耳を割き鼻をそぎ　暴戻！　手足を切断す」

「支那兵が鬼畜の振舞ひ」

「惨殺前大尉の堂々たる説述」

以上は、殺害事件公表翌日の東京朝日新聞の二面トップ「大連特派員」記事の見出しだ。二面と言っても当時の新聞は一面が全面広告なので、現在の新聞で言えば、一面トップ扱いである。事件は一九三一年六月中国東北部の大興安嶺に調査に出ていた陸軍参謀、中村震太郎大尉が現地の中国軍に逮捕され、殺害されたというニュースだが、その責任について、中国軍の犯行ではないとする中国側との間で交渉が続いていると報じている。関東軍の石原参謀はこの事件の公表によって、反中世論が高まると見抜き、軍中央に進言し、八月十七日になって報道を解禁したのだ。

見出しだけでなく、記事の方もすさまじい。わずか三百字に満たないものだが、まずいつ、どこで発生したのかという基本的な情報がない。しかし、それと対照的に妙に詳しい殺害の状況と大尉の供述のみが記されている。「○○の摘出など酸鼻の状いふに忍びない」とまで書き、最後に「かくの如き帝国陸軍の駐満二十六年未曾有の事件として関東軍では内査の歩を進めている」と敵意を煽る記事となっている。

発表が遅く十分な執筆時間のないまま書いたのかと思いきや、記事に合わせて奉天の林久治郎総領事が中国側に抗議、交渉を進めた経緯の別建ての記事、それに岳父の談話、夫人の談話記事も添えられている。それだけ現地記者の興奮ぶりが際立っている。

朝日に比べ読売新聞は比較的冷静だ。「かねてから官命を帯び東蒙古洮索《とうさく》地方旅行中であった参謀本部中村大尉一行が六月下旬来民安鎮に於て行方不明になったので、我が当局では極力その真相を調査中であったが最近漸《ようや》くその真相が判明するに至ったので十七日記事解禁と共に左の如く発表した」と書き出し、発表文全文を掲載している。そこには「六月廿七日頃洮索地方蘇鄂公爺府《そがくこうやふ》(民安鎮)に達し同地飲食店に立寄り喫食中なりしが同地駐屯〔略〕の官兵は突如之を襲ひ護照〔パスポート〕を提示せるに拘らず不法にも拉致監禁し所持せる金品護身用拳銃其他貴重品一切を略奪し何等の理由なく遂に銃殺するに至れり」とあるのみで、凄惨《せいさん》な殺害方法や大尉の供述内容はない。

読売で興味深いのは、奉天発の電通電で「中村大尉の死体か　鄭家屯《ていかとん》山中で発見された物」という記事。八月十六日に同地で日本人の遺棄死体が発見され、七月一日馬賊に拉致された通遼《つうりょう》大倉組出張所の現場監督の遺体ではないかと調べたが人相などが違い、中村大尉あるいは同行の井杉曹長の遺体ではないかと取り調べ中とある。東京朝日の惨殺報道は未確認情報だったのだ。

毎日の前身、東京日日新聞は朝刊ではなく夕刊で、「蒙古で中村大尉ら支那兵に虐殺さる」「視察の途中一行四名もろ共屯墾軍の銃火に倒る」の見出しで、読売同様、参謀本部の発表文を掲載している。その上で、ハルビン特電として、「裏山に引出し銃殺して焼く　判明した無残の兇行《きょうこう》」と、殺害の状況を伝えている。だが、東京朝日のような手足の切断などの表現はない。

三紙を照らし合わせてみると、朝日の大連特派員は、関東軍のリーク情報を鵜呑《うの》みにして書き、朝日の東京本社は特派員電を吟味もせず、そのまま報じてしまったと推察できる。ちなみに大阪朝日は大連特派員電を使わず、社説のみこの事件を扱っている。

## 第四節　狙い通りの関東軍の世論操作

各紙の扱いの違いはともかく、事件の発表はそれまで軍部の強硬姿勢に批判的だったマスコミ、世論の動向を一変させるに十分だった。関東軍が漏らした未確認情報を断定的に、センセーショナルに報じた東京朝日の記事に世論は動かされていく。事件発表後の各紙は、殺害事件をめぐる外交交渉の推移に釘付けされ、中国側ののらりくらりの対応と日本政府の軟弱姿勢に、世論はますます怒りを募らせた。この事件を含めその後の満州事変報道では、現地特派員電が世論の怒りを煽る役割を演じる。

事件発表時に冷静な姿勢を保った大阪朝日新聞も十九日朝刊になると、「国民は満蒙問題に認識不足」との見出しで、野党政友会定例幹部会での森恪《もりかく》総務の満蒙報告を詳細に報じている。森は協調外交を否定し山東出兵など「強硬外交」に転換した田中義一内閣の外務次官で、対中強硬策を推進した人物。張作霖爆殺事件で昭和天皇の怒りを買って田中内閣が倒れ、森も野党政友会の幹部としてなりを潜めていたが、中村大尉事件を受け、事変直前満州を視察、関東軍の幹部とも面談していた。関東軍の動向を十分に承知していたに違いない。そこを買われてのインタビューかもしれないが、事態を煽るにはもってこいの人物であった。森は「現下の如き情勢が今後持続するときは我国威の失墜はもちろん特殊権益までが蹂躙《じゅうりん》されてしまうこと明白であって軟弱外交は一日も速やかに改めなければならない。強硬外交といひ自主外交といふも要は我国策の樹立に外ならないのであるが、我国民は満蒙問題に対して十分な認識を欠いているのは、国家のために遺憾千万である」「国民は中村大尉の惨殺事件を聞いて少なからず憤慨しているが、この惨殺は遠からず倒閣運動にまで進まざるを得ぬであろう」と述べている。

大阪朝日はそれまで幣原《しではら》外相の協調外交、柔軟外交を一貫して支持し、中国革命や満蒙問題でも中国側の立場を十分理解した社説を掲げて来た。森発言を大きく取り上げるのは自己矛盾も甚だしい。だが、これまで見てきたように、中国における権益、邦人の利益が脅かされると、大阪朝日も現実論、強硬論に傾く傾向があった。メディアは事実確認よりも、国益擁護の論調を優先し、国民感情に訴える。

大阪朝日は森報告の隣に「参謀本部からも直接厳談　中村大尉事件で森少佐を特派交渉」と、交渉後の森少佐の会見での発言を報じる奉天独電を配置した。森少佐は「目下、外務省より交渉中であるが、余は特に参謀本部の命を受けて貴国の誠意の有無を見届けに来た旨を述べたる上もし支那側において誠意なきときは実力を行使する意向なる旨を告げて厳談に及んだ」とその強硬姿勢をアピールした。同じ日の読売は森少佐の発言を報じるも、それに加え「左様な訓令〔森少佐の交渉〕は全然出していない」との参謀本部第二部の建川部長(少将)の談話を付している。

新聞は強硬姿勢ほど盛り上がる。十九日付国民新聞は「全国七千の青年将校虐殺事件で憤然起つ」と、軍内で禁止の政治運動に青年将校が立ち上がったと報じた。

「参謀本部員中村震太郎大尉の満州における虐殺事件はわが輿論を極度に刺戟し、暴支膺懲《ぼうしようちょう》の声は今や全国に充満するに至ったが、中でも帝国陸軍の事実上の主体をなす青年将校の痛憤は惜《いた》く能わざるものあり」「今や第二十八期以後四十三期生（少尉より少佐に至る）までの青年将校約七千名は悉《ことごと》く満州問題の警醒運動に参加を見るに至った」

先に関東軍の石原莞爾参謀が軍中央の永田鉄山軍事課長に当てた直訴状で、中村大尉事件を「満蒙問題解決ノ端緒タラシムル絶好ノ機会ナリ」と提案したと紹介したが、マスコミ、世論の激変ぶりは、まさに石原の狙い通りの展開だった。石原が指揮する満鉄爆破まで後一か月。世論はまるで戦争前夜の昂揚《こうよう》ぶりだった。満蒙の権益断固擁護の世論の盛り上がりは、実力行使による満蒙領有という軍部の〝謀略〟実行の機運を高めた。

満蒙問題では軍部の暴論を諫《いさ》めてきたはずの大阪朝日新聞も中村大尉事件で論調が逆転した。九月初め（一九三一年）から十八日の柳条湖満鉄爆破事件発生までの同紙を見てみると、一面に中村大尉事件に関する報道のない日はない。ほとんどがトップ扱いで、事件の責任追及をめぐる日本の外交当局、軍部のきびしい交渉姿勢とのらりくらり交渉を引き延ばす中国当局の姿勢をめぐって詳細に報道し、世論の苛立《いらだ》ちを醸成した。

それだけでなく、野党政友会の強硬論と政府追及の姿勢もきめ細かく伝え、若槻礼次郎《わかつきれいじろう》内閣を強硬論に追い込む雰囲気を作り出した。実際の報道の見出しはこんな具合だ。

一日「満蒙の地位挽回は国力発動にあり」「協調も譲歩も展開は不可能」「政友会幹部会で森氏の報告」「事実上交戦直前の状態」

二日「外交交渉遅延せば陸軍自ら乗出す」「態度ますます強硬」

三日「軍部の意向支那へ伝達」「また南陸相硬論一席」「東京在郷将校五百名を戸山学校に招待」「満蒙問題などに関し緊張を促す」

四日「官民協力し排日の諸実相」「極力わが対満蒙策を阻止」「日支間の懸案を阻止」（中国側の排日の総まとめと解説）

五日「中村大尉虐殺は日本側の虚構だ　日本記者団に王外交部長声明」「中村大尉虐殺事件と王部長の放言問題」「国民政府狼狽す　意外の重大化に」「否認説は揉み消し策か」「支那側の態度毫《ごう》も誠意なし」「満蒙の権益は断然擁護する」「民政党北陸大会へ出発する前若槻首相語る」

## 第五節　謀略実行を促す新聞論調

こうした報道は陸軍を大いに満足させた。五日付け大阪朝日は、「国民の総意に従って動く　南陸相閣議後語る」と、陸相の得意げな発言を取り上げている。南陸相は「兵力を動かすようなことがあるかないかについては明言することは出来ないが、陸軍として国民の総意がかくあるべしと支持してくれることにしたがって動くべきである」と余裕のあるところを見せた。

それどころか、こうした報道が「謀略」の実行を早める結果ともなった。報道が首相を、首相が元老を、そして元老が天皇をも動かす意外な展開となったからだ。

元老西園寺の秘書、原田熊雄が残した日記『西園寺公と政局』（岩波書店）によると、原田は同月四日、若槻首相から「先刻新聞記者達に会ったところ、『読者から、一体いつ戦争があるのかと言って、時期を問い合わせてくるものがありますが、どういうのでありましょうか、いつ戦争がありましょうか』と一同口を揃えて訊《たず》ねたから、自分は『軽率なことを考えてくれるな。君達にはもっと慎重にしてもらわなければならん』と言って、大いに戒めておいた」というエピソードを聞かされた。こうした話を受け西園寺公は天皇に進言する。天皇は十日と十一日に海軍大臣、陸軍大臣を召喚した。原田日記によれば、「陛下から軍紀に関してご注意があり、殊に満蒙における軍隊の行動については、更に一層慎重なるべきことを言われた」（緒方貞子『満州事変』岩波現代文庫）という。天皇の念頭には、当然、三年前の張作霖爆殺事件があった。関東軍の仕業であり、天皇がその責任を究明するよう指示したにもかかわらず、田中義一首相が辞職こそしたものの、事件究明、軍紀問題はうやむやにされてしまった。

今更断念できぬ〝謀略〟実行

恐懼《きょうく》した南は軍の首脳部と相談し、急遽《きゅうきょ》、建川作戦部長を奉天に派遣し、関東軍に武力行使中止を説得することになった。現地の関東軍はすでに九月二十八日に〝謀略〟実行を決め、準備にあたっていた。

建川作戦部長が行動中止の命を受け現地入りするとの電報をひそかに受け取った関東軍の参謀たちは謀略を実行するかどうか、当初は困惑した。板垣征四郎高級参謀、石原莞爾作戦参謀、花谷奉天特務機関員らが十五日夜会議を開き、その対応を話し合った。この会合とその後の展開に関する当事者の証言には食い違いがある。が、石原莞爾日記によれば、「九月十五日、午後九時ヨリ機関ニテ会議、之ニ先《さきだ》チ、建川来ル飛電アリ。午前三時迄議論ノ結果、中止ニ一決」したという。だが、この「一決」は数時間のことだった。誰が決定を覆したのか、不明だが、この機を逃しては満蒙問題の解決も、軍縮問題で苦境に立つ軍部の失地回復もないと板垣や石原たちは考えた。建川派遣は結果的に謀略決行を早めただけのことだった。

## 第六節　好機を逃さなかった事変断行

加藤陽子著『満州事変から日中戦争へ』(岩波新書)は「満州事変は、①相手国の指導者の不在を衝いて起されたこと、②本来は政治関与を禁止された軍人によって主導されたこと、③国際法との抵触を自覚しつつ、しかし国際法違反であるとの非難をさけるように計画されたこと、④地域概念としての満蒙の意味する内容をたえず膨張させていったこと、この四点においてきわだった特質をもっていた」と指摘し、それぞれの特質を詳しく分析している。①でいうと、国民党政府主席の蔣介石《しょうかいせき》は「約三十万の国民党軍を率い、江西省を本拠地とする中国共産党・紅軍に対する第三次剿《そう》共戦を戦っていた」。満州の実質的支配者で蔣から東北辺防軍司令長官に任ぜられていた張学良は「華北の石友三軍が起こした反乱に対処するため、麾下《きか》の東北辺防軍の精鋭一一万五〇〇〇名を率い、関内すなわち長城以南の華北にいた」といった具合に絶好のチャンスにあった。事変前、満州に駐留していた日本軍は約一万。張学良の東北軍は約二十万だった。日本軍の満州制圧には張の不在は不可欠の条件だった。

加藤は「満州事変を主導した石原自身、日露戦争、第一次世界大戦に際して、戦争の形態上の変化や特質について、最も緻密《ちみつ》に研究を加えていた人物にほかならなかった」と評している。そもそも石友三軍の反乱は「日本側特務機関が石軍を買収して起させたものだった」。

加藤のいう四つの特質に加え、関東軍の参謀たちにとって重要だったのは国内の世論の支持だ。ここまで指摘してきたようにそれは中村大尉事件をきっかけに、新聞が十分盛り上げていた。

それだけ周到に準備してきた〝謀略〟をあきらめるわけにはいかない。建川が本庄関東軍司令官に正式に武力行使断念を伝達する前に決行してしまえばよい……。十八日奉天入りした建川を、板垣が料亭で接待し、酔いつぶした。その間に満鉄の線路爆破は実行に移されたのである。

## 第七節　謀略決行と事変報道

「本日午後十時三十分、奉天駐在の我鉄道守備隊と北大営の東北第一旅の兵と衝突目下激戦中である」

「本日午後十時半北大営の西北において暴戻なる支那兵が満鉄線を爆破し我守備兵を襲撃したので我守

備隊は時を移さずこれに応戦し大砲をもって北大営の支那兵を砲撃し北大営の一部を占領した」

満州事変勃発の第一報は奉天発電通の至急電だった。九月十九日付朝日新聞朝刊は大阪、東京版共にこの電通原稿を使った。同日午前七時の号外は自社の奉天特派員電だったが、報道内容はほぼ同じ。ただ時間差があったので、北大営の一部ではなく全部を占領とあった。また報道に加え「明らかに支那側の計画的行動であることが明瞭《めいりょう》となった」とのコメントが付いた。

報道ぶりはライバル紙毎日新聞も同様であり、歴史家半藤一利は「各社の記者が関東軍の発表をそのまま打電してきたもの」(『戦う石橋湛山』東洋経済新報社)と推測する。共通するのは関東軍の発表だけでなく、その情報源を書き込んでいない点だ。その結果、報道内容が「情報」としてでなく、「事実」として行き渡ってしまう。「支那側の計画的行動」という決めつけも、おそらく関東軍の発表であろう。何の根拠も示さず断定的に書かれている。

鉄道爆破が関東軍の謀略だったことは、戦後の東京裁判まで公にされることはなかった。その詳細な経緯は爆破の当事者である花谷正奉天特務機関員少佐(当時)が一九五七年(昭和三十二年)発行の雑誌にこう記している。(『昭和史探索2』ちくま文庫所収)

「十八日の夜は半円に近い月が高粱《コーリヤン》畑に沈んで暗かったが、全天は降るような星空だった。島本大隊川島中隊の河本末守中尉は、鉄道線路巡察の任務で部下数名を連れて柳条溝へ向かった。北大営の兵営を横に見ながら約八百メートルばかり南下した地点を選んで河本は自らレールに騎兵用の小型爆薬を装置して点火した。時刻は十時過ぎ轟然《ごうぜん》たる爆発音と共に、切断されたレールと枕木が飛散した。といっても張作霖爆殺の時のような大がかりなものではなかった。今度は列車をひっくり返す必要はないばかりか、満鉄線を走る列車に被害を与えないようにせねばならぬ。そこで工兵に計算させてみると、直線部分なら片方のレールが少々の長さにわたって切断されても、なお高速力の列車であると一時傾いて、すぐまた走り去ってしまうことができる」

実際、爆破の後、急行列車が通過したし、その後旅順などからの支援兵も列車で運ばれてきた。爆破の規模は、とてもその後の関東軍による満州全域の制圧の理由になるほどではなかった。花谷はこうも記す。

「北大営では、支那側は何も知らないで眠っている者が多かった上、武器庫の鍵をもって将校が外出していて武器がなくて右往左往しているうちに日本軍が突入してくる。かねてから内通していた支那兵も出てくるという調子。そこへ二十八サンチ重砲が轟音と共に砲撃を始めたので大部分の支那兵は敗走し、夜明までには奉天全市がわが手に帰し、さっそく軍政がしかれて臨時市長に土肥原大佐が就任した」

花谷の証言は、爆破の規模が「自衛権の行使」と主張し、満州全土を支配下に置くようなものでなかったことを示している半藤は「どこの新聞も事実関係など調べてみようともしなかった、と評するほかはない。そうとしか考えられない。調べようとすれば、かならず関東軍の妨害なりをうけ、林総領事のように軍の謀略という印象をうけたにちがいない」と指摘する。

奉天駐在の林総領事は、関東軍が満鉄の工夫を現場に入れないなどの状況から、爆破および奉天制圧が、関東軍による謀略との見方を強め、幣原外相に打電、報告していた。その理由の一つとして、謀略の「止め男」として軍中央から派遣された建川美次作戦部長の奉天入りも挙げていた。先に建川が本庄繁関東軍司令官に中央の意向を伝達する前に酔いつぶされ、その間に爆破が決行されたと書いたので、間抜けな作戦部長との印象を与えたかもしれないが、そもそも建川は軍内の満州問題解決の立案責任者だった。したがって林総領事は建川の奉天入りと同時に発生した満鉄爆破を関東軍の謀略決行と直感したのだ。建川も関東軍の部下が決行に踏み切るであろうことを承知した上で酔いつぶれていたと考えるのが妥当だろう。実際、彼はその後、奉天に留まり、事変の首謀者、石原莞爾らと制圧後の満州統治のあり方を論議し、日本の領有を主張する石原に対し、独立政権の樹立を呑ませたという（川田稔『満州事変と政党政治』講談社選書メチエ）。

## 満州支配拡大演出する報道合戦

関東軍の満州全域制圧は決して順調に運んだわけではない。むしろ綱渡り状態だった。満鉄爆破を口実に奉天は制圧したが、司令官の張学良が不在とは言え、東北軍は兵力で関東軍を凌駕《りょうが》していた。奉天から吉林、ハルビンへと占領を拡大していくには、朝鮮駐在軍の支援も必要だった。

爆破事件の十九日、東京では臨時閣議が開かれ、南陸相から関東軍の出動は満鉄爆破に伴う自衛権行使によるものとの報告があった。これに対し、幣原外相から関東軍による計画的行動ではないかとの強い疑念が出され、陸相は満州への朝鮮軍の増援を申し出ることができなかったばかりか、閣議では事態の不拡大方針が決定された。陸相としては満州での実力行使を止めるため建川作戦部長を派遣した矢先の事変勃発に、動揺の色を隠せなかったのだろう。

とはいえ、若槻首相の側にも、関東軍の現地での行動を直接指導する権限もなく、また軍からの反撃に遭えば内閣そのものが倒れる恐れがあり、積極的な行動も取れない状態にあった。二十一日関東軍が吉林派兵を断行し、さらに朝鮮軍が天皇の裁可のないまま独断越境しても手をこまねくばかりだった。朝鮮軍の越境は明らかな統帥権の干犯行為だ。もし、「中央の大新聞が一緒にはっきり話合が出来て、こういう動向を或る適切な時期に防げば、防ぎ得たのではないか」とは、当時東京朝日の専務だった緒方竹虎の戦後の述懐だ。（『五十人の新聞人』電通）

その通り新聞がこぞって朝鮮軍の独断越境を批判していれば、事態は変わっていたかもしれない。だが、二十四日付の東京朝日社説は「事実に於て陸軍が動いた以上は、それは帝国陸軍が動いたのである。……軍部と政府の間に齟齬《そご》があり、疎隔があるかの如き印象を内外に与うることは、もっとも避くべき……」と軍部を支持した。半藤は「世論操縦に積極的な軍部以上に、朝日・毎日の大新聞を先頭に、マスコミは争って世論の先どりに狂奔し、熱心となった」と総括する。新聞は軍部の世論操作に煽られ、あるいは軍部の検閲、圧力によって、変節したというより、自ら部数拡張の好機として軍部のお先棒を担いだ。新聞は事変をきっかけに軍の応援団と化したのである。

## 爆破現場踏んでいた朝日支局長の証言

歴史家半藤一利は「どこの新聞も事実関係など調べてみようともしなかった。……調べようとすれば、かならず関東軍の妨害なりをうけ、林総領事〔在奉天＝現瀋陽〕のように軍の謀略という印象をうけたにちがいない」とも嘆いた。

ところが、当時の朝日新聞奉天通信局長の武内文彬《たけうちあやよし》は、戦後の一九七五年、テレビインタビューに対し、「翌朝、自動車で〔関東軍が占拠した中国軍の〕『北大営』を見て、そして例の『柳条溝』を見たわけです。爆破現場を（『昭和史探訪1』角川文庫）と証言した。「自由に入って見られたんですか」との問いに対し「見られました。ひどい爆破が行われたものと思っておったんですが、予想に反しました。それはたしかに爆破されたにちがいないわけで、写真にもあるように穴があいていましたが、張作霖爆破のときとはちがう。……北大営のいくさも瞬間的に勝負がついていて……奉天の独立守備隊があらかじめひそかに配置されていた二四サンチ砲の発射などもあって、〔中国兵は〕どんどん逃げて身の保全を計ったわけです」とも述べている。先に紹介した事件の首謀者の一人、花谷奉天特務機関員の戦後の証言とほぼ一致する。

さすがに事前に爆破計画まで知らされていなかったようだが、事変勃発後、首謀者の石原莞爾参謀に会っていたかとの問いに「多いときは日七回ぐらいあっています。〔奉天の次は長春、吉林を占領〕その次が熱河省とチチハルをやるかやらんかということでした。それでわれわれは新聞社としての立場から、作戦行動が始まる前から、何日どこへ進駐して、そこの戦争はどういう結果に終わるかということが、やっぱり非常に大切なんです。そういう点で石原さんは私に特別ウェートを置いていてくれたように感じたわけです。作戦課長ですから、いちいち日時を指摘して、こういう風になるからこうすると言われる」と自慢げに語っている。

事変は関東軍の謀略ではないかと疑う林総領事らは現場から締め出されていたが、現地の記者らへの対応は全く異なっていた。武内記者だけでなく、現地の記者は誰も事変を謀略などと書かないと関東軍は確信していたからだ。現場記者は完全に関東軍の応援団だった。懐柔策は万全だったのだ。

戦後公刊の憲兵隊資料（『資料　日本現代史8』大月書店所収）によると、勃発直後、現地に派遣された大阪毎日新聞門司支局の記者が「現地ニ派遣セラレ其ノ真相ヲ知ルニ及ヒ馬鹿ラシク到底真面目ニ勤務スルコト能ハサルヲ以テ社命ヲ俟タス帰来セリ」と友人らに語っていると、憲兵隊は参謀本部に報告している。記者は「満州軍ハ新聞班ノ外ニ宣伝班ヲ組織シ極力日本新聞ヲ利用有利ナル宣伝ヲ為スベク務メタリ」「鉄道爆破ノ如キハ日本軍カ爆弾ヲ以テ自ラ爆破シ支那側ノ行為ナリトシテ支那兵営ヲ占領シタルモノノ如シ」とまで述べていた。この記者のその後については本書のまとめで詳しく触れる。

半藤の推測とは違って、記者団は爆破現場を取材し、爆破が関東軍の謀略だと知りながらその事実を書かなかったのだ。武内は同じインタビューで「満州事変が中国侵略の第一歩ではなかったか」との問いに「満州事変というものが起こらなかったら日本はつぶれているんです。……それが満州だけに留まれば、その後の問題はなかったと思うんです。だから北京の盧溝橋《ろこうきょう》で事変が起こって支那事変になった瞬間に、これでもうだめだと、石原さんと二人で話したんですよ」と述べている。そもそも石原はアメリカとの最終戦争を構想し、その前段として満蒙支配を想定していたのだから満州で留まるはずがない。戦後になっても武内はまだ石原を信奉していた。『昭和史探訪1』に再録されていないが、朝日新聞が二〇〇七年四月から連載した検証記事「新聞と戦争　上」（朝日文庫所収）では、武内が同インタビューで「やっぱり石原さんと志を同じうして満州事変をやったということは、非常に幸福であったと思うんですよ」と述べている。現地の記者は関東軍の応援団どころか同志だったのだ。軍のマスコミ操作に完全に乗せられていたとも言えよう。

当時大阪朝日の発行部数をしのぐ勢いにあった大阪毎日も同様のことが言える。大阪毎日の記者だった前芝確三（戦後は立命館大学教授）は歴史家奈良本辰也との対談集『体験的昭和史』（雄渾社）で、「満州事変が起こる前に、万宝山事件というのがあるでしょう。それから中村大尉虐殺事件。その時分から新聞が満州の生命線を守れ、日露戦争における十万の英霊の犠牲を無駄にするなというふうな記事を書きたてまして、当時、どうも軍の一部、満州事変を画策していた連中と一部新聞がタイアップしていた、ことに現地でタイアップしていたという印象が私には非常に強いですね。……口のわるいのが自嘲《じちょう》的に『毎日新聞後援・関東軍主催、満州事変』などといっていましたよ」というほど新聞は戦争ムードを昂揚させた。

元毎日新聞記者で、静岡県立大学名誉教授の前坂俊之は『太平洋戦争と新聞』の中で、「満州事変以後の戦争へのめり込んで行く過程で、『朝日』『毎日』のどちらがより軍部と協力、世論をあおったかといえば、それはいうまでもなく『毎日』である。『毎日』は『満蒙はわが国の生命線』という松岡洋右《まつおかようすけ》の主張をバックアップし、満州権益論の熱心な後援者になった」と述べている。毎日の責任問題は後段で検証したい。

## 第八節　現地報道が誘導した変節

取材現場が謀略と知りながら「暴戻支那兵」の犯行と断定的に報じていては、いくら「敢然と戦う『大朝』高原論説」「正論衰えず満州事変前夜」（『朝日新聞の九十年』同社社史編修室編、一九六九年）と誇ってみせても、社説はたちまち変節せざるを得ない。社説といえども報道された事実に沿って議論を展開するからだ。

大阪朝日新聞は、社説、報道とも事変勃発前後、比較的冷静な論調で軍部の暴走を戒めてもいた。しかし、九月二十日の社説「日支兵の衝突／事態極めて重大」から大きく論調が転換、いや変節していく。その書き出しは「衝突の原因については本文を草するまえに吾人の接受する報道は、新聞並に通信社の特電も軍部に達せる情報も外務省へ総領事からの公電も悉く一致してゐる」とし、現地報道を基に社論を展開した。「内乱つづきの支那政情なるが故に、支那官憲の（しばしば線路破壊を企つる）これら匪徒《ひと》討伐不能も我国はこれを大目に視て……交通機関の保護にも正当な条約を結びて特に独立守備隊を派遣して、両国民のため治安維持に当たって来たのである。しかるに何ぞ、正規兵が計画的に日本の経営する世界交通路の一大幹線を破壊するの暴挙にいづるとは、隣邦の情誼《じょうぎ》を無視せるうへよりいふも、世界の公道を踏外せる行為をなしたるうへよりいふも、交通機関への破壊は分秒もゆるしがたきが故に、守備隊が守備の任務を遂行のため直ちに破壊者の排撃を敢行したのは蓋《けだ》し当然の措置」と激烈な論調で関東軍の軍事行動を支持した。十月一日の社説では「満蒙の独立／成功せば極東平和の新保障」とのタイトルで「満州国」建国への期待表明に至る。

一九一〇年代末からの大阪朝日の中国社説を詳細に分析、革命とその統一を激励する論調を高く評価してきた元朝日記者、後藤孝夫は、その著『辛亥《しんがい》革命から満州事変へ』（みすず書房）の中で、十月一日の社説を「奉天特電に触発された『満州国』待望論であった」とし、それは「ながく推進してきた統一中国実現への支援や中国民族主義の肯定という基本理念と、満州は中国の一部だという事実認識とを、すべて捨てさる」「一八〇度の転換が起こったのである」と評した。その上で「辛亥革命にはじまって満州事変の発生にいたるまで、大阪朝日の社論を追跡した二〇年の旅は、その大正デモクラシー後期の死とともにここに終わった」と筆を置いている。

どのような社説も、それなりに明らかにされた事実を基に書く。現場の記者の取材結果、論説記者が政府や軍から収集した情報などを論拠に社説を書いていく。いくら高邁《こうまい》な理想をもっていても、立論の根拠となる情報がフェイクであったら、社説もゆがめられることは避けられない。満州事変では現場記者が関東軍と癒着し、完全に操作されていた。この点も後段で検討したい。

権力との密着を旨とする日本のマスコミの風潮は現在も続く。密着は情報操作を容易にし、権力の暴走をチェックできなくさせる。社論を「暴戻支那譴責《けんせき》」へ誤導した事変報道は、今もって大きな教訓となろう。

持っていた。

# 第九節　総動員へとかき立てた新聞事業

　満州事変の勃発を機に、大阪朝日はそれまでの論調を一変させてしまったが、そもそもその社論は弱みを持っていた。

　江口圭一は「山東出兵・『満州事変』をめぐって」(『大正期の急進的自由主義』所収)で、大阪朝日は満州事変の前の社説(一九三一年〔昭和六年〕一月二十日)でも「満州において日本の保持する権利中の重要な部分は、日本の国民的生存のために重大なる関係を有するものであるから、たとひ支那側と利害を異にする場合でも、この部分に関しては日本はどこまでも主張しなければならない」との立場にあり、「満蒙」権益擁護のための武力発動を肯定したのは「当然の帰結」だったと批判する。大阪朝日にかぎらず、「満蒙」権益擁護論は新聞論調を変節させるいわば内部的な要因だった。

　しかし、満州事変以後の軍国主義、総動員体制確立に向け、新聞社が果たした役割は軍部を支持する新聞論調に止まらない。むしろ、航空機をフルに使った報道合戦、読者を動員する慰問活動、写真展、講演会、博覧会など新聞社の主催する事業によって、国民を総動員体制へとかき立てる社会のムードを作り出したというのが江口の主張だ。それらの事業は、軍部の圧力によって展開されたのではなく、新聞社の経営拡大、発展を目論んだ企画であり、実際大阪と東京という二大都市を発行単位としてきた朝日、毎日が全国紙として成長する上で、その原動力にもなった。

　江口は『日本帝国主義史論』で「満州事変と大新聞」という章を設け、満州事変で果たした新聞の役割を徹底的に追及している。江口はまず陸軍省が事変二周年に発行したパンフレット『満州事変勃発満二年』が「事変発生以来国内の情勢を見るに、沈淪《ちんりん》せる祖国意識と皇国の重大なる使命を覚醒《かくせい》せしめ、以て同胞の結束強化を遂げ、嘗《かつ》て見ざる緊張を維持し、只只管《ひたすら》に国家的大事業の完成に邁進《まいしん》しているのであって、此精神現象こそ、今次事変最大の収穫である」と指摘している点を取り上げ、「これらの発言は、満州事変を契機として、新聞論調や国民の意識・思想・精神にいちじるしい変化が起こったこと、また、侵略戦争とファッショ化を推進する立場にとって、この変化こそが事変の『一大収穫』『最大の収穫』『第一義的効果』として、きわめてたかく評価されるべきものであったことを示している。この変化は一九三〇年代の日本現代史における第一級の重要性をもつ課題である」として、その変化を引き起こした新聞の役割を分析している。

江口はその上で、荒瀬豊、掛川トミ子の先行研究を取り上げ、二人の研究が「満州事変を転機とする新聞論調の変化の一般的傾向と変化の要因は基本的に解明されおわっているといってもよいであろう」と評価しつつも、一．これらの研究は分析対象をほとんど社説ないし論説に限定している　二．これらの研究が新聞論調の変化と国民の意識・思想の変化の問題を明確にしていない——との問題点を指摘している。

一に関しては、すでに新聞の大衆化が進行しており、論説の役割が後退し、その分析だけに終始していては、事変への新聞の対応や新聞の読者に及ぼした影響を正確に把握しえないと江口は批判する。また二に関しても「新聞論調の変化は、たしかに、国民の意識・思想の変化を測定するための有力なデータを提供するが、この両者は同一物ではない。新聞を素材として、国民の意識・思想の変化そのものを探求する作業が必要であり、それを通じて、新聞が国民の意識・思想形成について演じた役割が明らかにされねばならないだろう」ともいう。

江口のこの指摘は誠に正当であり、満州事変以降の新聞の果たした役割を総体的に理解し、その責任を追及していく上で極めて重要である。私の『メディア展望』での連載でも、大阪朝日新聞の「社論」の変節を中心に論じた。社論以外の新聞の果たした役割については、「多数の特派員の派遣、取材用航空機のフル動員など他社との華々しい報道合戦を繰り広げる一方、慰問金の募集など様々なイベントを通して、国民を総動員していった」と、簡単に触れるだけで終わってしまった。

ただ第七章冒頭でも紹介した掛川論文や私の連載も、執筆の目的を、なぜ、どう新聞論調が満州事変をきっかけに変節したのかに絞って論じたので、一面的な記述になってしまったことは否めない。

本書では、江口の指摘を参考に、論調の変節だけでなく、新聞社が慰問活動の呼びかけなどのイベント、事業を通して、受け身から参加する読者へと誘導し、『反対意見なき、全員一致』型の事変支持の『世論』が成立した」（掛川論文）経過をより実相に近づけて、明らかにしたい。すでに江口は大阪朝日、毎日の事業について詳細に分析しているので、ここでは、その紹介に加え、それらの新聞がこれを契機に大阪、東京だけでなく、地方へと進出し、その結果、地方紙をも変節させていった点や新聞社がメディアイベントをどのように評価しているかを新たな視点として付け加えたい。

江口は、まず報道の諸手段として、写真、映画に注目する。朝日、毎日ともに事変勃発の第一報を受けて、数多くの記者、カメラマンを現地に投入、『朝日新聞社史』によると同社は年末までに三十八人、江口によると毎日は「三二年一月までに五十余名を特派し、それぞれ自社飛行機をピストン運航させて、写真・映画の急送につとめた」という。これを基に連日のように号外を発行し、国民を熱狂させる。『朝日社史』は「事変勃発とともに東西両社は連日のように号外を発行したが六年〔一九三一年〕十一月にはチチハル攻略、天津事件〔清朝の廃帝宣統帝を大連に連れ出すため日本軍がおこなった謀略〕、国際連盟理事会などの大ニュースがあって、この月の号外発行は大朝五十回、東朝四十六回という記録をつくった。号外の大きさとしては新聞界の新記録だった四ページ号外を発行したほか、東西両社がともに、増ページをおこなったので、使用する用紙は急激にふえた」と記している。『社史』の記述ぶりはあっけらかんとしていて、それが世論をどれほど煽ったかという反省はみじんも感じられない。新聞社としては事変が業界発展の一大契機となったと言わんばかりである。

しかし、江口は号外の内容について、「当初から予断と偏見にみちたもの」であり、「そこでは『全く奉天兵の計画的な柳条溝の満鉄線爆破』(『大朝』31・9・19)と、関東軍の謀略への完全同調をもとに、『我軍大活躍の奉天戦線』(同前31・9・20)と、満州での軍事行動が無条件に肯定かつ賞賛され、その半面で、『鬼畜にも劣る暴戻と排日』(『東朝』31・11・7)と、中国への敵意と侮蔑《ぶべつ》があおりたてられ、『守れ満蒙=帝国の生命線』というスローガンのもとに、事変にたいする全面的な正当化と熱狂的な声援がおこなわれた」と指摘している。その結果として、紙面には「また号外、また号外、ああ満州、兵隊さん、私は号外のリンがひびくたびに兵隊さんたちはどうしてゐられるだろうかと心配でたまらない」といった一小学生の慰問文も掲載された。

号外だけでなく、写真と映画は様々なイベントに活用される。大阪では早くも九月二十一日「事変活動写真公開第一報」が朝日会館で催され、その後京都、神戸など京阪神各地で開かれた。東京でも同様の催しが公園や百貨店、学校などを巡回して開かれ、それが新聞紙面で大きな反響を呼んだと紹介された。さらに映像はニュース映画として、映画館で上映される。現地に派遣された記者たちは帰国すると、各地で開かれる講演会に駆り出される。講演会では軍の関係者も講演者として参加し、江口は当時の紙面展開を例証として、「好戦的・排外的言辞を連ねるのにはばかるところがなかった」と述べている。『新聞と戦争　下』(朝日新聞「新聞と戦争」取材班、朝日文庫、二〇一一年)によると、「事変関連のニュース映画は、三一年末までの三カ月余りで『公開回数四千回、入場者総数四十万人』に及んだ」という。

江口はまた「慰問運動の造成」に一節を割いて、そのイベントの持つ意義の大きさを分析している。慰問についてては、すでに事変勃発直後から読者が寄託したとの記事が各紙に散見されるが、事変の翌月の十月十五日、毎日が東阪両社共同で「満州慰問使派遣」の企画を発表すると翌日朝日も同様に慰問金の募集を始め、一口五十銭以上とした。毎日の企画は、同社の幹部が約一か月に渡って満州各地の前線部隊を回り、慰問と激励を行い、清酒約五十五樽《たる》を送るというもの。帰国後この幹部たちは軍幹部とともに帰国報告講演会を各地で催している。一方朝日の企画は寄託者の金額、住所、氏名を紙面で連日発表し、大当たりとなった。江口によれば、「当初慰問金募集を一一月五日で締め切るとしていたが、当日までに二万九千余円に達した寄託金はかえって締切り後に急増し、一七日五万円、二九日一〇万円、一二月一〇日二五万円、二九日三五万円をそれぞれ超えた。ことに一一月三〇日付・一二月五日付・同一一日付の『大朝』は、殺到した寄託の金額・住所・氏名を掲載するために一ページのほとんど全面を必要とした。大毎＝東日〔毎日〕は、朝日のような「募金」を呼びかけなかったが、それでも寄託の波が押し寄せ、一一月二七日二万五千円、一二月九日九万五千円、二四日一七万余円に達した」という。

その上で朝日の場合、学校を通して慰問文を募集し、応募は八七七校二六二九点に達し、入選作品を紙面で発表した。

一連のイベントは、論説以上に満州事変支持の世論統合に果たした役割が大きいと言えよう。イベントの企画、推進はメディア側が積極的に行ったものである。社史だけでなく、朝日の『新聞と戦争』でも、戦争への加担責任をややもすれば軍部や右翼の圧力に転嫁しようとする嫌いがあるが、こうしたイベントを通しての世論煽動《せんどう》の責任は、逃れ難い事実となっている。

## 第十節　朝毎の全国紙化と地方紙の再編

満州事変を好機として華々しいイベントを繰り広げた朝日、毎日新聞は、販売においても発行部数を大きく伸ばし、九州、名古屋に本格進出し、全国紙への道を歩み出した。

前出の『新聞と戦争』によると、「昭和恐慌を引きずるなか、三一年に百四十四万部だった朝日の発行部数は、三二年には百八十二万部に伸びた」し、「状況は、毎日も同じだった。社長の本山彦一は事変についてこう語っている。『完備した通信網を利用して……地方新聞では真似の出来ない報道をする……その威力が発揮された』（毎日新聞百年史）」という。

その『毎日新聞百年史』を紐解《ひもと》き、本山社長の発言を補充してみると、こう述べている。

「〔朝毎の〕地方版は殊にこの事変によって尊重された。たとえば仙台地方から出征している人もしくは新潟方面から出兵している人々が負傷をする、或は戦死をした、そんなことが伝わる。それが一般の地方新聞であればただザッとしたことしか書かない、またそれだけの機関がないから書けない。ところが本社の地方版であると、現地の特派員から早く詳細な電報が来る。完備した通信網を利用して、まず号外を出す、写真版を出す、地方新聞では真似の出来ない報道をする……」

その結果、毎日の東阪両社の発行部数は一九三一年二四三万から三二年二五六万、三三年二八六万と増加している。特派員の派遣や完備した通信網の運営には経費がかかるが、それは新聞の発行部数の増加で十分賄えたという。

「〔昭和七年上半期の〕報告書によると満州、上海等に派遣した社員の総数は百二十九名〔そのうち一人は殉職、一人は負傷〕通信電報数は満州事変について和文電報二百二十五万六千六百七十四字、上海事変については和文電報三十一万六千八百六十三字、欧文電報十二万八千二百五十八語に上った。……昭和七年上半期決算では、満州事変、上海事変、総選挙関係の費用に大毎五十周年記念費を合わせて百五十万円の支出となった。これに対する収入は、満州事変が増紙をもたらし、しかも紙面の声価による読者の自発的購読が多かったので、購読料回収がきわめて順調であった」

朝日、毎日の地方への進出は、地方紙を刺激し、満州事変支持への世論の統合を促進する効果ももたらした。

前出の江口圭一は愛知大学教授として、「満州事変と地方新聞――『新愛知』『名古屋新聞』の場合」という論文を同大学国際問題研究所紀要六四に掲載している。

それによれば、愛知県では満州事変前夜、新愛知（約九万部）と名古屋新聞（約七万部）の二紙がしのぎを削っていた。もともと新愛知は政友会系紙で、田中強硬外交支持、名古屋新聞は民政党系で幣原協調外交支持だった。しかし、中村大尉殺害事件あたりから、全国紙の影響もあって、両紙とも幣原外交批判に転じた。また大阪朝日が、関西に続いて写真展やニュース映画会などを愛知県内で開催するようになると、自社の特派員を満州に派遣、愛知の部隊が駐在する地域を巡回して慰問活動を展開した。そして、全国紙同様に特派員の帰国報告会を地域の在郷軍人会と共催で開いた。両紙のライバル意識が消えたわけではないが、朝日、毎日の攻勢を前に、他の小地方紙と共に講演会などのイベントを開催するようにもなる。さらに独自に戦争博覧会など全国紙にも負けないイベントを開催した。

江口はこの論文の結論として、新愛知、名古屋両新聞社が「政党機関紙的色彩を抜きがたく保持しつつ、『国論喚起』においていっそう戦闘的であったことであり、諸企画・事業において地方行政機関・地方団体および地方の軍当局といっそう密接な提携・協力関係を結んだことである。大新聞が外信の速報や写真・映画の優越を武器として進出してくるのを迎え討つには、大新聞と同一の主張を地方紙としての身軽さでいっそう大胆、尖鋭《せんえい》に押しだすとともに、地元へ密着することが有効かつ必要な手段であったろう。そしてこの応戦と競争を通じて『新愛知』と『名古屋新聞』は名古屋市を中心とする地方における民衆動員のための最も重要な機関のひとつとして機能し、大新聞とともに戦争協力・排外主義化をそれぞれの領域で分担しあったのである」と指摘している。

L・ヤング著『総動員帝国――満州と戦時帝国主義の文化』（岩波書店）は愛知県のほか、山梨、宮城、群馬などの地方紙が行った献金、慰問活動の実態を明らかにしている。献金活動を高める上で新聞が伝える英雄物語が重要な役割を演じる。同書はその一例として「マスメディアで賞賛された『肉弾三勇士』のようなはなばなしい国民的英雄物語を反映して、各地の新聞も満州事変の地元の英雄をたたえた。山梨県では『山梨日日新聞』・『山梨民報』・『山梨時事新報』が甲府市で最初の戦死者をセンセーショナルに報じた。森下上等兵の英雄的な死に関する新聞記事に惹き付けられて、一万五千人が二月二七日の彼の甲府市葬に集まった。新聞は森下の話の舞台化を宣伝し、この模範的兵士に就いての子供たちの作文や詩を載せた」と記している。

## 第十一節　新聞社の反省は十分か

満州事変は以上見てきたように、日本の対外政策の大きな転換点となったが、当時東京朝日新聞を率いていた緒方竹虎は戦後、もし新聞が団結して対応していれば事変の拡大を防げたかもしれないと述懐した。そうであれば、当然新聞の戦争責任が問われなければならない。軍部や右翼、それに読者からの圧力があったとはいえ、戦争を積極的に利用して業界の発展を図ったのであれば、新聞社としての責任は重大である。

しかし、戦後になっても大手新聞社は、当時の報道をしっかり検証せず、責任の所在をあいまいにしてきた。前坂俊之・静岡県立大学名誉教授は『太平洋戦争と新聞』（講談社学術文庫、文庫版二〇〇七年）の中で、戦後の経営陣の交代と一片の宣言によって「何も知らない国民を死に追いやった戦争責任と言論責任が免責されるだろうか」と疑問を投げかける。その上で、「そこには新聞の置かれた二重構造が垣間見える。軍部や政府からは言論統制され、また協力させられた被害者の立場だが、逆に国民には真実を知らせなかった加害者となったのである。新聞は厳しい言論統制や検閲の被害意識を強調しがちだ」と指摘した。

大手新聞社が自身の満州事変報道についてきちんとした検証を行い責任を問い直すのは、事変に対する歴史研究、メディア研究が進んだ後の一九九〇年代以降のことだ。それまでは軍部の報道管制や右翼の圧力、不買運動のせいにしていた。

## 社論の変節より社業の発展に注目

例えば一九四九年刊行の『朝日新聞七十年小史』では「事変の背後には各種の原因が絡まっていた。公平な態度を固執した幣原外交が逆用されて、中国人の排日気勢を高め排日運動の激化したことも確に一つの原因であった。この点についてはわが言論機関も観察の正確を欠いた嫌いなきにしもあらず、わが社の主張も遺憾ながら両国国情の背馳《はいち》にもとづく衝突を予想する能わず、しかも事変発生後自由論議は許されなくなり、あらゆる新聞は満州事変に関する限り再検討または利害論究の自由を拘束され、事変後には満州国の建設という大責任がわが国民の肩にかかったため一層の窮屈さを感じたわけで、これをわが社について見るも、昭和六年以前と以後の朝日新聞には木に竹をついだような矛盾が往々感じられるであろうが柳条溝の爆発で一挙に準戦時体制に入ると共に、新聞紙はすべて沈黙を余儀なくされた」と記している。

社論の変節は自覚しているものの、その責任は軍部、幣原外交、中国の民族意識の高まりなどに押し付ける。『小史』はこの後、報道合戦で朝日が如何に勝利したかを延々と記述する。例えば事変発生から約半年間の取材用航空機の詳細な利用記録や各年の利用記録を収録している。そのあっけらかんとした記述ぶりは先に述べたところでもある。

六九年刊行の『朝日新聞の九十年』では戦争責任論はむしろ後退する。「大正デモクラシー敢然と戦う『大朝』高原論説」「正論衰えず満州事変前夜」と大阪朝日の社論を自賛しながら、その変節は素通りし、その後は報道合戦を振り返る内容となり、さらに言論統制の記述へと続き、国民を総動員体制へと導いた報道やイベントに対する反省の姿勢は全くうかがえない。

毎日新聞の場合は少し様子が違う。一九七二年発行の『毎日新聞百年史』は、言論報道編と経営編、技術編、出版・事業編に分けて記述されており、言論報道編では、「満州事変の論理」という項目を立て、満州事変前後の報道や社説の変容についてかなり詳しい記述がなされている。その記述の前半部分だけ読むと、まるで当時の論調を肯定、支持しているような書き方である。事変当初、毎日としては内部で、満鉄爆破の真相について疑問を持っていたが、戦火が満州全体へと拡大し、報道もそれに追随してしまった。その理由を、毎日百年史は「中国の排日運動と国際連盟の介入と、満州事変の拡大とは、ニワトリと卵の関係となった」「その最も切迫した原因は、日本から見ればやはり排日運動であった」とする。

その上で、毎日百年史は事変前後の主要社説を引用しながら、社論の背景となる「満州事変の論理」を次の四つのポイントでまとめている。

一．満州は日本の歴史的な特殊権益である。
二．日本（の軍事行動）は正当防衛であり、自衛権の発動である。
三．（排日運動に対する）中国の反省を求め、非常手段に出るのは国民の総意である。
四．中国の国際連盟提訴による第三者の介入を排除する。

例えば、事変直後の社説「満州に交戦状態／日本は正当防衛」（一九三一年〔昭和六年〕九月二十日）では「満州はわが特殊権益の存する地域であり、この関係は歴史と条約の背景に擁せられ、世界列強の認むるところである。支那軍隊は何故にわが国に向って、かくの如き暴戻なる挙に出たか、われ等は之を解するに苦しむ。わが国のよって立つ主義精神は一である。即ちわが権益の擁護と、わが帝国の威信と名誉の保持である。しかして今日のわが軍隊の行動は徹頭徹尾この精神の外にでていない」と主張している。すでに吉野作造の章で紹介したように、吉野は関東軍の行動は、権益擁護を超え、これは侵略だと批判していた。もし毎日が事変の発生に多少とも疑念を持ち、事実に基づいて議論を展開していたら、このような独り善がりの社説にはならないだろう。

また四．の国際連盟の関与に関しても、十月十三日付の社説「第三者の容喙《ようかい》に惑ふ勿《なか》れ／正義の立場」をはじめ「聯盟は事情を正解せよ／我国民は真剣」（昭和6・10・20）、「不戦条約援用は見当違ひ／条約の正当解釈」、「無茶な決議案／理事会の不誠意」（昭和6・10・24）、「理事会は徒労であった／その理由」（昭和6・10・27）、「我国の覚悟／今日の憂慮は誤りだ」（昭和6・10・31）と、矢継ぎ早に国際社会に対する批判の論説を展開していたことを紹介している。極めつけは十一月二十七日の夕刊で「守れ満蒙／帝国の生命線」の四ページ特集を発行し、同時に本山彦一社長の「満州事変に対する日本の立場」について千五百語に及ぶ長文の声明書を米国に向けて発表した、という。繰り返すが、『毎日百年史』の書きぶりはまるで当時の論調を肯定している感がある。

『百年史』は、さらに国際連盟批判の社説を紹介した後、念押しのように自社の満州事変の論理を次のように総括する。

「満蒙は日本の特殊権益であり、条約で保証されたものである。それを守るために日本は自衛権を発動した。これは事変の解決を、条約を踏みにじった中国の反省に求めることが主眼であって、当事者間の自主交渉によるほかない。したがって第三者の介入は排除する、という四点から構成されていた」

そう確認した上で、「この論理にはムリがあった。その根拠とするところが、やがてくずれ去るのである。太平洋戦争が終わり、十五年の歴史が審判を下した」と、やっと反省に入る。反省部分は、それまでの「論理」の部分、煎《せん》じ詰めれば半ば言い訳部分の四分の一のスペースという、いたって簡単だ。敗戦となってようやく自社の報道の誤りに気づいたということらしい。

「第一の満蒙特殊権益は、満鉄とその付属地における駐兵権にすぎなかったが、日本は軍事行動をもって、これを一方的に拡大した。『守れ満蒙・帝国の生命線』というスローガンは日本の立場からする一方的なものであった。……第二の自衛権の発動は、中国軍隊が国際交通路である満鉄を破壊したのではなく、関東軍の自ら仕組んだ陰謀であることが、戦後明らかにされた。……第三の中国の反省要求は、自衛権発動の原点が消えた以上、まさに天に唾《つば》するもので、反省の要求は日本に向ってなされるのが正しかった。……第四の第三者の介入排除は、三大強国にのしあがった日本の自己過信であり、二言目には『帝国の威信と名誉』という言葉がでてくるが、ついには聯盟を脱退して、世界の孤児となり、事変処理を不可能にした」

特殊権益が限定されたものであることは条約を読めば当時でもすぐわかること。吉野作造も指摘していた。爆破が関東軍の自作自演であったことは、すでに紹介したように、門司支局から現地に派遣された毎日の記者がすぐに見抜き、馬鹿々々しいと取材を放棄して帰国し、それを周辺に話していると憲兵隊が報告している。毎日の社内も、現地特派員もうすうす知っていたことではないのか。『百年史』もこの事変の記述の冒頭で疑問があったと書いている。したがって、この反省部分も「こうした論理の誤りはどうして導かれたのか。その最も大きな原因として、本社では中国革命を知ることが不十分であったことを、自ら反省した」と、拍子抜けするほどおざなりな記述である。

本書では、吉野作造らの「大正デモクラシー中国論」の特徴として、中国の民族運動、革命運動を正当に評価したことを挙げて論じてきた。毎日のこの反省部分の記述はおざなりきわまりないものではあるが、「大正デモクラシー中国論」がいかに正当な議論であったかを裏付けていると言えよう。毎日の社論はそれほど「大正デモクラシー中国論」からかけ離れた論調だった。論説担当の記者たちは吉野らの論文や次章の『東洋経済新報』の石橋湛山らの議論に触れる機会はなかったのだろうか。

『毎日百年史』の反省部分は、その結論として「これまで引用した本紙社説に出てくる中国の映像は、いわゆる支那浪人の描いた清朝時代の中国からあまりにも進歩していない。軍閥の中国であり、以夷制夷《いいせいい》の中国である。しかし現実には孫文から蔣介石につながる中国革命は、清朝による中国制覇と全く異なった新しい中国の建設であり……当時の日本、特に軍部の中国論が、明治、大正における国際環境から生まれたものであったとしても、それが日本人一般の中国認識であったこと、また新聞までが、新しい革命中国の探求を怠ったことは、残念ながら悲しむべき事実であった」と締めくくる。そこには、なぜ支那浪人の偏見に満ちた中国論がまかり通ったのか、説明もなく、とても真摯《しんし》な反省とは言えまい。また社説だけでなく、様々なイベント活動を通した戦意高揚の加担についても、反省のかけらもないことは、以下の出版・事業編の記述を見ても明らかだろう。

「昭和六年は満州事変、七年には上海事変と中国大陸における軍事行動は拡大し、国民への戦争協力要請は必至のものとなった。新聞社の事業にも戦争に関連したものが増えてきたのは当然であろう。満州在留軍官民の慰問団派遣、激励の演芸放送。第一線部隊への慰問金品の取扱いなどが相つぎ、また、飛行便による戦況映画が各社の競争となったが、わが社は常に他社をリード、敏速な公開によって名声を高めた」

『朝日新聞社史』と同様に、『毎日新聞百年史』の重点は事変報道の責任問題より、社業の発展に置かれている。朝日、毎日は大阪、東京でそれぞれ発行部数計二百万部を確保、九州、名古屋でも朝夕刊を発行し全国紙体制を築く。二十万部台に低迷していた読売は夕刊発行を敢行し、事変翌年の一九三二年三十万部台に乗せ三大紙入りの道を切り拓いた。三大全国紙の寡占体制は満州事変期に端を発し、いまなお継続している。

## 第十二節　変節招いた内部メカニズム

以上、朝日、毎日の社史から新聞社の反省、責任問題を見てきたが、いずれも不十分と言わざるを得ない。朝日新聞が本格的にこの問題と取り組んだのは、二〇〇七年四月から夕刊に連載した「新聞と戦争」からである。この連載では、当時の新聞はもちろん、本書で取り上げた吉野作造、石橋湛山などの評論、戦後、新聞社の責任問題を追及した江口圭一、掛川トミ子らの研究などを基に自社の責任問題を検証している。社論が変節した原因を軍部や右翼の圧力のせいにするだけでなく、本書でも紹介した朝日の当時の常駐記者、武内文彬の「やっぱり石原さんと志を同じうして満州事変をやったということは、非常に幸福であったと思うんですよ」といった証言や慰問袋の募集運動などのイベントにも触れている。

筆者（高井）も朝日連載当時読んだ記憶がかすかにあるが、小さな欄でこまぎれの内容だったので、連載の狙いも今一つわからなかった。今回、大阪朝日新聞の変節を意識しながら、書籍化された連載を改めて読み直すと連載を通して行われた検証の意義がよく理解できた。連載の朝日文庫版の「はじめに」に連載企画を行った最高責任者の外岡秀俊（当時同社ゼネラルエディター）はこう記している。

「戦時報道とその後の検証作業をざっと調べてみて、愕然《がくぜん》とした。戦後六十年も過ぎたのに、朝日は戦争を翼賛し、国民を巻き込んだ経過について、包括的な検証をしたことはなかった。数々の事例報告はあったものの、散発的で、身内への追及に限りがあった。英語圏でいう『スケルトン・イン・ザ・クローゼット』、いわば『身内の秘密』として社内で先送りされてきたのだった。この試みは最初で、最後の機会になるはずだ」

文庫本を通して、連載を読み通すとその意気込みが確かに伝わってくる。ただしその検証の範囲は、本書がこれまで論じてきた内容の域を出ない。新聞連載という形式を取っている関係から毎回、行数が限られ、しかもテーマが変わるため、突っ込み不足の感は否めない。深みがない。前節での『毎日新聞百年史』のようにその要約を紹介しても、内容の繰り返しになるので、ここでは朝日連載が指摘した事変報道の問題点を、第七章第二節で紹介したリップマンの『世論』が指摘する「メディアの制約」論を用いて、社論の変節を招いたメディアの「内部メカニズム」として、まとめてみたいと思う。そのメカニズムは現在の報道にも当然機能しているものであり、満州事変報道の誤りは現在の報道にとっても大きな教訓になる。

朝日連載は、「〔満州事変勃発時の〕社論転換の第一歩は事件直後のトップの判断だった」という。それまで軍縮や協調外交支持の論陣を張り、軍部を怒らせてきた大阪朝日の論調を転換させたのは、軍部や右翼の圧力よりまずトップの判断だったと連載は指摘している。その根拠として、連載は当時の編集局長で社説執筆の最高責任者だった高原操《たかはらみさお》が書いた編集日誌の記述を挙げている。

高原が書いた事変翌日の「三一年九月十九日の『日誌』には、日中両軍衝突の一報に接して『軍部の数ヶ年来の計画遂行に入ったものと直覚』とある」という。高原には関東軍の謀略ではとの疑念があったと連載は指摘する。

だがそれに続いて高原はこう書いていると紹介する。

「奉天特派員よりのうな電（至急電）その他約尺余の高きに及べり……〝支那官兵の鉄道破壊に始まる〟と報ずこれを肯定の外なし。臨時部長会を開く。対外的関係重視の必要上、報道全部をそのまま信じ、東京より閣議の報道あり（事件拡大を警《いまし》む）これに合《あわ》せるの社論を起草す」

いくら高邁な社説を書くと言っても、現地から送られてくる情報を無視したり、否定する社説を書くわけにはいかない。

連載は東京朝日の緒方竹虎編集局長の判断も同様だったと社内資料を明らかにしている。緒方は「早速論説の打合せ会議を開いたところ、大西〔斎〕君や町田〔梓楼〕君の意見は相当強硬で、結局仕方がない、背後から鉄砲を撃つようなことは出来んというので、事実に引きずられて」しまったと、戦後述懐したという。しかしここでいう「事実」とは「情報」に過ぎない。

現地特派員の武内の言動が社内の空気を変えた点について、朝日ＯＢの今西光男は『新聞　資本と経営の昭和史』（朝日選書）の中でこう触れている。

「陸軍省担当から奉天特派員になった武内が、板垣や石原と同志的関係になっていた。満州事変の画策にも加担していたのだろう。『同志』となっていた武内が軍部に評判がいいのは当然であり、緒方はその武内を軍部懐柔に使っていた。済南事件や張作霖爆殺事件、さらに参謀本部情報参謀・中村震太郎虐殺事件（一九三一年六月）など、武力衝突、謀略事件が頻発するとともに、関東軍の主戦論を批判しつづけてきた東朝の論説委員室、編集局の空気も大きく変わっていった。武内らの現地情報を受けて、論説副主幹格の大西斎や外報部長の町田梓楼らが、軍部の主張にも理解を示し始めていた」

ともかく社論の方向性はすでにこの時点で決まった。それは右翼の内田良平が大阪朝日に乗り込む前の出来事だった。

しかし、これまで見てきたようにその現地特派員のもたらした「事実」に問題があった。全くのフェイク情報だったのだ。

連載によると、事変勃発の翌朝十九日午前七時発行の号外に掲載された武内文彬・奉天通信局長の第一報は、「三四百名の支那兵が満鉄巡察兵と衝突した結果つひに日支開戦に至ったもので明かに支那側の計画的行動であることが明瞭となった」である。そして連載は十八日深夜爆破の一報を受けて自動車で駆け込んできたもう一人の通信員と武内が「イヨイヨやりよったネー」と快哉《かいさい》を叫んだとも書いている。快哉を叫んだ武内が爆破の翌日、現場を見ても、「軍の発表の真偽を追及することはなかった」のも当然のことだろう。

武内は戦後一九七五年のテレビインタビューでも「満州事変というものが起こらなかったら日本はつぶれているんです」と語ったほどだから、関東軍べったりで、たとえ事変が関東軍の自作自演であったとしても、軍の発表を疑うことなどあり得なかった。

そこで本書第七章でリップマンの制約論を紹介した部分を振り返ってみよう。

「リップマンはそもそも『ニュースとは、ある出来事の、はっきりしている局面でしかも興味を唆るものをかたるもの』とし、『そのような定石に固執せざるを得ない圧力』として『ある状況のステレオタイプ化された一面だけに注目すればよいという省力主義、これまで自分が学んだことがなかったものに目を注ぐことのできるジャーナリストを見つける難しさ、どんなに健筆のジャーナリストでも伝統に縛られない新しい見方を納得のいくように説明できるだけのスペースを得がたい、という宿命的事実、読者をすばやくひきつけるべしという経済的要請』――などメディアを取り巻く制約を挙げ、そのため編集者は『論議を呼ぶ心配のない事実を採り上げ、その扱い方も読者の関心にいっそう副《そ》うようにする』

と批判的に指摘した」

現地特派員もそして本社の編集者、論説記者も「暴戻支那兵の計画的犯行」という読者にとってわかりやすく、受け取りやすい「事実」に加工していったのである。「満蒙の権益擁護」「満蒙は日本の生命線」——新聞は関東軍すなわちリップマンの『世論』のいう「広報係」がつくるイメージに沿っておびただしい量の記事で紙面が埋め尽くされる。リップマンは「そうなれば広報係は検閲官であり宣伝家である」という。こうしてメディアは軍部の検閲を受け宣伝機関に堕することになる。

では、本社の編集者は常に現場記者の言いなりになるしかないのだろうか。そうではない。リップマンは言う。「編集者がもっとも責任を問われる仕事を一つあげるとすれば、ニュースソースが信頼できるかどうかの判断である」。編集者は、現場記者から届く情報の情報源を確かめその信頼度を測り、判断しなければならない。

朝日連載は武内特派員の第一報を紹介した後、「おかしな記事だ。『明らかに……明瞭となった』という表現もさることながら、それがなぜ『支那側の計画的行動である』のか、根拠が何も書かれていない」と指摘している。もし編集者が第一報の根拠、情報源を確かめたら、この情報をそのままストレートに使えないと判断できたはずだ。この記事では、関東軍の発表なのか、記者の主観によるものかさえわからない。高原編集局長以下、本社の編集者はリップマンの言葉で言えば「もっとも責任が問われる」仕事を怠った。それは、事変直前まで中村大尉殺害事件をめぐる中国当局の対応や高まる反日運動に対する不信感がステレオタイプな中国論を逞しくさせ、思考停止状態に陥っていたためだろう。

事変二日目の東京朝日の社説は「すでに報道にあるが如く、事件は極めて簡単明瞭である。暴戻なる支那軍隊が、満鉄線路のぶっ壊しをやったから、日本軍が敢然として起ち、自衛権を発動させたといふまでである」と書いた。

中国を加害者とし、日本を被害者とし、関東軍の行動は自衛だとする連日の報道は読者にとって受け入れやすく、また自国を正義として愛国心を高揚させる。リップマンは、論説とは「自分の感情と自分の読んでいるニュースとをどこで統合したらよいか、いわば接合点を教えるもの」と言ったが、その意味でこの朝日社説は事変の見方を読者に極めて明確に提供している。そして、こうなっては後戻りできなくなるともリップマンは警告する。

「読者にまともにこうだと思い込まれてしまったら最後、たとえ編集者が諸事実によってその正当性が証明されていると信じていたとしても、多くの新聞が容易にその姿勢を変えられない……」

新聞報道はもはや関東軍の暴走を批判するどころか、それを全面支持することになる。後に東西の朝日新聞の主筆となる緒方竹虎は一九三三年九月、一か月にわたって満州を視察するが、朝日連載はその時、緒方が家族にはがきで送った視察の感想を披露している。

「何といっても満州事変をあそこまで持って行った決断は、人間の決断として驚くべきものであったと、今更ながら感心させられる」

「何といはれても軍部、それを中心の特務部の勉強には感服する」

緒方は満鉄線爆破の第一報が入った時、「出先の出来ごとだから」小さく扱うように指示した（『朝日新聞社史』）というが、満州視察は、その後自社の報道で作り上げられた事変のステレオタイプなイメージを確認するだけの旅となったとしか言いようがない。

朝日は様々な形で関東軍に協力し、逆に関東軍の助力を得て、満州での号外発行などを実現し、「事変の二年前、満州での朝日部数は一万六千部だった（二九年）が、十一年後、太平洋戦争直前の四〇年にそれは七万二千部になっていた」といい、朝日連載は「満州事変は朝日新聞に、事実として、新しい市場を与える事件だった」と記している。

朝日連載「新聞と戦争」は、自社の戦前における責任について、広範囲にわたって取材、調査を行い、率直に事実を明らかにして検証を行っている。だが、その大半は、連載までにすでに歴史学者、メディア研究者らから浴びせられた批判を整理したに過ぎない。それも戦後六十年を経て、周囲から迫られた検証だったと言えよう。

i　渋谷由里『馬賊の「満州」――張作霖と近代中国』（講談社学術文庫、二〇一七年）は、張作霖政権は日本の傀儡政権ではなかったとし、むしろ「（張の下で奉天省長を務めた）王永江という優秀な行政官僚のもと、警察行政は刷新され、税務機構が整理され、財政も再建され、鉄道建設・大学創立といった重要事業も行われた。省議会も大きな力をもち、特に一九二四年前後からは反日的傾向すらあった……」という。張が地方統治の拡充より全国制覇に乗り出した結果、王が政権を去る。日本とのバランスを果してきた王が政権を去ると、張は、日本側と交渉するチャンネルを失い、「利用価値なしと判断した関東軍の、一部将校に抹殺された」という。

ii　『現代史資料7　満州事変』（みすず書房　一九六四年）、『現代史資料11　続・満州事変』（みすず書房　一九六五年）など

# 民族自決と非戦

## 大正デモクラシー中国論の命運

高井潔司

# 第九章

# 変節をくぐり抜けた「独立自主」の人、石橋湛山

## 第一節　批判基準としての石橋湛山

満州事変を機に大きく変節した新聞メディア。それとの比較で、雑誌『東洋経済新報』、特にその主幹だった石橋湛山《いしばしたんざん》の論説は、軍部に抵抗したメディアとして高く評価されている。本書でしばしば引用している『大正期の急進的自由主義』（井上清など編、東洋経済新報社）は、「大正期の民主的世論の形成に影響力を持った『大阪朝日新聞』の社説と対比させることによって、『東洋経済新報』の特質のみならず当時の民主的思潮の基本的な構造を明らかにする」という研究だった。すでに前章で見たように、大阪朝日新聞は「満蒙《まんもう》の特殊権益」擁護の立場から、事変勃発《ぼっぱつ》後の軍部の暴走を阻止することができなかった。それに対し、石橋は元来、「満蒙

の特殊権益」放棄を主張していたから、満州事変についても「感情的に支那全国民を敵に廻し、引いて世界列国を敵に廻し、なお我が国はこの取引に利益があろうか。それは記者断じて逆なるを考える」と批判することができた。

石橋は一八八四年東京で生まれたが、半年後僧職の父が山梨県内の寺の住職となったため山梨に移り、一九〇三年早稲田大学に入学するまで山梨県内で育った。一九〇九年島村抱月の紹介で東京毎日新聞へ入社するも、約一年後社の内紛のため退社。一年間の志願兵として入営し、一九一一年東洋経済新報社に入社し、一九二四年四十歳で三浦銕太郎《みうらてつたろう》の後を受け、第五代の主幹に就任し、社説執筆の責任者となる。

石橋の評論及び『東洋経済新報』の社説は、満州事変だけでなく、台湾や朝鮮の植民地化、対華二一カ条要求、蔣介石《しょうかいせき》の北伐時の青島出兵、第一次大戦中の山東出兵など日本の拡張主義を「大日本主義の幻想」として一貫して批判し、貿易立国による「小日本主義」を主張してきた。

前章で検討した『毎日新聞百年史』は、自社の満州事変報道の誤りを検証した際、「当時の日本、特に軍部の中国論が、明治、大正における国際環境から生まれたものであったとしても、それが日本人一般の中国認識であったこと、また新聞までが、新しい革命中国の探求を怠ったことは、残念ながら悲しむべき事実であった」とした上で、「ここに例外があった」と、石橋湛山の『東洋経済新報』を挙げ、石橋の社説「満蒙問題解決の根本方針如何」を延々と引用、紹介している。例えば、同社説の「要するに我が国民が満蒙問題を根本的に解決する第一の要件は、以上に述べたる支那の統一国家建設の要求を真っ直ぐに認識することだ」「蓋《けだ》し我が国民にして従来通り、満蒙に於ける支那の主権を制限し、日本の所謂《いわゆる》特殊権益を保持する方針を採る限り、如何に我国から満蒙問題の根本的解決を望むも、其目的は到底達し得ぬこと明白である」などの部分を引用し、「この所論は事変直後のものであり、自由主義的エコノミスト石橋の達識であった」と高く評価している。このように、一般的に、石橋および『東洋経済新報』は、軍部だけでなく、大新聞、大衆の多くも、満蒙を「生命線」と主張し権益の拡張を図る「大日本主義」を採る立場に対し、権益の放棄を説く「小日本主義者」として描かれる。

## 第二節　マルクス主義歴史家の石橋評

しかし、研究者の石橋評、『東洋経済新報』評はかなり厳しい。『大正期の急進的自由主義』研究のリーダー、井上清は同書所収の「日本帝国主義批判論」の中で、「〔対華二一カ条をめぐって〕『新報』の社説が、『南満州』の既得権益放棄論にまで徹底していることは、特筆大書せねばならない」と高く評価する一方で、『新報』がどんなに愛国の熱情を傾けて戦争に反対し領土拡張に反対しても、それは世論に何の影響も与えることはできなかった。皮肉な見方をすれば、世論に影響がなく、政府に何の打撃にもならないからこそいいたいことをいわせていたのだろう」と冷ややかに見る。

同書で「山東出兵・『満州事変』をめぐって」の章を担当した江口圭一は、事変後の『新報』の社説の変化を詳細に分析し、そこに「屈折」があったと指摘した。要約してみると、①「支那に対する正しき認識と政策」(一九三一年一二月六日・十三日号)において、中国の内乱と統治能力の欠如を「駄々っ子支那」と表現し、やむを得ず他国が支那人の欠けるところを補うのは当然の処置として、日本の武力行使を正当化した②「満蒙新国家の成立と我が国民の対策」（同年二月二十七日号）では、「満州」武力侵略の結果である「満州国」の成立を前提にし、その存在を容認した上で、立論を行っていた③「日支衝突の世界的意味」（同年三月五日号）では、列強の侵略主義、帝国主義は日本の満蒙侵出どころの程度ではないとして、日本のそれを是認し、『新報』の骨髄の一つである「小日本主義」が崩壊したことは明らか――とする。その上で、江口は「『新報』の判断は、国際正義とか道義とかの観念からではなく、日本にとっての利害得失のリアルな計量から導き出されていた」「その利益を追求していくうえで、『新報』は国際及び国内の政治・経済に関する確固としたブルジョア自由主義的な理念を堅持して容易に譲らなかった」と、いかにもマルクス主義歴史家らしく、図式的に『東洋経済新報』及び石橋の「ブルジョア自由主義者」としての役回りとその限界を指摘して見せた。江口の指摘については後段で詳しく検討する。

こうしたマルクス主義歴史論からの分析は非常に参考になるが、その一方で、この立場からの分析は図式に適う事実ばかりに着目し、適わない部分は無視し、自由主義の限界に結びつける傾向がある。例えば、確かに事変後、満州国の成立を前提に議論をしているが、そもそも評論とは、それぞれの段階の現状を前提にして展開されているもので、原理、原則を求める研究とは異なる。現状を前提にしながら、批判を展開するのが評論である。現状が変化すれば批判の対象、内容も変化する。後段で検討するように、石橋のその後の評論は、決して日本の軍国主義、帝国主義批判を忘れているわけではない。

また同じ研究グループだが、井上と江口の石橋分析と評価にも違いが見られる。江口の分析には「思想のもつ独自性」という表現で、石橋の評論をより柔軟に評価する面がある。石橋が「あるべき自由主義的ブルジョアジーの立場を表徴していた」として、「自説をはばからず開陳し、日本の『資本家の頭』を変えようとつとめた」とも評価した。さらに江口は、井上が『新報』を影響力のない小雑誌としたのに対し、「国民多数の感情」を顧慮することなしには自己の存立と成長をはかりえない大雑誌に転化していた、だから「屈折」もしたのだと分析している。

石橋は、軍部の言論統制が強化された満州事変後も、その立場を堅持した。なぜ、どのようにして軍部を批判し、真っ当な中国論を展開することができたのだろうか。マルクス主義歴史論の立場からは、その考察がおろそかになる。石橋の遺した中国や軍部批判に関する論説だけでなく、各方面の論説を読んでみて、その堅持を可能にした彼の論説の立脚点である「哲学」にまでさかのぼって検討する必要があると痛感した。そこで得られる教訓は現在の中国報道や中国研究にとっても貴重な遺産である。

マルクス主義歴史家のように、石橋の中国論をブルジョア自由主義の限界として切り捨てるわけにはいかない。

## 第三節　言論人としての矜持

まず石橋自身、満州事変後のメディアの変節や自身の抵抗精神の堅持についてどう見ていたのか、検討してみたい。

事変勃発から二か月後、一九三一年十一月十四日号の社説「真に国を愛する道——言論の自由を作興せよ」

で、事変後のメディアの一斉の変節についてこう書いている。

「ある部分に対しては法規に依る言論圧迫もある。が、記者は今日の我国が斯《か》くも無慙《むざん》に言論の自由を失った最も大なる理由は我学者、評論家、識者に、或《あるい》は新聞其他の言論機関の経営者に、自己の信ずる所を憚《はばか》る所なく述べ、以て国に尽すの勇気が六百五十年前、日蓮の有したそれの百分の一も存せざることにありと考える。

それ所か、中には、我国が、現在表面的世論に迎合さえして、心にもなき言論をなしつつある者も絶無ではないかに察せられる。最近の我国は、実に恐るべき非合法運動に、一歩誤らば、飛んでもない事態に立ち至らんとする危機に臨んでおる。この狂瀾《きょうらん》を既倒に廻す方法は、若しありとせば、唯だ自由なる言論の力のみだ。然るに其自由なる言論が或力に圧伏せられて、全く屏息《へいそく》したのでは国家の前途を如何せんである」

石橋は多くのメディアが事変後変節したのは、軍部の圧迫よりもまず言論人が言論に対する使命を忘れ、世論に迎合したためだと指摘している。石橋が小日本主義者だったからその立場を堅持できたわけでもない。その立場を堅持する「勇気」がなければ軍部に、右翼に、世論に迎合することになる。もう一点、石橋自身が軍の圧迫を避け得た理由を、戦後こう語っている。

「この間〔一九三七〜四五年〕、本誌は、屡々《しばしば》削除発売禁止の処分を受けました。苛酷《かこく》な紙の減配も蒙《こうむ》りました。……戦時中遂に廃刊の憂目を見るに至らなかったのは、本誌が専門の経済雑誌としてその発行部数がすくなかったことと、もう一つは……真正面から反対ばかりしないで、時に廻りくどい表現方法をとり、読者に行間を読みとってもらうことに努めたからです」（小倉政太郎編『東洋経済新報言論六十年』）

『東洋経済新報』に対する圧迫は削除や紙の減配に止まらなかった。『湛山回想』（岩波文庫）によれば、一九四三年（昭和十八年）四月から翌年七月まで内務省警保局長だった町村金五に対し「東条首相から特に東洋経済新報を好ましからぬ雑誌としてうんぬんせられた……総理から右のような言が出たとすれば、問題はなかなか深刻であったと思われる。だが、東洋経済新報は、ついに戦時中つぶされずにすんだ。けだし、それには、ひそかに、われわれを助けてくれた人もあったのではないかと思う。……前記の町村氏ごときも、私は昨年、あるところで、偶然初めて面会したが……同氏は、せっかく東条首相の注意があったにもかかわらず、あえて東洋経済新報に手をつけなかったということである」という。

という具合で、時の指導者にとって、小雑誌とはいえ、『東洋経済新報』および石橋の論説は目障りであった。文庫版の『湛山回想』では、「東条首相から特に東洋経済新報を好ましからぬ雑誌としてうんぬんせられた」とあいまいな表現となっているが、『東洋経済新報言論六十年』では、「東条首相から、東洋経済を潰《つぶ》す方法は無いものかと相談を受けた」とある。また『湛山回想』によればこの時期、社内からも石橋を退陣に追い込もうとした動きがあった。鋭い政権批判を維持する石橋に対し、石橋を下ろすことで政権からの弾圧をかわそうとした動きだった。

しかし、石橋は「今さら私が退き、軍部に協力するというたとて、それで果して東洋経済新報が存続しうるや否や、疑問である。〔現にそうしたにもかかわらず、結局存続し得なかった例があった〕また、仮に存続したとしても、そんな東洋経済新報なら、存続させるねうちはない。東洋経済新報には伝統もあり、主義もある。その伝統も主義も捨て、いわゆる軍部に迎合し、ただ東洋経済新報の形だけを残したとて、無意味である。そんな醜態を演ずるなら、いっそ自爆して滅びた方が、はるかに世のためにもなり、雑誌社の先輩の意思にもかなうことであろう。私はこういう信念のもとに、あえて、がんばり、内外の圧迫に屈しなかった」と、当時の決意を書き記している。小雑誌であるからと言って、戦時下の圧迫や危機がなかったわけではない。こうした言論人としての矜持《きょうじ》、信念があったからこそ、存続できたのだ。朝日や毎日の幹部には、この矜持がまずもって欠けていたのではないか。

また『湛山回想』は彼の評論と指導者の反応について、もう一つ興味深いエピソードを残している。軍縮と太平洋・極東問題を討議するワシントン会議に向け、一九二一年（大正十年）七月二十三日号の『東洋経済新報』に石橋は「一切を棄つるの覚悟」と題する社説を書き、「日本は『朝鮮、台湾、満州を棄てる、支那から手を引く、樺太《からふと》も、シベリアもいらない』これだけの覚悟をもって、この会議に臨むのでなければ、必ず失敗するであろうと極論した」という。これに対し、『湛山回想』は「たとえば憲政会総裁加藤高明氏は、大正十年九月同党の北陸大会で演説し、『世上あるいは支那において有する特権をことごとく還付すべしとなす淡白なる人あるも、もしかくの如くんば、日本は何のため支那と戦い、露西亜と戦ったのであるか、また日本のみ、これを還したりとするも、その他の諸国は果して如何』うんぬんと述べた」と書いている。石橋はこのエピソードを自身の評論を一平和論者の空論として「一般に受け入れられなかった」例として挙げているのだが、それは彼の謙虚さであり、まさに極論だから採用されなかったわけだが、実際加藤高明総裁が言及したこと自体、政界のトップでさえ、『新報』の社説を意識していたことの証左であろう。小雑誌ではあったが、その声は指導者たちにも届いていたのだ。石橋の評論は決して、政界に影響がなかったわけではない。後年、東条首相が『東洋経済新報』をつぶせと指示したことでも明らかだろう。

## 第四節　表現の工夫による抵抗

雑誌の存続をめぐる問題で、私がそれ以上に注目したいのは、石橋自身、『東洋経済新報言論六十年』で表現を工夫しながら、抵抗を続けていたと述べている点だ。一見すると、マルクス主義歴史家が指摘するように、軍や当局に妥協し、「小日本主義」を放棄したかに見える評論もある。だが、それは敢えて表現を屈折させながら、当局の検閲をかいくぐり、読者にその工夫を読み取ってもらうという対策だったのだ。表現の自由の抑圧期には、石橋だけでなく、いつの時代も、抵抗の人びとの間にみられる手法である。吉野作造の章でもこの点について論及した。共産党の一党独裁下にある現在の中国の言論界でも同様の現象がある。今も、昔も、中国研究者の間では、その工夫を読み取ることが肝要だと、筆者自身も記者修行時代、先輩記者から教えられたものだ。先に井上清、江口圭一のマルクス主義歴史研究からの石橋批判を紹介したが、彼らが石橋の「屈折」「変節」と批判した部分の多くは、石橋の工夫した表現の「屈折」を、そのまま「小日本主義」、『東洋経済新報』あるいは石橋の「変節」と読み違えた部分があるのではないかと、私は考える。

以下、事変勃発直前から勃発後の石橋の評論とそれに対するマルクス主義歴史家の批判的分析を対照しながら、石橋の本意、その評論の教訓を見ていこう。

石橋は満州事変の直前、「満蒙問題解決の根本方針如何」との社説（一九三一年〔昭和六年〕九月二十六日、十月十日号）を書いた。社説は事変の発端となる九月十九日の柳条湖事件発生以前に書かれたものだ。なぜこの社説を書いたのか。事変の直前、七月に中国人農民と日本警官隊が銃火を交えた万宝山事件が発生し、八月に入って興安嶺《こうあんれい》方面に偵察にでた中村大尉が中国軍に捕らわれ殺害された事件が公表され、日本国内のマスコミに中国に対する軍事行動を求める声が沸騰していたからだ。

半藤一利はこの時期の世論の状況をこう記している。

「新聞はこのとき、なんとしたことか、一気に日本の権益擁護にまわった。万宝山事件のころはまだわずかに残していた冷静さを失い、なぜか感情的になった。朝日の八月十八日付社説『我が将校虐殺事件暴虐の罪をただせ』がそのいちばんよい例といえようか。事件は『支那側の日本に対する驕慢《きょうまん》の昂じた結果であり、日本人を侮蔑《ぶべつ》し切った行動の発展的帰着的一個の新確証である』と、威丈高になった。同じ日の記事では『耳を割き鼻をそぎ、暴戻！　手足を切断す　支那兵が鬼畜の振舞い』というセンセーショナルな見出しで報じ、読者の反中国感情をかきたてた」

毎日新聞は、九月十日付で「外交交渉駄目なら軍部の手で」、翌十一日には「土肥原大佐の報告　支那全く誠意なし　軍部いよいよ牢固たる決意　最後の対策も協議」との観測記事も掲載した。したがって、石橋の社説は、情勢が非常にひっ迫する中で、日本国内のマスメディア、世論に冷静を呼びかけるために書かれたものだ。従来から主張している満蒙の権益放棄論や日中親善、国際協調路線の延長上にある主張だ。

石橋はまず「最近、中村大尉殺害事件を機会に、満蒙に対する諸懸案を根本的に一掃解決すべしとの主張が、我が軍人および政治家等の間に聞かるるは、その限りにおいて記者のまた大いに賛成するところである」と切り出す。石橋の多くの文章は、権力やあるいは大衆世論の動きや声をまず紹介し、一応の賛意も示しながら、後半それに反論し、覆すという屈折した論法を使う。そのために、誤解されることもある。軍部の言論統制の厳しい中で、言論活動を続けながらそれに抵抗していくには、こうした論法を用いざるを得ない。石橋は次のパラグラフで早くも「しかし問題は、もしわが国民がこの際真に満蒙問題の根本的解決を希望するならば、その目的を達するに足るだけの、まず十分の覚悟を以て臨まねばならないということだ」と論調を転換させる。そして本論に入っていくのである。

「我が国民にして従来通り、満蒙における支那の主権を制限し、日本のいわゆる特殊権益を保持する方針を採る限り、いかに我が国から満蒙問題の根本解決を望むも、その目的はとうてい達し得ぬこと明白であるからだ。我が国としては、あるいは満蒙における我が特殊権益を確立し、再び支那にとやかく言わせぬ状勢を作り得れば、それにて問題は根本的解決を遂げたりと満足するかも知れぬ。しかしそれでは支那の政府と国民とは納得しないに極まっている。あるいは一時は力に屈して、しぶしぶ承諾する形を取っても、いつかはまた必ず問題を起し来ることは、かの大正四年の二十一カ条要求がその後いかなる結末を示したかを見れば判る。いわんや今日は、大正四年当時とは異なり、力を以て、渋々なりと支那を屈することさえ、おそらくは出来難い。かように問題の解決が困難なるは、畢竟《ひっきょう》満蒙が支那の領土であるからだ」

「しきりに排日行動に出づるに対して、我が国人は過去の歴史や条約やあるいは支那に対する日本の功績やらを理由として、彼らを批判し、その不道理を説くけれども、そんな抗議は畢竟するに、この問題の解決には無益である。かの国人が、彼らの領土と信ずる満蒙に、日本の主権の拡張を嫌うのは理屈ではなくして、感情である」

石橋はこのように満州での利権の拡大は必然的に中国側の抵抗を招くと警告する。歴史、領土問題をめぐる感情の対立は今日でも起きているわけで、石橋の指摘をよくかみしめて味わいたい。石橋はこの後、当時の中国側の排日教科書問題にもついて触れ、「いずれも新しい歴史の事実であるだけに、全然虚偽と見做《みな》されるべきものはない。のみならず彼はまた善く自国の欠点も認め、過去の政治の誤りを説いている。仔細にそれらを読めば、かれらのいわゆる排外排日記事が、単なる排外排日を目的とせるものにあらざることが解せられる」と、冷静に理解を示している。日中関係においては、戦時中も戦後も、同じように歴史の感情問題、教科書問題が発生しており、相手の声、立場を正面から理解しようとする石橋の冷静な姿勢から学ぶべき点は多い。

さて、石橋は日本側の日中関係における誤解を解説した後、「満蒙問題を根本的に解決する第一の要件は、以上に述べたる支那の統一国家建設の要求を真っ直ぐに認識することだ。この認識が正しく出来て、而して初めて問題解決の手段は発見せられる」と強調する。その上で、日本が中国の国家建設を支持し、満蒙を放棄することが、結局根本的な解決策になるという彼独特の議論を展開する。

しかし、当然のことながら、日本の政府や軍部、それにメディア、世論から異論が出てくるだろう。石橋はそのことを充分承知した上で、二つの懸念・疑問の声に答える。一つは「支那の統一国家ができれば日本の国民生活の安全と繁栄の妨げになるのでは」という懸念の声。もう一つは「満蒙の我が政治的権力を放棄して〔我が国は〕独立を保てるか、国民の生活の向上が図れるか」という疑問の声だ。

前者の懸念の声に関しては、それなら「武力をもって断然その運動を叩《たた》きつぶすほかない。……〔だが、それは〕今日および将来の国際状勢において、さようの手段を取ることが許さるるか、我が国はその場合には、旧ドイツ帝国の二の舞に陥らぬか」と指摘する。この指摘は吉野作造と共通するところでもある。が、後者の問題では彼独特の反論を行う。

後者の問題では、その声は、朝野を挙げ日本は満蒙の権益が、①人口問題の解決②石炭・鉄など日本に乏しい資源の調達確保③国防上の必要性と深く関わっており、満州は日本の生命線として不可欠と考えている

――と、石橋は総括する。その声に対し、石橋は実際にその権益は武力によって直ちに得られるものでもなければ、中国や国際社会からの反発も出てくると反論する。実際に利益を得るためには、代償が必要であり、むしろ代償の方が大きいというのが、石橋の見立てである。「もし何らの代償なしに、満蒙にさようの位地が占め得らるるならあるいは夏の小袖《こそで》である。貰って置いても悪くないかも知れぬ。しかし、満蒙は、いうまでもなく、無償では我が国の欲する如くにはならぬ。少なくも感情的に支那全国民を敵に廻し、引いては世界列国を敵に廻し、なお我が国はこの取引に利益があろうか。それは記者断じて逆なるを考える」ともいう。「貰って置いても悪くない」などという言い回しが歴史家の誤解を招くが、軍部や右翼の目をごまかす表現である。

石橋がこうした議論を展開するのは、中村大尉殺害事件の残虐性を云々しながら、実は事件を口実に、満州における権益の拡大、実現を図ろうとしている軍部の意図を見抜き、事前に警告しているのである。満蒙の権益実現には、その代償が大き過ぎるという論法は如何にもプラグマティスト、石橋湛山独特の論法である。江口圭一も「『満州事変』に際しては、それを支持し肯定し正当化するのがジャーナリズムの圧倒的な大勢であったのである。そのなかにあって、『満蒙』特殊権益の放棄を主張し『満州事変』を根底から否認した『新報』は、まったく例外的といってよい存在であり、それだけに、その言論の意義はいっそう高く評価されなければならない」と石橋の議論を支持する。

だが、江口の高い評価は、四か月後、石橋が発表した、先に紹介した三本の社説で暗転する。三本の社説は①「支那に対する正しき認識と政策」（一九三二年二月六日・十三日号）②「満蒙新国家の成立と我が国民の対策」（同年二月二十七日号）③「日支衝突の世界的意味」（同年三月五日号）である。

まず問題となったのは、①の「過去何十年の支那の実状を見ると、残念ながら支那人は果たして自国を統治する能力あるやが疑われないでもない。彼等は絶えず無意味な内乱を繰返している。……而かも彼等は此事を反省せず、屢々四隣に対して駄々ッ児の如く振舞ひ、其感情を損し乃至迷惑を及ぼすことを憚らぬ。昨年九月の事変突発前、既に久しく日支の衝突を免れぬ険悪の空気を満州にみなぎらしていたというが如き、罪は勿論日本側にもないと言えぬが、ことに支那としては誠に身の程知らぬたわけた事だったと評さねばならぬ。もし支那人にしてかくの如く自力をもっては容易に自国の治安をもたらす見込みなく、四隣もはなはだ迷惑するとせば、やむを得ず他国が、その支那人に欠くるところを補いて、速やかに支那を平和な国土とすることに助力するも決して余計のおせっかいとは言い難い。むしろ、今日の緊密なる国際関係においては当然の処置だと許せるものである」と述べた点にある。

この社説に対し、江口は「二月六日ハルビン占領によって全『満州』の武力占領が既成事実となった状況のもとで、『新報』は、この『駄々ッ子支那』のイメージを復活させ、中国の政情の混乱と治安維持能力の欠如とを指弾して、日本の武力行使を正当化したのである」と厳しく批判した。

またこの社説の最後に以下のようなくだりがあり、この点も江口の酷評を受けた。

「第一は、同地における我が国の既得権益はこの際もちろん鞏固《きょうこ》に確保するがよろしい。それらを今後いかに利用しあるいは処分するかは後の問題だ。第二に満州は、いわゆる保彊《ほきょう》安民の主義を確立するほか、すべての政治および経済施設は同地居住の支那人の意に任せる。すなわち絶対の自治であって、我が国からの顧問を入れるごときも、もしそれが監視人的意味のものであるなら、避けるがよろしい」

後半の議論はともかく「既得権益は鞏固に確保するがよろしい」は、半藤一利の『戦う石橋湛山』でも「この論のいうところはまことにもっともながら、その反面でこれを読む時幾分の疑念と若干のさびしさを感じるのは、はたしてわたしだけだろうか。なにか満蒙にたいする日本帝国の『既得権益』を認めたかの一行があると、高い石橋評価へのためらいを示した。

確かにこの一行だけを取り出せば、これまでの満蒙放棄論をひっくり返すような表現と受け取れるが、やはりこの文章全体が何を論じたのか、その中で考え、評価していかねばならないだろう。この社説は、事変の発端となった柳条湖事件から半年足らず、「錦州における支那軍の撤退によって、幸いにも一段落を画したかの観を呈した。我が輿論はここにおいて著しく楽観し、満州には今にも我が国の希望に副《そ》う中央政権が確立し万事好都合に運ぶものの如く喜び祝った」という書き出しで始まる。そして、前半は「記者はここにおいて既にしばしば繰り返した記者の素論を重ねて繰り返す必要を感ずる。その一は我が国民も、また軍部ないし政府当局も、満蒙における我が権益ないしそこに存在する資源の価値をあまりに高く買いかぶり、見当違いの皮算用をしているという事だ」と、満蒙放棄論を再確認しているのだ。「将来満蒙が理想の如く経済的発展を遂げたる際の情勢を想像するに、それは所詮支那人の満蒙であって日本人の満蒙ではあり得ないと断言するに躊躇《ちゅうちょ》しない」とまで述べている。

「既得権益を確保」云々は、せいぜいいまのうちよという皮肉を言っているだけだと私には読める。というのは、この社説に続く②の社説「満蒙新国家の成立と我が国民の対策」では、「善にせよ、悪にせよ、すでにここまで乗りかかった船ならば、今更捨て去るわけには行かぬ。出来る限りの力を注ぎ、新政権を助け、満蒙を保彊安民の楽土たらしむるこそ、避け難き我が国民の責務である。さてしからば我が国は、いかにしてこの責務をはたすべきか」と自問し、ここでも一見、既得権益確保に賛意を示したかに見える。江口は「『満州』、武力侵略の結果である『満州国』の成立を前提とし、その存在を容認したうえで、立論を行っていた」と批判する。しかし、次に「第一に提議したきは、出来る限り速やかに新政権に警察ないし軍隊を組織せしめ、我が軍隊を満蒙の地より、撤退する事である。あるいは満蒙新国家の対外国防のためには、当分日本軍隊の駐屯を要すべしと説く者もないではない。がこれは第一に我が国軍の権威のため、第二には満蒙新国家と我が国との親善のため、第三には列国にいたずらなる疑惑の念を抱かしめざるため記者の絶対に反対するところである」と述べ、軍の早期撤退を促している。つまり②の社説では、事変によって新国家が成立してしまった今、日本の為すべきことはあくまで治安維持に助力を尽くすことだけだと言っているのだ。それでも新国家の成立を前提に立論しているではないかという批判が出てきそうだが、石橋は原理、原則の問題を語っているわけではない、時事問題を論じているのであって、現実に新国家が成立した中で、日本の歩むべき道をどう考えるのかを議論しているのである。

しかも①の社説で注目すべきは、石橋が「この頃満州に在る軍部の新人等々の中には、往々にして検討不十分な空想を恣《ほしいまま》にし、この際満蒙を一つの理想国家に仕上げんなどと、真面目に奔走せる者がある」と指摘し、「いわゆる理想国家とはどんなものか知らないが、日本の国内にさえも実現出来ぬ理想を、支那人の住地たる満蒙にどうしてこれを求め得ようか、社会主義者の中には、旧くからしばしば理想社会建設の目的で、無人の新土に植民を企てた者があったが、一つとしてその成功した例はない」と警告し、次の事態を予測しながら、軍の暴走を戒めている点だ。石橋のいう理想国家を夢想する軍部新人等々とは、満州事変を実質的に主導した石原莞爾《いしわらかんじ》やそれに協力して、協和運動を進めた橘樸《たちばなしらき》などのことを指すと見られる。石橋が①②でこうした動きに触れ、それを批判したのは、事変から半年もたたないのに、そうした国家建設の構想が動き出す中で、日本の役割はせいぜい治安の維持の助力のみに止めるべきだという点を強調したかったからだろう。

それを、江口のように、「武力行使を容認し」、「満州国の存在を合理化した」、『新報』年来の根本的主張の大転換――満蒙の特殊権益の放棄からその擁護へ――を伴っていた」というのは、言い過ぎであり、誤解であると言えよう。

江口の石橋批判は③の社説で一段とトーンを上げる。この社説は、満州事変に伴う日中間の対立の解決を図るために、国際連盟から派遣されたリットン委員長ら調査団が一九三二年（昭和七年）二月二十九日東京に到着したのに合わせて書かれた。社説には「連盟委員に寄す」との副題が付けられている。石橋はまず調査団に対して「この壮《さかん》なる調査委員諸君の目的は、もし諸君にして国際連盟および英米仏等の世界列国が、従来日支紛争問題に取れる態度をそのままに追うならば、恐らくこれを達し得まいと考える」と指摘する。なぜなら「表面はいかにも単なる日支間の利害あるいは感情の衝突に過ぎないが、しかし衝突が何故起こったかの根源は、実は日支両国のみに止まらざる世界的一大問題に発している」からだという。石橋はその一大問題を偏狭なる国民主義あるいは帝国主義の激化だと表現する。その上で「もし日支がこの紛争を根本的に解決せんとせば、日本の、あるいは支那の、国民主義的ないし帝国主義的感情を撲滅する外はない。しかるにこれは実際において不可能だ。何となれば日本が大陸侵出を断念せぬ限り、支那に国民主義を棄てよと求むるはもとより無理な注文だが、さりとて日本はまた大陸侵出を止めよと説くはやはりはなはだ無理だからだ。と言うわけは、この国民主義ないし帝国主義なるものは、独り日本だけ（あるいは支那だけ）の所有物ではなく、世界列国の――ことになかんずく強国の――また等しく所有する思想感情であり、政策であるからだ」と主張した。さらに「恐るべき侵略主義、帝国主義、国民主義により全世界の平和を攪乱《かくらん》しつつあるのである。日本が世界のこの現状に刺激せられて、いわゆる自己防衛のために、せめて満蒙に経済的立場を作らんと急《あせ》るも決して無理でないではないか」とまで述べた。

この社説の流れについて、江口は、「かつて『新報』は、『列強が広大なる植民地又は領土を有するに、日本独り狭小なる国土に跼蹐《きょくせき》せよと云ふは不公平であると云ふ論』を批判した。今や『新報』は、かつてみずからが批判し、克服しようとしたものと同一の立場に依拠している。『新報』は、かつては、列国の帝国主義・植民地主義にもかかわらず、日本のそれを否認した。今や『新報』は、列強の帝国主義・植民地主義を理由として、日本のそれを是認するにいたった」と痛烈に批判した。これも確かに指摘された部分だけを読むと江口の新報批判は当たっている。

しかし、この社説は副題にあるように、調査を開始するために日本に立ち寄った調査団に向けて送ったメッセージである。日本の中国への侵出問題を、欧米列強や国連も、第三者としてではなく、自身の問題として捉《とら》えるように求めたものだ。中国侵出は日本だけではなく、欧米列強も同様の動きを展開しており、日本の侵出問題の解決を求めるなら、欧米列強も含めた解決策でなければ、日本政府も日本の世論も説得できないと訴えているのだ。日本政府も日本の世論も、欧米列強に対して、日本だけを帝国主義と批判するのでは不公平と言っているわけだから、それを説得する上でも、リットン調査団がこの問題を欧米自身の問題としても検討すべきだと、調査団に向けて訴えている。

そして石橋は、決して「小日本主義」を放棄したわけではない。社説の最後に改めて「記者は前にも言える如く、日本が従来支那に取れる政策を是認する者ではない」と述べ、さらにその理由として「日本が列国の尻馬に乗りて、自己もまた帝国主義的政策を取ることを不利益なりと信ずるが故である」と説明している。石橋は、欧米列強も帝国主義だから、日本のそれも容認されるといったのではなく、欧米列強も日本も帝国主義を改めるべきだと主張しているのだ。満州問題は世界の問題だと冒頭述べているのもそうした考えからだ。

私はこの点でも江口の読み違いを痛感する。皮肉を込めて言えば、「ブルジョア自由主義」を最後まで賞賛できないので、石橋の屈折した複雑な論点、ロジックを単純化し、その一部の発言のみを取り上げて批判していると、私には見える。この時期の評論は石橋の表現方法の工夫に着目しながら最後まで読まなければ話にならない。

石橋湛山の対中国外交論として『侮らず、干渉せず、平伏《ひれふ》さず』(草思社、一九九三年)の筆者、増田弘は同書の中で、私同様、江口批判を以下のように展開している。

「『新報』(湛山)が日本の武力行使を正当化した事実はない。そればかりか、満州国成立を前提としてその存在を容認した事実もない、したがって、『新報』が列強の帝国主義・植民地主義を理由として日本のそれを是認するに至ったとの判断は誤認以外何ものでもない。それは次のように解釈すべきである。経済合理主義に立脚する湛山にとって、国際貿易の拡大は必要条件であり、その前提となるのが国際協調体制と自由貿易体制であった。しかし、世界恐慌の発生による経済ブロック化は、国際緊張を増し、保護貿易主義へと移行させた。彼にとってこれが痛恨事であり、それを問題視したうえでの米英等への批判であったわけである。むしろこの社説のより重要な点は、現状のままでは『第二次世界大戦』が発生すると警告していることにある」

さらに江口批判を続けると、江口は屈折の理由について「『新報』が、もしもたとえば石橋湛山の個人的な政論雑誌か、経済雑誌でも同人雑誌的なものであったとすれば、世論がどうあろうと、その独自の主張をかかげつづけることもなお可能であったろう。しかし、『新報』は、そうではなく、すでにわが国最有力の経済雑誌の一つであり、ジャーナリズムにおいて有数の地歩を築いていた」、「『新報』は、もはや自由奔放に言論を展開しうる非体制的な小雑誌ではなく、『国民多数の感情』を顧慮することなしには自己の存立と成長をはかりえない大雑誌に転化していたのである」と、説明している。

江口と同じ研究グループの井上清は、『東洋経済新報』は影響力のない小雑誌だから、軍部・政府批判も見逃されたと見ていたことはすでに紹介したところだ。同じ研究グループで、同じ著作の中で、正反対のことを述べている。この点についても、石橋自身の『湛山回想』での認識と大きな違いがある。石橋はこう回想している。

「自爆する場合には、二百あまりの社員の身のふり方を考えなければならない。それには、まことに都合の良いことがあった。東洋経済新報の土地建物を売れば、相当の金額になるので、それを社員の退職金として分け、半分の生活をささえてもらうことである……私はこの考案を、戦時中、幾度か社員に話して、覚悟を固めてもらうよう頼んだのである」

それだけの覚悟があって、筆を曲げなかったのだ。実際、『東洋経済新報』の社説は何度も削除処分に遭っている。上田美和著『石橋湛山論』(吉川弘文館、二〇一二年)によれば、戦前の新聞・雑誌の検閲状況を記録する内務省警保局発行の『出版警察報』に「有力経済雑誌『東洋経済新報』が社説により又々削除処分に附せられて居ることである。殊に本『東洋経済新報』は週刊誌であるが之により七、八、九月(一九三九年)の三ヶ月毎月一回宛連続削除処分を受けて居て注目を惹く」と記され、「『東洋経済新報』が検閲において特別に問題視されていた」という。上田は削除処分を受けた社説の例として「独逸の背反は何を訓へるか」(一九三九年九月二日号)を挙げている。この社説は、八月二十三日に調印された独ソ不可侵条約を受けて書かれたものだ。時の平沼内閣は衝撃の余り総辞職したが、石橋はこれこそ日独伊三国同盟に走りだした外交を見直す好機と捉え、「我が外交の上から論ずれば、古往今来こんな恥辱を国家が蒙り世界に顔向けならぬ大失態を演じた例が、二千六百年の我が歴史にかつてあったか。盟邦だ！　防共協定だ！　全体主義だ！　臆面《おくめん》もなくこれらの名辞に賛嘆の声を挙げていた我が口は悪《にく》むべきかな。しかし、誰が一体かような恥辱を我が国に蒙らせたか。それはドイツでも、その他の国でもない。我が国自身だ。我が国自身の数々の以上に挙げた欠陥からだ。国民は口には言わぬが、心では疾くにこの事を知っている。当路者は心耳を澄まして、国民の声を聞け」と論じた。

石橋自身は、みせかけの「屈折」を装いながら、自由な言論を守る覚悟を社員とも固めていたのである。本人は少なくともそう認識していた。石橋自身は筆を折ったつもりはさらさらなかった。それでも「ブルジョア自由主義者」だから屈折したのだと決めつけることができるのだろうか。

## 第五節　抵抗の哲学――独立自主の精神と功利主義

軍国主義の横暴が続く中、ジャーナリストとしての矜持を守り通した石橋の思想の根源に一貫して「独立自主の精神」があった。『石橋湛山論』の著者、上田美和は同書の中で、石橋の「思想の淵源《えんげん》」として、「自立主義」を挙げている。「独立自主」も「自立主義」も同様の精神と言えよう。石橋の評論で出てくるのは「独立自主」、「独立自尊」であり、私は「独立自主」という表現を採用した。「独立自主の精神」こそ、はびこる軍国主義とそれに迎合する風潮とは一線を画す論調の源となる。

上田は、自立主義を「自己による支配を最上のものとし、その結果については自ら責任を負うという思想」と定義し、石橋はそれを個人だけでなく民族問題にも適用したと指摘する。その結果、他民族の自立主義をも尊重し、中国の民族運動にも理解を示したというわけだ。

そのいい例が、石橋は満州事変の直前に書いた社説「満蒙問題解決の根本方針如何」(一九三一年九月二十六日号)で「いかに善政を布かれても、日本国民は、日本国民以外の者の支配を受くるを快とせざる如く、支那国民にもまた同様の感情の存することを許さねばならぬ」と述べ、満州侵略への動きを、「独立自主」の精神を用いて批判したことだ。

だが、自立主義は自己責任をも求めるから、中国が軍閥《ぐんばつ》抗争に明け暮れたり、外国勢力に依存するような状況になると、「駄々ッ子支那」として批判するようにもなる。また専制主義体制とそれに屈従する国民に対しても、日本であれ他国であれ、厳しい姿勢を取る。マルクス主義歴史家たちはこの点を挙げて、自由主義者としての「屈折」の表れと石橋を批判する。しかし、石橋の評論では、中国に自己責任を求める一方で、日本の侵略をも忘れず批判している点を見落としてはなるまい。侵略を正当化しているわけではない。「自立主義」や「独立主義」の立場を取れば、当然、中国の停滞、後退を批判することにもなる。魯迅《ろじん》や毛沢東とて、「阿Q精神」や軍閥抗争や外国依存の勢力(漢奸)を痛烈に批判してきた。

私はもう一つ石橋の重要な「哲学」として、功利主義を挙げたい。石橋はまだ主幹となる前の『東洋経済新報』記者初期のころの一九一五年(大正四年)「まず功利主義者たれ」(五月二十五日号)という社説を書いている。日本が「アジアの盟主」として欧米列強の植民地支配に苦しむアジアを救おうという「アジア主義」の看板を掲げ、大陸への進出を図ろうとしていた時代だ。

「吾輩はいわゆる人道なる言葉は嫌いである、恩恵なる言葉は嫌いであるイソップ物語の狼は羊を食わんとした時に、まず羊に向かい、己はお前の無二の友、無二の保護者だと、恩を推し売りした。人間でも恩を推し売りする者に碌《ろく》な奴はない、多くは偽善者である。……人間の関係の中で、最も進歩の遅れたる国際外交においては、各国とも今もってこの狼流の態度を取るが、他は他、我は我である。少なくとも吾輩は支那に対して我が国人がかくの如き態度を取るのに好感を持ち能わぬ。あるいは彼らには真実いわゆる人道に従い、恩恵を与うるつもりか知らぬが、これを聞く支那国民は、さてこそまた狼がと苦笑するであろう。のみならずかくの如き考えから対支政策を定むることは(仮令《たとい》それが真実の心からであっても)我にとっても、彼にとっても危険至極なことである。何となれば、いかに恩を与えようとしても、相手がそれを信用せず、受けてくれねばそれまでである。而して我は非常に心持ちを悪くする。現に近頃の日支交渉事件においても、我が国人の中にはかような意味で支那を不都合だと罵《ののし》っていた者も少なくなかった。……支那が、我が国民の人道呼ばわり、恩恵呼ばわりを拒絶し、信用せぬは、まことにもっともな次第と申さねばならぬ」

ではどう対応すべきかというところで、石橋は「功利主義」を掲げる。

「唯一の途は功利一点張りで行くことである。我の利益を根本とすれば、自然対手《たいしゅ》の利益も図らねばならぬことになる。対手の感情も尊重せねばならぬことになる。……ますます彼の温かき感情を持ち、彼の富み栄ゆるは、やがて我の利益であることを知っておる。而してそれは決して人道の考えからも、恩恵を施すつもりからも来ることではない。ただ一功利である。国際関係においてもまたその通り。明瞭《めいりょう》なる功利の立場から行く時に、始めて我と、彼とは十分に理解し合い、信用し合い、而して感情の齟齬《そご》から衝突を惹き起すが如き危険は全くここに避くることが出来る。……彼の産業が発達することは、仮令それが農業であろうと、商業であろうと、工業であろうと、畢竟彼の富が増加することであり、その利益はやがて我のまた受くるところである」

彼のいう「功利主義」とは、自己の利益だけを図るものではない。本当に自己の利益を追求しようとすれば、他者の利益を尊重してこそ実現するものだという、欧州近代の「功利主義」の立場を取っていることが前提だ。この社説は以下のようになる。

「吾輩はあえて我が国民に言う。我らは曖昧《あいまい》な道徳家であってはならぬ、徹底した功利主義者でなければならぬ、しかる時にここに初めて真の親善が外国とも生じ、我の利益はその中に図らるると」

彼が「功利主義」の旗を掲げるのは、対中国外交だけではなく、戦争反対や満州放棄論でも一貫して登場する。そこでは「平和」や「人道」といった理想論ではなく、「功利主義」の立場から、「正義」の裏側を暴いてみせる。

戦争の無益さを説いた「戦争は止む時なきか」（一九一四年〔大正三年〕八月二十五日号社説）では、「戦争は、有形的にも無形的にも、何らの利益を生むものにあらざればなり。世には戦争の結果領土を拡張し、もしくは償金を獲得すれば、それだけすなわち国家の富を増すものの如く考うる者あれど、これ誤れるのははなはだしきものなり。論より証拠我が国は日清戦争に台湾を得、日露戦争に樺太朝鮮を併せて、幾何《いくばく》の利益を得たる。なるほど事業は台湾に起りたり、朝鮮樺太にもまた起こりつつあるなるべし。しかれどもこは戦争によって併せたるが故にあらずして、巨額の資本を投じたるがためなり」と述べている。

この社説は、第一次世界大戦への参戦を戒めたものだ。「戦争は総ての場合において利益を生むものにあらず。しかるにこれに費やすところは巨額の軍費と生霊とあるのみならず、さらに世界の信用制度を破壊し、自国民の生活をも、他国民の生活とも困難に陥ること、現に欧州の戦乱が我が国に及ぼせる影響によっても知るを得べし」と結論した。

満蒙問題、対中関係においても同様だ。「満蒙問題解決の根本方針如何」(前出)でも、結論はこうだ。

「議論は、いろいろに出来よう。仮令満蒙なくば我が国亡ぶというほどでなくとも、原料の上から、国防の上から、満蒙が日本の領土である方が善い、あるいは領土でなきまでも、せめてそこに相当の政治的権力を有する方が便利である……そういう事も考えられる。もし何らの代償なしに、満蒙にさような位地が占め得らるるならあるいは夏の小袖である。貰って置いても悪くないかも知れぬ(それも実ははなはだ疑問だが)。しかし満蒙は、いうまでもなく、無償では我が国の欲する如くにはならぬ。少なくも感情的に支那全国民を敵に廻し、引いては世界列国を敵に廻し、なお我が国はこの取引に利益があろうか。それは記者断じて逆なるを考える」

彼にとって、満蒙問題も、対中関係も、「取引」なのだ。相手の立場も反応も無視して、アジア主義という正義を押し立てても、結局は日本は孤立主義に陥り、「小欲」は満たしても、「大欲」を失う。「産業主義」、「貿易立国」という功利主義こそが戦争を回避し、日本の将来を切り開くと石橋は主張している。

## 第六節　福沢諭吉－田中王堂の継承

石橋の主張やその淵源となった思想、哲学はどのようにして育まれたのか。『石橋湛山論』の上田美和は、「石橋の小日本主義は、同時代の吉野作造の思想を『徹底純化したもの』と評されるほど、大正期における最も先端的・徹底的な反帝国主義思想である」としつつも、それは「石橋の独創ではなく、東洋経済新報社内の先輩である植松考昭〔石橋の前々主幹〕、三浦銕太郎〔同前主幹〕の影響であったことは、すでに松尾《まつお》尊兊《たかよし》の一連の研究で論じられたとおりである」と、『東洋経済新報』の歴代主幹の継承である点を強調する。その松尾は「急進的自由主義の成立過程」で、「三浦指導下の『新報』が、『大日本主義』の『軍国主義・専制主義・国家主義』に対置したのは『小日本主義』の『産業主義・自由主義・個人主義』であり、当面強調したのが移民不要論と『満州』放棄論であった」と指摘し、石橋が展開した満州放棄論などの自由主義、個人主義的評論は、先輩主幹たちからの継承であったとしている。

すこし石橋湛山論から話がそれるが、松尾のこの論文で、一点注目したい点があった。それは『東洋経済新報』は一九一〇年三月五日号の社説「支那畏《おそ》る可し」で、従来の中国軽視ないし蔑視《べっし》の態度から脱却したが、その背景に当時、「新報社の社員として迎えられた明治労働運動の巨頭片山潜の影響によるところが大きい」とされている点だ。松尾によれば、片山は自伝『わが回想』で、当時、「上野の図書館に殆んど毎日通うて支那の研究をした。予の研究資料は英語で書かれた文献に限られている。それでも予の研究は、東洋経済新報の支那観を一変した。『東洋経済』は『支那怖るべし』なる題下に、支那国民の必然勃興《ぼっこう》するであろうことを予定の事実として立論したもので、云わば予が図書館で研究した結果を報告して右の論文が物されたものである」と自賛している。だが、「これが事実であったことは先述の『新報』中国論の転換の事実、さらには三浦銕太郎氏が筆者〔松尾〕に語ったところによって裏付けられている」と松尾はいう。中国で辛亥《しんがい》革命が勃発するのはこの社説の転換の翌年のことだった。

確かにこれまで紹介してきた石橋の評論の数々は、『東洋経済新報』の従来からの社論の延長上にあることは疑いない。ただそれは石橋自身の年来の思想、考え方と符合していたことでもあった。そして、私は石橋の年来の思想である「独立自主の精神」、「功利主義」は、彼の早稲田大学哲学科時代に育まれたものであり、大学時代の恩師、田中王堂と明治の啓蒙《けいもう》家、福沢諭吉の影響を強く受けたものだと見ている。

その理由の一つは、『東洋経済新報』への入社にあたって、三浦銕太郎（当時副主幹）の面接を受けた。増田弘『侮らず、干渉せず、平伏さず』によれば、「その際、湛山は三浦に『福沢諭吉論』を提出している。湛山は、合理性を徹底して追究した文明批評家としての福沢を高く評価し、終生福沢を言論人の模範とみなした」という点である。面接の結果を受けて、石橋は一九一一年一月同社に入社した。

二つ目の理由は、一九一六年三月十五日号に「福沢翁の真精神」という石橋の書いた社説があり、田中王堂の著書『福澤諭吉』（一九一五年十二月刊）を紹介しながら、福沢―田中の間で継承される「独立自尊」精神を「福沢諭吉の真精神」として高く評価し、強調している点である。石橋は、同書を福沢の伝記ではなく、「福沢翁の思想を縁として、王堂氏自身の哲学をより多く述べられてある」としながら、「この著において、少なくも一事の、最も強く、深く、福沢翁の真精神を喝破したものあるを見る」と絶賛する。その福沢の真精神とは「すなわち福沢翁は、何事をなし、何物を考うるに当っても、常に自己（自国）を中心にしたということである。換言すれば、翁は西洋文明の輸入を以て当時の日本の最大急務とし、口に、筆に、実行に、絶えずこれを奨励し、これを努めたけれども、しかもそは決してかの文明の形骸《けいがい》を模倣せんとの意味ではなかった。而してその真精神は、かの文明を我が要求によりて改釈し、以て新たなる日本の文明を創設するにあったということである」と石橋は解釈する。その上で、「これは王堂氏が、言葉を更《か》え、観察までを改め、繰り返し繰り返し闡明《せんめい》したるところであって、而して吾輩のまたいかにしかりと同意するところである。福沢翁の標語たりし『独立自尊』ということも、かくの如く解釈して、始めてその意義は明瞭に、而していつの世、いかなる地においても、人の奉じて誤らざる指針となる」と、明快に福沢―田中王堂の継承を宣言している。

この社説は、前号で王堂のこの新著を紹介したのを受け、さらに「近来における最も注目すべき著述の一つとして、吾輩に熟読の要を感ぜしめたもの」として、改めて執筆したものであり、石橋の力の込め方がわかる。社説は最後に「これから更に従来の如き急速の発展を国力の上に見んと欲すれば、どうしても『独立自尊』を以て新文明を建設するに努力せねばならぬ。たまたま王堂氏の著に接し、この事をおもうや、ことに切である。あえて福沢翁を標題として一文を草した所以である」と締めくくっている。

三つ目の理由はダメ押しであるが、石橋には一九一八年（大正七年）十二月号の『早稲田文学』に掲載された「四恩人の一人」という、これまた大学の恩師、島村抱月の死を悼んだ文章がある。その中で、石橋は島村を「明治維新以来の我が思想界の四大恩人の一人」として称え、その四人の「第一は福沢諭吉先生、第二は板垣退助、第三は坪内逍遥《つぼうちしょうよう》先生」とし、「この四先輩はいずれも日本の最近文化史に一転機を画した人」と述べている。

最後に、私が強調したいのは、福沢と石橋の間に、功利主義の立場から対外侵略に反対した点でも共通点があるということだ。すでに本書第二章第六節で紹介したように、福沢は明治初期、征韓論に対して、その利害損得を明らかにして、石橋同様功利主義の立場から痛烈な批判を行なっている。その論法は石橋の満蒙放棄論とそっくりである。福沢は日本が朝鮮を足掛かりに中国まで手を伸ばそうとしたら、すでに中国を「田園」としている欧米が黙っていないだろうとまで警告している。

ちなみに、福沢はその後、朝鮮の独立派を支援しながらも、独立派のクーデターが失敗に終わると、「脱亜論」を唱え、また朝鮮、中国の旧体制の専制主義を痛烈に批判した。日清戦争でも日本政府を強く支持した。その痛烈な論調に、第二次世界大戦後、一部の論者は、福沢が日本のアジア侵略のイデオローグであるかのように見做した。しかし、私が第二章で論証したように、アジア侵略は「脱亜論」ではなく、日本を盟主として欧米列強と対抗するという「アジア主義」、「大東亜主義」から生じたものだ。もし福沢がアジア侵略の先鋒《せんぽう》であったとしたら、満蒙放棄論を唱え、軍国主義に抵抗した石橋が、ここまで福沢を賞賛するはずがない。福沢のアジア侮蔑論、侵略イデオローグ論は、戦後〝発見〟されたものであり、大正から昭和にかけ軍国主義が台頭する中で、そのイデオローグとして福沢の影など全く見えない。先に紹介した「まず功利主義者たれ」という社説の中で、石橋が「狼」と「羊」に例えて、羊の仮面をかぶったアジア主義なるものが実はアジア侵略の源と皮肉っていたことを思い起こして頂きたい。

ただ石橋も全く福沢の過激な言動や偏見について気づいていなかったわけではない。「福沢翁の真精神」の中でも、「福沢翁の思想には、王堂氏も指摘せる如く、あるいは王堂氏の指摘せる以外に、幾多の欠点は存していた。また或る場合にはかなりの偏見も含まれていた」と指摘している。だが、石橋はその上で、「しかしながら、それは今日言う必要はない。必要あるはただ彼の精神である。独立自尊の一事である、万事の行為思想に自己を中心とするということである。もしこれが今日の日本に十分理解され、存在していたならば、内政外交に関する政府の方針を申すまでもなく、一切の事業、一切の学問、一切の教育は、ことごとく面目を改め、大活躍告ぐるに至るべきや、疑いない」と論じた。

『石橋湛山著作集4　改造は心から』の編者、谷沢永一はその解説で「明治大正の日本人は、一面において国家の独立を念じて重んじたが、同時に他の一面においては、第一に欧米先進諸国に対する劣等感を拭《ぬぐ》いきれず、第二に、官尊民卑の気風を脱していなかった。福澤諭吉も石橋湛山も、この弊風を吹き払うべく国民に語りかけ気概を鼓舞することにひたすら努めたのである」と指摘している。中国論にかぎらず、石橋の政治論、経済論、社会論などの評論において、「独立自尊の一事」、「独立自主」に集約されているというわけだ。大衆迎合主義に陥った新聞メディアとは一線を画した『東洋経済新報』の社説には、一貫して「独立自主」の精神が貫かれていた。そして、彼我《ひが》の状況を客観的に、冷静に分析して判断する徹底した功利主義を旨とする「独立自主」の精神が同誌の論調を支えていた。

明治期の福沢諭吉から昭和期の石橋湛山に至るまでの八人の思想家の功利と道義の問題を考察した松井慎一郎は、「我々日本人の行動規範の基底には、常に道義的価値観が存在しており、功利的価値観の専横を妨げる働きをなしてきたといえる。それは、社会や集団の調和をはかるという点では大きな作用をなしたが、逆をいえば、社会や集団の前に個が犠牲になる可能性を孕《はら》むものでもあった。自らの欲望を基点とする功利的価値観とは違い、『世のため人のため』という道義的価値観は、万人を納得せしむる魅力を持っているため、内実を問われる機会がないまま、時に暴走することがある」と述べた上で、以下のように結論づける。

「明治初期に、福沢諭吉が『私利は公益の基にして、公益は能く私利を営むものにあるに依て起る可きものなり』と、『公益』と『私利』(功利)が相反するものではないと主張していたにもかかわらず、それから六十年以上の時を経て、石橋湛山が『公益は、実に其の個人の私益追求心を道具として、最も善く達成せられる如く、人間は本来できているのである』とほぼ同様の発言をしていることは、近代日本において、道義と功利という二つの価値観が反目し、うまく調和されてこなかったことを示している」

本章の議論に即して言えば、石橋はジャーナリストとしての道義を堅持し、満州侵略の功利性、その内実を問題とし、国益やアジアの解放という道義を掲げて暴走する軍部を批判し続けたということになる。

# 民族自決と非戦

大正デモクラシー中国論の命運

高井潔司

# 第十章

# 事変後、方向転換した橘樸

中国の民族運動を支持し、大陸侵略政策を批判した「大正デモクラシー中国論」。本書では満州事変を機に変節した或いは変節に追い込まれた新聞メディアの暗転、それとは対照的に批判的立場を守り通した石橋湛山《いしばしたんざん》らの大陸政策批判の軌跡を紹介してきた。本章ではそうした座標軸ではとても収まり切らない「橘樸《たちばなしらき》」という中国研究家を取り上げる。彼は満州事変まで、厖大《ぼうだい》な中国研究を基礎に、これまで論じてきた「大正デモクラシー中国論」者以上に、中国革命や民族運動の進展に理解を示し、日本の軍事的侵略を批判していた。だが、満州事変勃発《ぼっぱつ》直後、主導者たちとの面談をきっかけに「方向転換」し、五族共和の満州国建国からアジア解放、日本改造の理論的支柱となっていった人物だ。

## 第一節　魯迅も舌を巻いた橘の研究の深さ

橘は一八八一年大分県臼杵《うすき》町の生まれ。生来の豪傑気質、放浪癖もあって、東京、愛知、飛驒高山、熊本の中学、高校、大学への入退学を繰り返し、最終学歴の早稲田大学もカンニング事件の責任を取り退学した。一九〇五年、札幌の北海タイムスに入社して記者生活に入った。

橘は翌年札幌での記者生活に終止符を打ち、二十四歳で大連に移り住んだ。遼東《りょうとう》新報記者を振り出しに、大陸各地を放浪し、中国社会に入り込み、綿密な取材と調査を通じ、厖大な中国研究の論文、評論を残した。その成果は没後二十一年の一九六六年、全三巻の著作集として刊行された。中国革命に強い関心を持ち、研究分野は、中国の政治、経済、宗教、社会、民族論、日本の大陸政策批判など多岐に渉る。私事になるが、学生時代、神田の社会科学専門古書店で、私は彼の著作集に出会った。全三巻二千ページを超える量に圧倒され、かなり無理して購入した覚えがある。著作の半分も収録できなかったそうだから、厖大な研究である。購入したものの、彼の厖大且つ精緻《せいち》な中国研究に歯が立たず、著作集は転勤の度に持ち運ぶだけで、長年積読（つんどく）という運命になった。

ただ中国特派員になった頃、改めて著作集を紐解《ひもと》き、その視点の斬新《ざんしん》さに目を開かされた。巻頭の文章「中国を識るの途」は、日本の中国論の貧困さを鋭く指摘している。

「中国知識の豊富な所有者を俗に支那通と呼び習はし、世人は一面に之を重宝がり他面に之を軽侮しているのであるが、支那通の軽侮を受ける理由は…其の表芸たる中国知識の内容の非科学的な為である」

「社会科学の方では一面に学問自身の幼稚な為と他面には社会現象の複雑を極める為に由り正確な予言は申すに及ばず蓋然《がいぜん》的な推定すら下すことが困難な状態にある。…如何に中国知識の豊富な支那通であるとは云へ、内乱が起るか起らぬか、起ったら何方が勝つか、何時頃如何なる形で終息するかと云ふような事を正確又は其れに近い程度に洞察し得る道理が無い。所謂《いわゆる》支那通共が大胆にも或《ある》いは無思慮にも、新聞記者などの問に答へて予言の安売をすると云ふ事は、畢竟《ひっきょう》彼等の頭が非科学的に出来上がって居る為である」

橘のこの厳しい指摘は、現在の中国論、中国報道にも通じる批判ではないだろうか。その上で橘は日本の誤った中国論を以下の三点にまとめる。

一．日本人は一般に中国に対して先進者であると云ふ事を無反省に自惚《うぬぼ》れて居る。

二．日本人は中国を儒教の国であると思ひ込んでいる。

三．右の誤信とは一見矛盾する様であるが、日本人は中国人を道徳的情操の全く欠乏した民族であるかの如く考へて居る。

私はこの三か条を中国認識の戒めにしてきた。ちなみに現在では、第二項の「儒教」を「共産主義」と置き換えてみたらどうか。

朱越利・四川大教授の「魯迅《ろじん》と橘樸との談話」（『橘樸と中国』所収、勁草書房）は橘の研究の広さ、深さを次のように語っている。

「橘樸はかつて中国の東北の農村を歩き、大衆の社会と経済および生活状況を調査した。また孫中山と同盟会の行なう革命の動向に注目し、通俗道教の研究に力を注ぎ、中国軍閥《ぐんばつ》の財政基礎を専ら研究し、各省の地租、塩税や、封建集団を調査し、大量の中国古典小説を読破した。民国政府の現行制度や財政機構を調査し、『五四』運動について系統的な評論を行ない、山東軍閥や山東省の政治経済等各方面の状況を調査し、軍閥混戦の政治状況に対して評論を行ない、陳独秀、蔡元培《さいげんばい》、胡適《こせき》、李大釗《りたいしょう》及び辜鴻銘《ここうめい》などの人物と会見し、康有為の大同説に興味を示し…。実際、魯迅が橘の中国の現状に対する研究の広さと深さに対して、高い評価を与えたことはそれなりの根拠があった」

橘は中国革命に寄り添い、その進展を肯定的に評価してきた。朱越利が、魯迅も橘を高く評価したというのは、こんなエピソードが残っているからだ。一九二三年、橘は第四章に登場した『北京週報』記者の丸山昏迷《まるやまこんめい》の紹介で、中国の近代文学の父、魯迅と面談した。

後年、橘は「私は北京に於て同氏〔魯迅〕と会見し、迷信に関する意見の交換をしたことがある」と面談の内容を活き活きと、ユーモラスにこう描いている。

私　「近頃狐狗狸（コックリ）さんが大変流行りだした様ですね。済南では、狐狗狸銀行が出来るといふ事が新聞に報じてありましたが、北京はまさか其れ程でもないでせう。」

彼　「ところが、西河沿に一つあります。袁世凱《えんせいがい》の遺した新華貯蓄などより却て信用が高いから面白いではありませんか」

私　「ホホウ、例の銭能訓が頭取でせう。」

彼　「イイエ、違ひます。頭取は呂純陽です。」

私　「オヤオヤ、それは唐代の仙人の名前ではないですか。」

彼　「ハハハ、其の通りです。」

私　「外の事は兎《と》に角《かく》だが、千年前に死んだ筈《はず》の仙人が銀行の頭取となることを政府がどうして許したのでせう。又株主や預金者達が其れで安心でいるのでせうか。」

彼　「政府の事は知りませんが、民間では確に呂純陽が銀行の頭取であると信じ、此の仙人が頭取である間は大丈夫であると云う事になって居ります……」

（「道教の永生観」『橘樸著作集第1巻』所収）

こうした迷信をめぐって、初対面の魯迅と笑い語り合うほど橘は「支那通」だった。魯迅もその後、弟子の増田渉に、「あの人は僕たち〔中国人〕より中国を知っている」と橘との面談を述懐したという（増田渉『魯迅の印象』角川選書）。橘はこんなレベルの話を魯迅と交わし、中国人より中国を知っていると言わしめる人物だった。

## 第二節　五四運動に対する深い読み

橘の具体的な中国研究の内容を少し紹介してみよう。本書のテーマである「大正デモクラシー中国論」の論者、吉野作造や清水安三《しみずやすぞう》、また大阪朝日新聞社説などは、中国の五四運動を民族運動として理解を示し、高い評価を与えた。この点は橘も同様である。

「民国八年〔大正八年〕に突然世人を驚した学生達の愛国運動は、必ずしも其の時刻に奇蹟的に湧出《ゆうしゅつ》したものではない。五四運動には所謂思想革命及び文学革命なる二つの民主主義的運動が先行した。思想革命は陳独秀氏の点火したもので、それは民国五年に始り、儒教及び家族主義の拘束から自国の人民殊に学生を解放したものである。……新思想の内容は『自我及び時代への覚醒《かくせい》』ということに外ならない。……中国人の民族的矜持《きょうじ》が此の時に初めて発生したと主張するのでは勿論ない。唯彼等は三百年来異民族の統治を受けて来た事、七十年来西洋文明の異様なる強さ及び華やかさに眩惑《げんわく》された事との為に、暫く自己の属する民族の尊さを忘れて居たに過ぎない。それを真先に思い起し、強く其の同胞に呼びかけた者は孫文であったが、而も集団的に覚醒して短時間に著しい効果を収め得たものは北京及び上海を中心とする学生群であった」(「中国人の国家観念」『橘樸著作集第1巻』所収)

この論文には辛亥《しんがい》革命や五四運動に対する高い評価と共に、中国人には民族意識がないなどいわゆる漢学者、支那通の偏見に対する批判も込められている。しかし、橘のこの論文では中国のこの時点での民族運動の限界についても論及している。

それは民族意識と並んで、中国の変革を阻害してきた国家観念の問題である。橘は五四運動を通じて民族的矜持が高まったのは良いとして、それが一人よがりに陥いる無為を指摘、とくに中国人にはその傾向が強いと述べた上で、「民族的矜持を一人よがりに止めずして其れに客観的基礎を付与しようと望むなら、彼等は強盛なる国家を建設せねばならない。然るに中国人は前にも述べた様に支配階級たると被支配階級たるとを問わず国家に対して至って無関心である」と、もう一つの中国の問題点を掘り起こす。中国人は砂のように団結心がなく、国家の観念がないから異民族の支配を受け入れる、とは「支那通」の説くところである——というのだ。

しかし、橘が自身批判して止まない「支那通」と違うところは、なぜ国家の観念が薄いのか、それが民族性で変わるところがないのかについて、議論を深め、その可能性を肯定的に捉《とら》える点にある。

橘は中国人の間に国家の観念が弱く、したがって愛国心に欠けているという問題の原因を、以下の三点にまとめる。

一．中国の歴史を通じて其れと肩を並べ得る程開明にして強大なる民族と接触する機会を、此の七八十年以前迄持った経験のないこと。

二．従って国家なる組織が、主として唯対内的に階級的搾取を行ふ為の存在であると支配及び被支配の両階級者からの考へられて居たこと。

三．中国人の日常生活は家族及び村落の範囲内で保障され、それ以外の如何なる社会に関しても深い利害関係を感じなかったこと。

だが、橘は先の論文で五四運動の最高指導者と言うべき蔡元培北京大学長の批評を引用しながら、「学生の心の中に在る民族愛護の情操が従来の形、即ち一人よがりなる伝統の範囲を踏み破って強く且つ広く内外国民に向って働きかけた事である。其の効果として『一年以来世人は学生の運動に依って漸く国家の重要問題に注意する様になった』。中国では一般の人民が国家の問題に注意すると云ふ事は嘗《かつ》てなかったのであるが、此の呪ふべき伝統が主として学生運動の刺激に依りて変化したと云ふことは、蔡氏の云ふ通り『真に重大な功績』であると言へる」と論を展開した。そう評価するものの、やはり限界も指摘する。

「五四運動に発揮された学生達の緊張せる情操は、厳密には『民族に対する愛着』と言ふべきもので、まだ愛国心と名付ける訳にはゆかない。何となれば眼前に存在する国家は決して彼等の愛着に値するものでなく、愛着の対象となり得べき国家は彼等自身の理想に従ひ自身の理想に依って将来に建設さるべき其れに外ならぬからである」

実際、第一次世界大戦後のパリ会議では戦後処理をめぐって中国の主張は受け入れられず、日本の対華二一カ条要求を押し切られた。それに対する学生たちの怒りが日本政府だけでなく、中国政府高官へと向けられ、暴動にも発展した。

一方、橘はこの論文で農村部における国家意識の目覚めも指摘し、新国家の建設が中国の今後の課題であることを明確にしている。その上で、共産党や国民党のこの段階での「理想国家」像を党綱領などの分析によって明らかにする。しかし、この段階では、軍閥抗争に加え、北伐途上での国共合作の崩壊への動きなど、新国家建設の目途は未だ立たずの状況下にあった。したがって、橘としても中国の新国家建設のシナリオを明確に描き切れなかった。「残るは中国民衆の中堅的勢力とも云ふべき中産者、殊に農村居住者の国家思想が、何人に依って如何にして与へられるかの問題である」と述べるに留まっている。傍線を引いたのは、後に橘の「方向転換」に関わる部分であるが、ここでは議論しない。

論文は最後に「外国人、殊に中国と隣国せる日本人としては、中国人と雖《いえど》も適当な機会と方法とに依り、容易に彼等の国家思想を起させ得るものだと云ふ事を十分呑《の》み込んで置いて貰いたい。此の認識の上にのみ、新しい対華政策は建てらるべきである」と結び、中国を停滞した遅れた国と見る日本の対中政策の見直しを求めている。と同時に、中国が如何にして、どのような新国家を構築していくかという問題に対する、橘の生涯にわたる強い関心、問題意識がうかがえる。

## 第三節　農村変革に対する強い関心と批判

本章の最大のテーマである橘の満州事変後の「方向転換」に入る前に、もう一点、橘の農村変革に対する強い関心と情熱を感じさせる研究を紹介しておこう。これも方向転換につながる橘の思考の傾向を知る手掛かりになるからだ。

その研究は、著作集第一巻の「VI中国共産党の初期『土地革命』方略に関する考察」に収められた七つの論文からなっている。論文名を紹介しておくと、「中国共産党の新理論」、「国民党の再分裂」、「武漢政府失敗の二大因由」、「武漢暴動の理論及び実際」、「労農政権樹立への新方略」、「中国共産党土地問題党綱草案批判」、「中国共産党方略の正常化」となっている。

論文の書かれた時期は、第一次国共合作が崩壊する一九二七年の八月から翌年十二月にかけてだ。蔣介石《しょうかいせき》率いる北伐とそれに呼応する上海労働蜂起は、浙江財閥を中心とする資本側の強い懸念と不安を招き、蔣介石と浙江財閥による四月の上海クーデターが発生する。これが国共合作の崩壊へとつながる。農村部でも各地で共産党による農民暴動が発生する。

橘は、中国共産党や国民党革命委員会、コミンテルンの文書を丹念に分析し、この時期の共産党の政策とりわけ農村工作の過激化の誤りを指摘している。一連の論文はこの年の共産党の政策の紆余曲折を論じているので、ひと言でその論点の全体像を紹介するのは難しいが、「中国共産党土地問題党綱草案批判（二）」の一節を引用してみよう。

「中国に於ける共産主義運動初期以来一九二七年八月迄何等の疑義なしに遵奉《じゅんぼう》されて来た『共産主義革命の準備としての民主主義革命』なる根本方針が、同年九月または十一月に至って突然変更せられ、只今も述べたやうに民主革命の階段を抹消して直接に共産革命に邁進《まいしん》したに就いては当然充分な理由が与へられねばならぬ筈である。……『中国の統一と解放とを求め、帝国主義を打倒し、一切の搾取制度を消滅させる』為『群衆の武装闘争』を組織すると主張するのは正しい。併し彼等は政治軍事学校乃至広東・湖南の農民運動に依りて『軍隊の民衆化』を計画したが、此の計画は蒋介石及び唐生智氏の軍閥化の為に見事に失敗した。第二に、彼等は約七万人の『共産軍』を編成しようとしたが、此の計画は曾《かつ》て記した通り、徒《いたずら》に左翼国民党の猜疑《さいぎ》心を挑発したに過ぎなかった。第三に、彼等の試みた昨年〔一九二七年〕九月以後の『群衆の武装闘争』は曾て詳細に記述した通りの順序で当然消滅して了った。国民党との連合又は其の庇《ひさし》を借りての民衆武装運動は、国民党内に軍閥的勢力と右翼的思想とが圧倒的勢力を握って居る間は到底其の成功を望み難い。又パルチザン運動は武器及び戦術の幼稚な時代か、然らざれば基本部隊の補助機関たる意味以外、中国革命の過程に何等の重要性を持ち得るものでない。広東省東部および湖南省南部に於いての外、共産党の計画した所謂農民暴動が至る所で呆気《あっけ》なく鎮圧されたのは其の為である。従って『群衆の武装闘争』なる標語は今後も尚其の生命を持ち続けることが出来るが、併しそれは決してパルチザン式であってはならない。換言すれば相当広い地方に政権を樹立し得た者の手に依りてのみ、群衆の武装闘争は初めて有効に組織されるであろう」

橘の一連の論文では毛沢東の名前もしばしば登場する。とくに毛沢東の指導した湖南省の農民暴動で、農村の無頼漢を活用したことなど運動の過激化を批判している。

「中国共産党の左傾は、其の結果が余りにも悲惨であり、殊に彼等の巻き添えを食った農民に就て言へば、惨酷極まる結果を生んだ。幾万の生霊が左傾小児病者の為に無益な犠牲に供せられ、幾千の農村が幾千万元の富と共に亡びたのである。この重大なる責任は、直接に中国共産党の負ふべきものである」

農民運動の左傾化をめぐる橘の見解に関し、橘樸研究の第一人者、山本秀夫は『橘樸』(中公叢書、一九七七年)で、「橘は、農民運動に無頼漢が混入するのを防ぐことがその成功を保障する先決条件と考えたのである。この観点は、先にみた毛沢東の観点と全く対立する。毛沢東にとっては、いわゆる『ごろつきの運動』といわれても、それは当然であり、『むちゃくちゃ』も『いきすぎ』も大いに結構なのである。これを否定する橘の観点は右派国民党の反革命の観点である」、「革命運動における無頼漢の役割は、しかし、必ずしもマイナスを意味しなかった。湖南農村のばあいでも、革命の過程でかつての無頼の徒が真面目な人間に変わっている。この点を橘は見落としたといわざるを得ないであろう」と橘の見解に否定的だ。山本のこの書は、後に考察する橘の満州事変後の「方向転換」について終始理解ある分析を続けているが、毛沢東率いる農村工作に関する評価では、珍しく橘を批判している。同書が書かれた時点では毛沢東の指導した中国革命が成功し、湖南での毛沢東の農村工作も公式的に評価されているので、毛沢東に軍配を挙げたのだろう。だが、一九二七

〜二八年の時点では橘の指摘の方がむしろ妥当ではなかったか。毛沢東の中国革命が成功したのは、その後の日中戦争、西安事件による第二次国共合作の成立、太平洋戦争への拡大などを経ての結果であり、この時点での共産党の左傾化、過激な労農工作はほとんど失敗に帰していた。それこそ先に引用した「相当広い地方に政権を樹立し得た者の手に依りてのみ、群衆の武装闘争は初めて有効に組織される」という指摘は、陝西省延安での共産党の根拠地建設とその成功を暗示したといえるだろう。

前掲の七つの論文のほか、一九三一年に書かれた「南京政府の行路難」という文章では、江西省南部での蒋介石軍の共産党掃討作戦について触れ、「南京軍〔蒋介石軍〕の所謂剿匪《そうひ》〔掃討〕作業がどの程度に破壊し得たかに就ても尚多くの疑問が残って居る。赤軍問題の困難は、軍事行動よりも寧ろ善後処置如何にある。国民政府が若し善後処置に関し、有効なる方法を持たぬならば、赤軍及びソヴェートは中国の農村に於て恒久的現象となるだろう」とも述べている。橘のいう善後策とは国民党の農民政策を指す。国民党の約法の条文の前書きに「小作農の福利を増進するため」と断っているにもかかわらず、その政策には、「貧農乃至小作農の福利に直接又は確実に寄与すると考へられるものは見当たらない」と橘は批判する。その上で「土地に飢えて居る貧農や小作農や農業労働者や失業者は、前記の如き国民党の政策に安心し得ず、他に頼るべき中間的政治勢力無き限り、彼等は矢張り赤色勢力に響応する外ないだろう」、「内外二重の過重なる収奪作用はこれを抹殺して余りある故に、大勢としては、貧農と赤色勢力との接近が、国民党及び地主・富農のファッショ化と相表裏しつつ、前にも述べた様な中国農村社会の恒久的不安を醸成するであろう」と結論している。

この時期の共産党の戦略転換の評価をめぐる問題はさて置いて、様々な文書を入手し、それに基づいて中国情勢の展開を批判する橘の「科学的な研究」には驚かされる。

## 第四節　満州事変後の橘の「方向転換」

橘は大陸移住以後、居住拠点を大連、北京、青島、天津と移しながら、問題発生ごとに当該地に足を伸ばして調査に当たった。一九二三年からは旅順に移り、『月刊支那研究』、『満州評論』の編集を主宰したり、『満蒙《まんもう》』、さらに満鉄の『調査時報』などに数多くの論文、評論を投稿している。一九二五年には満鉄本社調査課の嘱託、同二七年には情報課嘱託として顧問的役割を演じる。自然と日本の満州政策について論じる評論が目立つようになった。

橘の中国、満州に対する議論は、一貫して、対中平等論であり、中国の変革の可能性について肯定的だった。五四運動と並び中国革命を大きく前進させた上海の労働者を中心とする五・三〇運動について論じた時、橘は明治以来の日本人の対中観を厳しく戒めた。

「日本人の中国に対する心持は、日清戦争の前後で一変し、団匪《だんぴ》事件及日露戦争を経て二変三変し、欧州大戦に及んで拭《ぬぐ》い難い過失に陥った。大隈及寺内内閣が強行した無法な対支政策がそれである。……中国人も大いに反省すべきだが、過去に於て支那人よりも一層深い過失を犯した日本人は、此際断乎として其の過を恥じ、其の対華態度を豹変《ひょうへん》する義務があると言はねばならぬ」

どのように対中姿勢を変えるのか。橘は政府と国民との二つに分け、政府に対しては「中国を完全に対等の国家として取扱ふべき」と指摘する。「最も肝要な点は、西洋諸国家が例の偏見及独断を基礎として中国に対するに反し、日本は平等主義の立場を固守しつつ彼等との協調関係を保っていくと言ふ厳粛なる自覚である」とさえ言う。

また日本国民に対して、中国人は無智といった見方は偏見に過ぎず、下層社会の生活事実を観察しても、「中国民族の平均智嚢《ちのう》は、日本人は申すに及ばず欧州の最も古い国の人民に比較しても特別遜色《そんしょく》の無いものである事を知り得る」とし、「日本人としては事実上彼等を尊敬すべき道理こそあれ、軽蔑し得べき何等の根拠もない筈である」とその偏見を戒めた。

前出の山本秀夫は「これを一口でいえば、日本および日本人は中国および中国人を対等に取扱うべきであるというにつきる」と評する。そして山本は橘が満州についても日本は対等の立場を取るべきと主張したとしていくつかの事例を挙げている。すでに橘が満鉄の嘱託になったことは紹介したが、山本によると、一九二六年秋配布された『満鉄社員会宣言』を読んで書かれた「支那批判の新基調」という評論の中で、橘は「我々は今日迄『強権』の原理に照らして支那を批判し、同じ法則で支那を取扱ってきたのであるが、こんごは最早此の旧い態度を以て臨むことが許されなくなった」とのべ、「社員会宣言に所謂日本国家の使命にせよ又満鉄の特殊使命にせよ、従来は或る程度まで強制的に遂行し得たものであろうが、今後は寧ろ対等の立場から合理的方法によってのみ其の所謂使命なり特殊使命なりを実現してゆくことに改める必要がある」と提言したという。

一九二七年の『満蒙』誌六月号に書いた「在満邦人の支那及満州論策批判」では、「日本の満州に於ける既得権は経済政治軍事の三つの性質を含んでいる。その中で軍事的及政治的なる権利は仮令《たとい》それが日本の生存権に直接関係あるものだとしても、支那の国権と両立しない性質のものであるからこれは早晩消滅すべきものだと思ふ。これに反して純経済権利の分野にあっては支那人の利益と両立し得るものが多い様に思ふ」とまで徹底した平等主義を主張していた。

ところが、事変勃発後、橘は自身も「方向転換」と称するほど、大きく立場を変えた。

橘は事変の直後、自身が編集責任者を務める『満州評論』に関東軍などの動きを批判する原稿を書いた。後に書いた「満州事変と私の方向転換」に、その概要が記されている。「其の当時の私は自他共に認むるところの自由民主主義者であり、……本誌〔『満州評論』〕の時評記者として最も『厳正公平』なる立場を固守しようと考へた。……朝鮮軍の満州乗込みを批評し、これで大陸に駐屯する四ケ師団の国軍が中央の統制から逸脱したのだといふことを強調した原稿を書いた。所謂厳正公平の立場で、関東軍や朝鮮軍の行動に対して直接非難したわけではないが、併し結局財政関係から早晩中央の統制下に復帰する外ないのではないかという百パーセントに懐疑的な論文であった」という。

だが、この原稿は、発行人の小山貞知によってボツにされ、小山から事変の主導者、板垣征四郎、石原莞爾《いしわらかんじ》と会うように勧められる。その板垣らとの会談が、橘に大きな転機をもたらした。「満州事変と私の方向転換」で、橘は会談の概要を明らかにしている。結論からいうと、会談では「私の満州事変に対する認識不足が立証され」、「私はこの反省の結果、自由主義と資本家民主主義とに決別し、新たに勤労者民主主義――満州建国の為には特に農民民主主義を取上げて、これを培養し鼓吹することに最も深い興味を覚えることとなった」という。

それは橘の長年の中国認識の転換に止まらず、むしろ彼自身の立ち位置を、中国革命の研究者、批評家から、日本を含むアジア変革の実践者に転換させる宣言だったと言える。以降、橘は「民族協和、農村自治」という満州国建国の理念の理論的支柱の役割を担っていく。

具体的にどのように方向転換したのか。前掲の「私の方向転換」では、まず以下のような自身の事変に関する認識不足を挙げている。

一．今次の行動は関東軍中堅将校のイニシアチブに依るものであって、上層部は寧ろそれに追随したものであること。

二．中央の統制力は資本家政党の覇権をその内容とするものであり、それが反資本家反政党を志向するこの一握の新勢力により、たとへ一時とはいへ措置されたものであること。

三．かくも蕞爾《さいじ》たる小集団が如何にして斯《か》くの如き威力を発揮し得たかといふと、それは本国に於ける同志将校の大集団が其の背景に立つ為であり、この青年将校の集団が国軍の堅い伝統を破って所謂下剋上の態度を表示し得たのは、さらに其の背後に全国農民大衆の熱烈な支持があった為であること。

四．今次の行動の直接目標はアジア解放の礎石として、東北四省を版図とする一独立国家を建設し、日本はこれに絶対の信頼を置いて一切の既得権を返還するばかりではない、更に進んで能ふ限りの援助を与ふるものであること。

五．それと同時に、間接には祖国の改造を期待し、勤労大衆を資本家政党の独裁及び搾取から解放し、斯くて真にアジア解放の原動力たり得る如き理想国家を建設するやうな勢を誘導する意図を抱くものなること。

以上のように、橘は板垣、石原らの主張をそのまま受け入れた。そして、「私はこの反省の結果、自由主義と資本家民主主義とに決別し、新たに勤労者民主主義――満州建国の為には特に農民民主主義を取上げて、これを培養し鼓吹することに最も深い興味を覚えることとなった」と方向転換を宣言した。

本章第二節、中国の新国家建設に関連して、橘の論文を引用した際「残るは中国民衆の中堅的勢力とも云ふべき中産者、殊に農村居住者の国家思想が、何人に依って如何にして与へられるかの問題である」にわざわざ傍線を引いたが、橘はその実現の夢を、それまでは孫文、蔣介石、毛沢東らに託し、いずれも挫折《ざせつ》する中で、今度は関東軍の将校達にその役柄を見出し、自らもそこに参加したと言えよう。それでは帝国主義者の片棒を担ぐことになりかねないが、「方向転換」の宣言に見られるように、満州事変の試みは、日本の改造をも目指す反資本、反政党の動きであるとする。日本の協力によって満州に新国家を建設するが、日本の既得権益は返上し、農民民主主義を実現して、アジア解放の礎石とするとし、これまで橘が堅持してきた対中国観、日中関係論を曲げたのではないと主張している。それは決して帝国主義ではないという石原らの大義名分に共鳴してしまったのだ。

これまでの中国及び中国人の主体性を重んじて来た橘の立場から見れば、飛んでもない飛躍であったが、国共の分裂と軍閥抗争に明け暮れる中国の現状に対し、橘はその打開策として関東軍の若手将校に期待をかけたのだった。ファシズムとそれを先導する関東軍を「反資本、反政党」の勢力とみなし、ファシズムの国家社会主義によって、「農民」というカッコ付きだが、民主主義、平等主義を実現し、日本の改造とアジアの解放を目指そうとした。そのために橘はその後、壮大な理論を構想し、提言していった。しかし、現実には裏切られるばかりで、その度に橘は理論の修正を余儀なくされた。

## 第五節　相次ぐ理論と現実の乖離

この時点での事変主導者たちの主張や理想が、「方向転換」で橘が述べた通りであったとしても、満州国の建国やその後の日中戦争の進展の過程では、一切の日本の既得権益の放棄、五族共和、農民民主主義といった橘の描いた理想とは異なり、傀儡《かいらい》国家満州国の建設、中国への侵略拡大へと、次々と裏切られていった。さらに軍部は戦火を拡大し、日米決戦へ突入していく。下剋上を起こし、橘らの期待を一身に受けた石原だが、その後の過程で逆に若手の将校達の下剋上に遭い、その指導力を失い、橘が目指した「方向」は頓挫《とんざ》することになる。

「方向転換」の文章は、石原らとの会談の三年後に書かれたものである。橘自身、「将校団の現在の指導精神とは其の基調を異にするが、しかしある地点まで頼もしい同行者としてこの新勢力に期待するところ頗《すこぶ》る深いものがある」と若干の違和感を差しはさみつつ、「方向転換以来約三年、私の本紙記者としての言動は悉《ことごと》くここに根拠を置いて居る」と述べているように再転換することはなかった。それどころか、現実の進展にはまるで目をつぶったかのように、満州国の建国、農民民主主義、アジアの解放などについて、その理念や理想を説き、それまでの中国の現状に立脚した科学的な分析から遊離してしまった。

実は彼の説く、理念、理想の中身は、実はむしろ「方向転換」前に抱いていた平等主義であった。変わったのは分析家から実践家という立ち位置であり、その結果、彼の論文、評論は現状分析より、理想の描写へと変わっていったのだ。例えば、満州国建国の構想の前提として、「王道史概説」について一九三一年十月から十二月にかけ、『満州評論』に長期連載している。満州国は、覇道ではなく、王道の国家として建設されねばならないというわけだ。

また、現状を分析しても、関東軍に遠慮し、持って回った議論が多く、それまでの歯切れの良さは姿を消す。例えば「満州国の独立性と日本の干渉範囲」（一九三四年四月）と「満州国の独立性と関東軍指導権の範囲」（同五月）という文章では、関東軍特務部の縮小に関連して、計画されている企画局の構想について論じている。橘としては、満州国の独立を推進するため、企画局を「永久的計画審議機関」として「国家機構」、「国防外交」、「国民経済」、「産業計画」にわたる総合的な審議機関とすることを期待していた。橘は「現在満州国の独立性は幾重の制限を蒙《こうむ》り、随って甚だ不完全のものたるを免れない。併しそれは大体に於て、過渡期の必要の然らしむるところであり、吾人の推測するところでは満州国の独立性に対して日本の加へて居る法律上及び事実上の制限は既にその最大限度に達し、随って今後は漸次これを緩和し撤廃する方面に転向するやう心掛けねばならぬと信ずる」と述べた上で、国防、外交問題に触れた後、企画局の帰属について「最早（日本が指導権を持つ＝筆者挿入）総務庁ではなく、必ず国務総理の隷下に置くべきものと思ふ」と主張する。だが、その理由の説明は以下のように関東軍に配慮し、かなり歯切れが悪くなる。

「抑《そもそ》も関東軍（国防軍）の満州政府に対する一般的指導関係が何時まで続くべきかは別途の問題とし、兎に角此の権力は今日迄のところ事実上国務院総務庁を通じて行使されることになって居る。随って関東軍の満州国統治に対する一般的指導権を認める限り『自主的立場に立つ満州国独自の経済参謀本部を目標』（四月十四日東朝）とする企画局を、国務総理にではなくて特に総務庁長に直属させることも強《あなが》ち不条理ではあるまいが、併し満州国政府に、随って又その一般行政事項に対する審議計画及び指導の権能に漸次独立性を付与しようとする意図が若し真に日本側にあるならば、企画局は総務庁長よりも国務総理の直接節制下に置く方が妥当ではあるまいか。……総務庁の法制上及び事実上の地位が前記の如くである以上、それを離れた企画局に何の権威を期待し得るかと反対するものもあろうが、それは要するに総務庁の権威の淵源《えんげん》たる関東軍の態度次第で解決さるべき問題ではないか。これを要するに、関東軍は満州国の事実上の建設者兼育成者たる名誉を負ひ、それと同時に関東軍を信頼してこれと協働した満州国民に対し、新国家の独立を擁護する重大責任を負はねばならぬ。私が関東軍が斯くの如き厳粛なる立場を自覚し、この自覚の下に、（一）或は起り得べき満州国外交権の制限（二）企画局の帰属決定を誤ることに由りて事実上満州国政府の一般行政上に於ける計画指導権の独立性を今日以上に毀損《きそん》すること、是等の弊端を未萌《みぼう》に防ぐやう切望に堪へない」

橘は、実際の満州国統治が日本の帝国主義的侵略に変質していくのを見過ごし、次々と彼自身の理念、理想が裏切られる結果となっていく。以前のような現状分析による批判はなく、空虚な理想、理念を訴えるだけの議論となってしまう。

浜口裕子は「橘樸と石原莞爾」（山本秀夫編『橘樸と中国』所収、勁草書房）で、「この時期〔満州事変後〕橘の思想は、現実と乖離《かいり》することで一層深化し、さらに現実と乖離してゆくという展開に陥っているように思われる。かくして、満州事変は、『帝国主義の否定者として新しく勃興《ぼっこう》した政治軍事的勢力の主導の下に敢行されたところの国民運動』と捉えられるのである」と指摘する。知ってか知らずか、関東軍への期待の余り、「支那兵による満鉄爆破」とでっち上げた関東軍の謀略を、「国民運動」とまで称えてしまう。一九三三年の『新天地』一月号では、金融資本とファシズムを対比しながら、ファシズムの目指す方向をこう述べる。

「ファシズムの社会的基礎は小所有者層にあり、小所有者層の利害及びイデオロギーを以て、一方には資本家階級、他方には無産者階級のそれと対立する。日本の現時のファシスト群をイデオロギーに依りて区別すれば、第一に単純国粋主義、それに満足し得ないものが国家社会主義に走り、更に一歩進めたものが所謂アジア聯盟の建設を主張しつつある。私の推測に依れば彼等のイデオロギーは必ずしも此の三段階で停止するとは限らず、結局は最後の段階たる世界的規模に於ける諸民族及び諸職業の聯盟関係に及ぶのではあるまいか。ファシストの理想は此の四つの段階を経て結局総人類のユートピアたる無政府共産社会の実現にあると視るべきではあるまいか」

こうなると、もう立派な空想社会主義者ではないだろうか。だが、その一方で「ファシズムが国家主義思想の狭い檻《おり》の中に鎖されて居る間はそれは共産主義に喰《く》われて亡びるか、然らざれば資本主義の爪牙《そうが》と化する外ない」「もしそれが単なるアジアモンロー主義の仮装したものに過ぎないならば、日本ファシズムは須《すべから》くそれを一蹴すべきである」とまで述べている。橘は一方でユートピアを語りつつも、日本ファシズムの現状を冷静に見てもいた。現実に日本のファシズムは、橘のいうアジアモンロー主義のレベルで留まってしまった。橘は早々にファシズムと決別すべきだったが、むしろ橘は事態の進展に合わせ、中国各地の現場に赴き、緻密《ちみつ》な現状分析に基づいて日本の採るべき道を示した。

日中戦争の勃発後も、この戦争が長期的な持久戦や農村を舞台にしたゲリラ戦に移っていくことを予測した。まるで毛沢東の戦略を見抜いていたようだが、それはあくまで日本ファシズムの側に立った上での献策だった。

## 第六節　分かれる橘評価

多くの橘研究者は彼の空想的ともいえる壮大な思想、理論を理解しようと、その論文、批評を読むうち、次第に橘の〝ブラックホール〟に呑み込まれ、批判的に読むことを忘れてしまう。橘研究者の中には、彼の理念、理想と現実の侵略との乖離を挙げて、彼は決して帝国主義者ではなく、むしろその批判者であったとの評価を下す人もいる。

『橘樸著作集第2巻』を『大陸政策批判』として編集した田中武夫（元『満州評論』編集者）はその「あとが

き」で、「本巻は日本の帝国主義的大陸政策への根本的批判に貫かれる」と述べた上で、「どんな思想が著者の能動的実践的政治的倫理的姿勢を支えているのだろうか」と自問し、次の三点を挙げる。

「第一に、民族平等・国家対等などの理念である。これが民族協和のスローガンを導いている。そしてこれが建国思想の第一モチーフである。それは東洋的規模における民族解放並びに世界的規模における民族岐視の否定を要求するものである。第二に、民主主義である。農民自治という満州建国の基本政策がこれによって編み出されている。第三に、東洋的主体性への自覚である。これがいわば脱欧論として、すなわち東洋解放の基軸として、共同主義の提唱となっている」

そこでは、橘の思想と、彼がその実行者として期待した関東軍及び日本ファシズムが進めた中国侵略という現実との乖離について全く触れられていない。それでは、橘の「方向転換」など全くなく、自由主義者・橘樸しか見えてこなくなる。田中のように、橘と身近に接し、行動を共にした人にはそうとしか見えなかったのだろう。私たちは彼の理論、思想と現実に彼の果たした役割をしっかり見据えて読み解かないと、橘の壮大な理論、精緻な現状分析に魅了され、橘樸という〝ブラックホール〟に呑み込まれ、ファシズムの餌食《えじき》となってしまう。橘自身は軍から弾圧を受けなかったが、彼の同志、弟子のほとんどが弾圧され、獄死する者もあったことを忘れてはならないだろう。田中もその一人だから、橘にもそれに連なる人々にも「帝国主義」に手を貸したという意識は全くなかったのだろう。ちなみに『橘樸著作集』では「支那」の表記を「中国」に、「日支」を「日華」と全面的に変えている。

『橘樸と中国』で「橘樸と満州国協和会」の章を担当した伊東昭雄は、「彼の活動が日本の『満州』侵略を支え、これを合理化する役割を果たしたことについては、議論の余地がない」、「彼は『方向転換』以後、それ迄の傍観者の態度を捨てて、満州における新国家建設に協力した。その意味で彼が関東軍の侵略行動に手を貸したことは否定できない」と繰り返し、断りながら論を進めている。

伊東は一方で橘批判を頭に置きながら橘の「農民自治」、「民族協和」の思想を読み解き、「彼は自治指導部や協和会に参加することを通じて、『農民自治』と『民族協和』を実現するべく努力して、結局失敗した。日中戦争開始前後からは、『共同社会』を提唱して、戦争の解決のために論陣を張ったが、彼の目指す東洋社会の理念と戦争の現実との間の落差はもはやどうしようもなかった。それでも彼はなお日本人の『民族的性格の改造』を叫び続けたが、何ら解決できぬまま、彼の周辺の人々が相次いで逮捕・投獄されるなど、いっそうきびしい事態に遭遇し、やがて奉天で終戦を迎え、ほどなくかの地で病没した」と、橘に対する冷静な評価を下している。

## 第七節　対中使命観の最後のランナー

橘樸をめぐる様々な研究の中で、序章で紹介した『近代日本の中国認識』の著者、野村浩一は、明治以来の日本人の中国認識という長いスパンの中で、橘について考証し、「明治初頭から八・一五に至るまで、日中間を舞台に活躍した数多の群像の中で、文字通りその最終ランナーであった」と位置付けている。

野村の同書は「戦前の日本において、対中国の問題を考える時、『文明化した日本が、非文明のシナに文明を及ぼす』という思考のフレイムを、全く持たなかった人々があっただろうか」という問いから出発して、大隈《おお くま》重信《しげのぶ》や内村鑑三《うちむらかんぞう》、北一輝《きたいっき》らの中国認識を分析し、最終章は「橘樸――アジア主義の彷徨《ほうこう》――」に当てている。

野村は、橘について①中国の思想、社会の研究者②満州事変勃発後、自由主義と決別した「満州建国のための農民民主主義」の提唱者③日中戦争時代を通じての「翼賛運動」への参画者、その「国家主義者」ないし「超国家主義者」――といった彼の多様な側面が論じられてきたと指摘する。その上で、野村はそのような諸側面を結び付けるものは「疑いなく中国であった」とし「それこそが、時として橘を最もリアルな観察者たらしめ、また、時としてはきわめて熱情的な工作者たらしめた」と、彼の多面性の由縁を解説する。そして橘は「とりわけ昭和期において、この中国からのインパクトを最も自覚的に取り上げ、吸収し昇華しようと試みた人物である」と評価した。

野村は改めて「近代日本にとって、およそ中国問題とは、すべての人々のうえにひとしく蔽《おお》いかぶさっていたほとんど運命的な問題である」と持論を繰り返した上で、「そこから『脱亜入欧』論が生まれ、また『アジア主義』が生み出された」とし、「脱亜入欧」の福沢諭吉を先頭ランナー、橘を最終ランナーと位置付ける。「中国の官僚、士大夫階層を支配する儒教的精神構造の中に、この国の文明世界の特質を鮮かに剔出《てきしゅつ》し、そこに本質的に内在する『旧套《きゅうとう》』『固陋《ころう》』の精神に対して訣別《けつべつ》の宣言をした」福沢に対して、「それからほぼ半世紀ののち、橘は、何よりも道教世界の中にこの国の民族思想を発見し、同時にまた、この国の民衆世界、民衆自治の中に中国社会の進歩をもたらす真の活力を期待」したと、野村は二人を対照的に描き出す。ただし、「橘は福沢的な立場を一方的に排斥した」のではなく、「広義における福沢的認識の中から生まれつつ、同時に中国社会の中に深くもぐりこむことによって、より重層的、多層的な中国社会論を構築、提示し」、「その中国体験と中国認識を基盤に東洋零細農民がいかにして前近代の桎梏《しっこく》を脱しうるかという課題」を見出し、「東洋民族解放」「アジア主義」の理論を構築した。

野村の言葉を借りると、橘はこの課題を『九・一八』〔満州事変〕の衝撃の前に一挙的な跳躍によってそれを解決しようとした」が、「彼の必死の献策ということを精一杯割引いても、ここに存在する『東洋民族解放』の理念と日本の中国侵略という現実との乖離は、やはり無惨な程に明らかであり」、「さまよえるアジア主義であった」。それが妥当な評価であろう。一九〇六年大連に渡って以来、中国各地の問題の現場を歩き回ってほぼ四十年、敗戦の年の十月、「奉天」で中国研究の生涯を閉じた。

前章で紹介した『東洋経済新報』の社説「支那に対する正しき認識と政策」のなかで、石橋が「満州に在る軍部の新人等々の中には、往々にして検討不十分な空想を恣《ほしいまま》にし、この際満蒙を一つの理想国家に仕上げんなどと、真面目に奔走せる者がある。いわゆる理想国家とはどんなものか知らないが、日本の国内にさえも実現出来ぬ理想を、支那人の住地たる満蒙にどうしてこれを求め得ようか」と指摘した通り、軍部の新人だけでなく、橘の思想も、全く絵に描いた餅に終わった。

橘の中国社会に関する研究業績は、方向転換までは素晴らしいものがある。方向転換後の論文、評論もそれだけを取り上げれば見るべきものもある。だが関東軍の「暴走」に共鳴し研究者から実践者の側に身を投じた結果、満州国の旗振り役を演じさせられてしまった。彼の築き上げた思想、理論と現実との乖離、矛盾は甚だしいものであった。善意であろうとなかろうと、日本が中国の旧体制、旧臘《きゅうろう》の変革を促そうとすればするほど、中国側の民族意識を高め、日本への反発を招く。それは橘だけでなく、戦前の主流中国論がもつ宿命の課題だったと言えよう。

# 第十一章

# 科学的中国論を追求した尾崎秀実

## 第一節　民族主義の高まりに着目

満州事変による関東軍の全満州制圧、さらに満州国建国で、日本の世論が軍部支持で大いに沸き上がる中、冷静に事態の進展を見守る男がいた。

事変勃発《ぼっぱつ》から十年後の一九四一年十月十四日、東京・銀座で雑誌『満州評論』掲載のための中国問題専門家六人による座談会「大陸政策十年の検討」が開かれた。席上、彼は「満州で軍のこの事件の中心になっている人達は、日本のことだけのことしか知っていない人、いわば日本独尊派――そういう言葉もおかしいが、相手の方の事など考えない。殊に中国[註i]の中心部の様子というものなどを考えない。詰り自分の立場から一方的にしか見ていない人々を中心とした運動だ」とばっさり切り捨てた。その上で「対象をはっきり見ることと、世界的な環境を適当に考慮して進むという事がなくて、一方的に自分の足許の国内問題だけを主にして遮二無二解決したとした所に無理もあったし、方式の顚倒《てんとう》もあったという気がするのですね。その問題を明かにして進まなければ、仮令《たとい》熱情を持っていたとしても、僕はこれ以上の発展は出来ないと思う」(『満州評論』同年十月二十五日号、『橘《たちばな》 樸《しらき》著作集第3巻』所収、勁草書房)と悲観的な見方を示した。座談会出席者は前章の主人公、橘樸を中心とする満鉄グループとその関係者たちだった。

この冷静な発言をした男とは、ゾルゲ国際諜《ちょう》報《ほう》団の一人として逮捕される尾崎秀実《おざきほつみ》である。朝日新聞記者、上海特派員から第一次近衛内閣嘱託、逮捕時は満鉄調査部嘱託を務めていた。何と逮捕されたのは、この座談会の翌朝のことだった。[註ii]

尾崎が明らかにすべきだという「問題」とは、中国側の民族意識の高まりである。満州事変から「支那事変」(日中戦争)へと突入、座談会当時は、中国国内で抗日運動へと転化する民族運動が高揚していた。日本は広大な中国大陸で持久戦を強いられ、さらに東南アジアへと戦火の拡大を余儀なくされた。満州事変の勃発当時から中国の民族運動の高まりを指摘していたのが、尾崎だった。民族問題に関する鋭い視点が、後に見るように、西安事件や日中戦争の行方に対する尾崎独特の正確な見通しを生み出した。出席者の一人は現状をこう嘆いた。

「日華事変というものはやはり満州事変の続きとなったが、事変の世界的規模への拡大とかと云ったも

のは、恐らく誰も感じなかったことで、実際は盧溝橋《ろこうきょう》事件で初めて知ったようなもので、その当時まで
これらのことが充分に理解されていなかった」

これに対して、別の出席者は「(尾崎に向かって)ここに先生がいるよ。日本人はそれ程に、その時機に至るまでわからずにいて変なものであったのです。余りに日清・日露戦争で全体として調子よかったものだから、その調子に乗り過ぎている。実際中国の動向というものは馬鹿にしてしまっておったものだね」と、尾崎の先見の明を賞賛した。

最初に尾崎の声価を高めたのは、一九三六年十二月に発生した「西安事件」の分析だった。事件は西安で共産党の掃討にあたっていた張学良らが、督軍に訪れた蔣介石《しょうかいせき》総司令を拉致監禁したクーデターを指す。蔣の生死さえ不明な時点で、尾崎は『中央公論』誌上で、事件が蔣介石の処刑どころか、蔣介石を中心とする抗日民族統一戦線の結成につながる可能性が高いと予測した。予測が的中したのは、尾崎が常に中国民衆の民族意識の高まりに注目していたからだ。本書で取り上げて来た吉野作造、清水安三《しみずやすぞう》、一九二〇年代の大阪朝日新聞の社説といった良質の大正デモクラシー中国論は、いずれも中国の民衆の動向に目配りしたチャイナウォッチだった。

しかし、満州事変前後から、中村大尉殺害事件などをめぐって、大阪朝日も含め新聞論調は、これまでの章で見て来たように、「満蒙《まんもう》は日本の生命線」というスローガンの下、日本の国益保護、国権の伸張など軍部に操作された日本の大衆世論の要求に媚《こ》び、さらにむしろ戦火の拡大を煽るように変節していた。

## 第二節　多様な顔を持つ男

尾崎がこうしたポピュリズムの波を避け得たのは、彼の科学的な中国研究のアプローチと国際共産主義運動に対する堅い信念があったからだ。前者は中国の民族主義の高まりに対する深い理解をもたらしたが、後者はソ連のスパイ、ゾルゲへの協力と彼のスパイとしての検挙を招くことになる。

尾崎に関する科学的研究として知られるチャルマーズ・ジョンソンの『尾崎・ゾルゲ事件』（弘文堂、一九六六年、改訂版は『ゾルゲ事件とは何か』岩波現代文庫、二〇一三年）は「〔近衛内閣の嘱託となり〕政治にたずさわる知識人として、尾崎は他の共産主義者の友人と同じように、理性のために神がかった考えと、国際協力のために国家の侵略と、自由主義のためにファシズムとたたかったのである。このことだけから判断すると、尾崎は売国奴であり、殉教者であった。だが彼はまた共産主義者、スパイ、民族主義者、国際共産主義者という一人四役をかねていた」と指摘する。

一人四役は政治家としてであって、それだけでなく中国担当記者、中国研究者の役割が政治にたずさわる知識人としての四役よりもむしろ比重は高かった。また戦後、夫人に当てた書簡集『愛情はふる星のごとく』がベストセラーとなり、ヒューマニスト、[註iii]人道主義者としても広く受け入れられた。スパイとして処刑されただけに、多様な顔を持った人物ということになる。しかし、彼自身の多様な顔だけでなく、時代の変化、見る人の立場によって、彼に対する評価も見え方も、変わってくる。

尾崎は東京の貧しいジャーナリストの家庭に生まれた。父親が日本占領下の台湾で新聞記者の仕事を得たことで、一家で台湾に渡り、少年期を台湾で過ごした。植民地では支配者側に属することになる。他方、台湾で激しい民族差別の実態を目撃、体験し、生涯にわたる民族問題への関心を育んだ。その後上京し、一高・東大で学び、当時の多くのエリート大学生同様、マルクス主義に触れ、強い影響を受けた。共産党の組織には入らなかったが、マルクス主義の研究会や講演会に参加し、マルクス主義の観点から革命さなかの中国に高い関心を抱くようになった。大正デモクラシーの洗礼を浴びていた。また後に記者活動、スパイ事件、訴訟など様々な局面で深く関わる多方面の友人たちとの関係を築いた。

一九二六年大学院を経て、東京朝日新聞社に入社。一九二八年十一月上海特派員として上海に着任した。中国革命の地、上海駐在において記者活動だけでなく、国際的な社会主義運動などの実践にも手を染めるマルクス主義者尾崎が誕生した。当時の上海は一九二五年の五・三〇運動の民族革命の盛り上がりから二七年の蔣介石による白色クーデターを経て革命の混迷期にあった。潜行する労働者や知識人、学生の革命運動、民族主義運動の実際を取材するとともに、中国の左翼作家や在上海日本人学生の反帝国主義運動にも関与するようになった。

何より上海では後にスパイとして検挙されるに至るきっかけとなるアグネス・スメドレーやリヒアルト・ゾルゲとの出会いがあった。この出会いから共産主義インターナショナル（コミンテルン）への情報提供者の役割を担うことになる。

しかし、これらの活動は匿名であったり、潜行しての行動だった。チャルマーズ・ジョンソンは「尾崎がこういった左翼日本人ともうちょっとでも積極的に行動していたならば、彼はたぶん上海の日本領事館に共産主義者として知られていたことだろう。そして日本人学生同様に日本に強制送還され、逮捕されていたことであろう。全く皮肉なことに、もし尾崎が共産主義者だと知られていたら、彼は役に立たないとゾルゲに見なされていただろうから、たぶん今日でも健在だったろう」と書いている。

ドイツ人とロシア人の間に生まれたゾルゲは労働運動の活動家やコミンテルンの職員を経て、ソ連の赤軍第四本部の諜報員として上海に送り込まれていた。上海でスメドレーの仲介で尾崎と友人となり、尾崎に日本の対中政策などに関する情報の提供を要請した。その後ゾルゲは日本で政権の中枢にまで上り詰めた尾崎を有力な情報提供者に仕立て上げていった。本書はスパイ尾崎ではなく、あくまで尾崎の中国論を論じるのが目的であり、スパイとしての尾崎論は後にして、まず尾崎の中国論を見ていこう。

尾崎はスパイとして逮捕された後、取り調べに対し、「〔上海駐在〕当時私は若かったので上海は支那革命の余波が十分に残って居りました為め革命の坩堝《るつぼ》だと思い支那の植民地半植民地化の状況が手に取る様に見え、凡ゆる左翼文献が自由に手に入り面白くて仕方がありませんでした。私は眼の前に公式通りに世界変革の過程の実相が見えるような気がして居たのでありました」と供述している。尾崎はさらに上海での活動について「私にとって寧ろマルクス主義の研究が支那問題への関心をそそったのではなく、逆に支那問題の現実の展開がマルクス主義理論への関心を深めるといった関係にあったのです」と回想している。

この供述通り、上海での体験は尾崎自身の中国研究への造詣《ぞうけい》を深める重要な契機となった。ゾルゲへの情報提供は外国人記者同士の情報交換程度で、当時の尾崎は日本の国家機密を提供するような立場でもなく、そんな情報に接する機会もなかった。

ただし、川合貞吉『ある革命家の回想』（谷沢書房、一九八三年）によれば、尾崎はゾルゲの求めに応じ、上海で旧知の川合を紹介し、川合を満州に派遣し、関東軍の動きなどについて情報収集させている。ゾルゲを共産主義インターナショナルの工作員であることを十分承知した上で、情報提供をしていた。

## 第三節　尾崎中国論の心髄

すでに簡単に触れたように、尾崎は満州事変や西安事件、「支那事変」（日中戦争）など重要な事件に際して、その後の事態の進展を的確に見通し、予知し、日本軍部の暴走に警告を発してきた。尾崎が的確に予知できた理由は、彼の科学的な研究方法に基づく冷静な分析力にあったといえる。

尾崎の最初の著作『嵐に立つ支那』（一九三七年九月、『尾崎秀実著作集第一巻』所収）の自序で日中関係の現状について、「日支は隣邦に位置し、しかも数千年の文化交流の間がらにあり、同文同種をもってしばしば呼ばれている。それにもかかわらず、両国人の相互に対する理解の程度は恐ろしく低いのである」とし、その結果「両国関係の不幸なる数々の事件の発生が、一種の理解と深い叡智《えいち》によっては防止し得られた場合が少なくなかったではあるまいか」と嘆いた。その上で、相互理解が進まぬ現状は科学的な中国研究がないためだとして、以下のように指摘した。

「日本に支那研究が存在しなかったのではない。寧ろあまりにも所謂《いわゆる》支那通の多きを憂えるのである」

「一方に於て支那に対する一般の驚くべき無理解と無関心と同時に他方殆《ほとん》ど各人各様の支那観と無数の支那に関する断片的知識のうづ高き堆積《たいせき》を齎《もたら》したのである」

「今日まさに問題とせらるべきは支那研究における科学的方法の欠除、支那論における方法論の欠除であらねばならない」

とはいえ、尾崎には同書で科学的方法を示し得たというような思い上がりはない。「かかる新しい尺度としての科学的方法を完全に把握することは容易なことではない。……しかしながら一方に於てともすれば観念的公式的な理論の拘泥を脱し、支那の真実な姿を把握せんがための努力を継続し得たことは、実に一見盲目的にして方向を知らぬかに見えながら、しかも驚くべき根強さをもって土に即し営々として生きつつある支那の民衆の姿から眼を放たざることを念として来たからであると信じて居る」と述べるにとどまっている。

ここでいう「支那の民衆の姿」をめぐって、自序では「筆者が学生生活を終えんとする頃、支那には民族解放運動の新たなる波が急速に台頭せんとしつつあった。古き世界は『支那は眼覚めつつあり』とし『支那は起ち上がる』として驚きの眼を見張ったのである。而して我々が等しく感じたことは支那を把握し理解する尺度として古き支那研究が殆ど役に立たないということであった。このことは筆者がその後支那に滞在した数年間親しく現実に見るところによってますます痛切なものとなった」と述べ、民族解放運動に向けて進む「民衆の姿」に着目することの意義を強調している。ここでいう新しい波とは一九二五年に上海を中心に発生した五・

三〇運動で、学生中心の五四運動の段階から、労働者によるゼネラルストライキという大衆的な広がりを持つ運動に発展した。尾崎が上海に赴任した時この運動は弾圧され、収まっていたが、民族解放運動の火はそこかしこにくすぶり、新たな段階に向け再燃しようとしていた。

古い中国論が無視して来た民衆に着目するという視点は、本書で取り上げて来た「大正デモクラシー中国論」に共通する。しかし、尾崎の場合、さらにそこから科学的に中国を捉《とら》える視点を磨いていく。

より詳しい具体的な方法論は、一九三九年五月刊行の『現代支那論』で提示されている。同書は東京帝大の成人講座における連続講演をまとめたもので、岩波新書に収められた。戦後も再版され出版されているが、その方法論は現在においても十分参考となると言えるだろう。というか、今こそ参考にすべきレベルの内容を含んでいるのである。

前書同様その自序で、「支那の正体を余すことなく正確に把握することは至難なこと」としつつも「支那を正当に理解するためには局部的でなく全体的に把握することと、動きつつあるままで捉えることが必要であろう」「一見長き仮死の状態を続けるかに見える支那にも実は活力が保存されていて、しかも新しい運動法則がこれに作用されている」と述べる。この「動きつつあるままで捉える」とは、前書で掲げた民族解放運動に着目する視点から生まれたもう一つの視点である。この視点は自序の結論部分で「動態的に見る」という表現に置き換えられている。つまり、「不満足であるにもかかわらず、これ〔同書〕を公にするのは現代支那を統一的に、動態的に見るという一つの企てとして多少意味があると考えた」と述べる。時代の転換期、動乱期、変革期にある国家、社会は当然のことながら動態的に見ることが不可欠である。社会は動いているのである。しかし、往々にして隣国の大国を動かぬ社会として、日本の研究者、メディアは、静態的に見がちである。尾崎は、その上で従来の中国論の混迷を指摘しながら、同書の「支那社会の二大特性」という章で、「かくて我々のとるべき方法はかえって現代支那社会の特質となるべき点を一、二捉え来って、それを中心に検討し、解剖を進め行くという方法である。また事実それ以上は我々の到底なし得るところではない」と、方法論を結論付けた。

その特質の「一、二」とは、「支那社会における所謂半封建性なる事実と、半植民地性という事実に帰着する」という。

半封建、半植民地の分析にはマルクス主義的な政治、経済分析方法が駆使されている。

## 第四節　尾崎中国論の実際

こうした尾崎の中国分析方法論は、最初の著作から一貫している。むしろ生涯といってもわずか四年に満たない短期間で刊行した六冊の中国に関する著作とも、同じような枠組、構成で描かれていると言える。六冊の著作の流れ、比較を通して、変貌《へんぼう》しつつある中国の動向がより一層動態的に把握できる。

尾崎の以上の方法論を、私なりに整理してみると、半封建、半植民地という中国の現状を規定している中国の政治・経済状況と列強の中国進出に着目し、それに対して半封建、半植民地からの解放を課題とする中国の民族運動がどう挑んでいったのか、それに伴って列強間の力関係がどう変化していったのかを、動態的に観察し、分析していくということになる。

最初の著作、『嵐に立つ支那』を例に、尾崎が彼の方法論の下に、どう中国論を展開しているのかを見ていこう。同書は他の著作同様、論文集であり、一九三五年から日中戦争が勃発した一九三七年七月までに雑誌などに執筆した論文を収録している。収録は年代順ではなく、まず「支那と列強」、「日支関係」、「支那の政治と経済」の三つの分野に分け、構成されている。それによって、列強の角逐の下に置かれた中国、その中で際立つ日本の浸透ぶりをあぶり出し、半封建・半植民地の政治・経済に中国が置かれる一方で、その克服を目指す民族主義運動の高まりを描き出している。

同書の総論として冒頭に掲げられた論文「戦争の危機と東亜」（一九三七年四月発表）では、「〔中国を中心域とする〕東亜は戦争の危機を最も多く胎みつつある」とし、その理由として以下の四点を挙げる。

一．極東は今日なお割取のために残された唯一の広大な地域であること。列強の猛烈なる角逐の舞台となっている
二．日本の急激なる大陸政策が遂行されつつある
三．欧州においては、独伊とソビエト同盟とは直接接していないが、東亜においては日ソ両国が直接境を接している
四．ソビエト同盟の勢力の増大とその影響を受けた植民地解放の民族運動（特に支那の民族運動）が昂揚《こうよう》しつつある

尾崎は、日本の資本主義の発展が中国市場の拡大を求めているが、日本の急速な軍事進出によって、中国市場における日本のシェアがむしろ停滞しつつあり、さらに軍事進出が英、米の警戒心と中国の民族主義の昂揚を招いていると同書で指摘する。その上で「東亜における争覇のための構想から生ずる危険信号は無数であり、はっきりと水平線上に現れ来ている」とし、「戦争の危機が尖鋭化《せんえいか》されている」と警告する。同書を読めば、日中戦争が決して盧溝橋での偶発的な発砲事件から始まったのではなく、政治的、経済的な両国の状況下で起こるべくして起きたということが理解できよう。

同書には、尾崎を中国研究者として一躍有名にした西安事件をめぐる三つの論文も掲載されている。これらの論文こそ尾崎の方法論の有効性を示す真骨頂である。最初の論文「張学良クーデタの意義」は、事件発生当日、蒋介石の生死さえ不明の段階で書かれたものだ。尾崎自身、十分な情報を持っていたわけではないので、決して事件の見通しを断定的に書いたわけではなく、彼の指摘がピタリと当たったわけでもない。副題に「支那社会の内部的矛盾の爆発」とあるように、すでに紹介した彼の方法論を用いて、中国の現状分析を基に、クーデター発生の背景と今後の展開のいくつかの可能性を提示したものだ。見通しの正しさではなく、その方法論の正当性こそ注目すべきである。

この当時、日本では中国政治の特徴である「分裂」がまた始まった、蒋介石を失い、国民政府は日本に対して軟化せざるを得ないだろうとの期待感にあふれた。分裂中国というのは静態的見方である。だが、尾崎は蒋介石の運命について「恐らくこの絶対に有力な人質をめぐってなお南京との間に取引が行われるであろうと思われるのでなお生存せしめていると想像される。前掲の張学良の通電と南京の通電ならびに決議を見ると、既に戦闘による解決以外に道なきが如き観があるが、そこは支那流の取引である。なお幾多の曲折があるものと思われる」と猶予を持って予測している。（ちなみに、ここにいう「通電」とは、地方軍閥《ぐんばつ》などへの両軍の支持要請の電報であり、それが相拮抗《きっこう》しているので戦闘による解決が予想されるとしているのだ。一九八九年の天安門事件後にもこの通電方法による事態収拾が図られた＝高井）尾崎は、「蔣介石政権の、西南問題の解決、幣制改革の成功の如きは同政権が国内統一のために努力するものとして、かなり広く支持せられていたことは否定し難い。従って張学良の『抗日』が単に自己の軍閥的野望達成の手段として掲げられた旗印である限り、彼が国内統一の破壊者、一種の『漢奸』として恨み憎まれることは当然である」とまで述べる。

以上のように、事件の当事者である蔣介石、張学良の立場を分析した上で、尾崎は民族解放問題と事件の関わりを取り上げる。尾崎は「支那における人民戦線運動は最近『抗日』を目標として急速に発展した。人民戦線派は蔣介石が最も危険な敵であることを充分承知しつつも台頭する民族意識の満潮に乗じて国内統一の問題をも内に包摂しつつ、国民党をも含めた広汎な人民戦線を構築しようと努力して来たのである」とし、したがって「張学良のこの一挙は確かに支那における人民戦線を分裂せしめる危険性を直接胎んでいる」が、「共産党の立場から見ればそれは成功だといい得る」と主張する。というのも「中共中央は『抗日救国のために全国同胞に告ぐる書』に於いて、国防政府の樹立を提議し、国民党軍隊に対して提携を持ちかけた。今日軍閥張学良の意図がいずれにあるにせよ、その軍隊内部にこの主張に共鳴するものを生じその下からの圧力がクーデターの原動力となった」から今回の事件に至った。だとしたら、人民戦線の拡大こそが進むというのが尾崎の見立てだった。

したがって、事件の結末がどうであれ、日本にとって事件が「総べて好都合であると予断する如くとられるおそれがあるが、決してそうではない」とし「今日支那に於ける抗日意識の深刻なることはかつての東北の大軍閥張学良をすらその戦線の内に捲《ま》き込む程に及んでいることを思うべきである。支那に於ける戦線を截然《せつぜん》二つに分つとともに、日本自らその一つ、人民戦線と対峙《たいじ》することとなるであろう」と結論付けた。

続く三か月後発表した「西安事件以後の新情勢」の段階では、蔣介石の南京への無事帰還、張学良の処罰によって事件はいったん落着の運びとなる。尾崎の指摘通りの幕引きとなった。こうなると、日本ではこれによって中国の統一と建設が進むのではないか、それに伴い日中関係の改善にもつながるのではないかとの楽観的な見方が高まった。

これに対し尾崎は「国内統一は果してその外面的に見るとおり堅固なものであるかどうか」、経済建設は「国民党が挙げている数字や部分的な一二の事例だけで判断し難い」と疑問を呈する。その上で、日中関係の見通しについて、「何よりも本質的に支那の半植民地的地位の問題の解決に基礎をおいている」「支那の民族解放運動と日本の所謂大陸政策の方向とは本質的に相容れない」「問題は国民党政権がこの巨大な民族運動の波頭に乗ってはいるものの、決して自らこの波を指導し、コントロールする力のないことである」と述べる。

尾崎はさらに日中双方の問題点を「日本は今日一、その内部的困難（主として財政関係）二、支那に於ける他の列強の共同戦線による孤立化のおそれ、三、支那の民族解放運動と正面衝突のおそれ等の理由によって、その大陸政策推進力が鈍り、或いは停滞性を現わさんとしている。一方において国民政府は一、列強への依存関係の深化、二、国内民族運動の激化等によって益々困難なる立場に追い込まれようとしている」と整理し、日中関係の行き詰まり打開は表面的、一時的でしかないと、日中戦争前夜の状況を冷静に、正確に描いたのである。

この論文の四か月後の一九三七年六月に発表した「転換期支那の基本問題」(『中央公論』同年七月号)では、蔣介石率いる国民党政府が西安事件を抑え込み、さらに広西、山東、山西、四川などの地方軍閥も傘下に収め、一応の統一の形態を整えたとの評価を加えた。

「支那は今日なお民主主義＝民族革命の過程にあるのであるが、その過程の中において民族戦線の統一整備を再び遂行し、或いはまさに成し遂げんとしつつある点こそ最も重大なる中心問題であろうと思われるのである」

尾崎はその上で国民党と共産党の関係を、両党の公式文書の詳細な分析から、かつてのような国共合作のレベルではなく、敵対的な矛盾を抱えながらも、「抗日」というレベルでかろうじてつながっている点を指摘する。この点から尾崎は日本の急激な大陸進出を批判的に捉えながら、中国情勢及び日中関係の今後の展開を以下のように見据えた。

「現下の支那における諸事情の根本的変化は、半植民地支那に対する帝国主義的圧力が、不均衡となった点から起こって来ている。之を直截《ちょくせつ》にいえば、九・一八事件〔満州事変〕以後の日本の急激なる大陸政策の遂行によって、帝国主義一般の圧力が不均質、不均衡となったことが根本的事情である。中国国民党はこの事情を利してその国内統一を進め、また日本以外の列強の具体的援助、或いは好意的意思表示をかち得たのである。それは帝国主義進攻下に一時的安定を愉み得る所以でもある。これと同時に中国共産党もまたその民族解放運動の活路をここに見出すとともに、民族運動の中に自己の確乎《かっこ》たる地盤を強化せんことを志しているのである」

日本帝国主義の急速な大陸進出が中国の民族意識を昂揚させ、それが国民党、共産党の強化に利していると警告しているのである。この論文の発表の半月後に盧溝橋事件が発生し、日中全面戦争へと展開していった。一連の論文は上海特派員として書いたものではなく、帰国後、雑誌等で発表したものだ。中国研究者尾崎の名声を高からしめ、近衛内閣のブレーンとして内閣嘱託の道に尾崎を導いていくことになる。

「支那事変」（日中戦争）の勃発にあたっても尾崎は同様の視点から、蔣介石政権は苦境に立ちつつも、中国が民族意識を益々高め、民族統一戦線の強化につながること、「半植民地支那」の権益を守るため欧米列強が日本の大陸進出の拡大を座視することなく中国への支援に回ること、その結果、戦争の長期化は避けられず、日本は不利な立場に立たされるとの見方をはっきりと打ち出した。

## 第五節　言論統制を避ける手法

こうした尾崎の言論は、軍部を怒らせたことは想像に難くない。ただ彼が事実に基づいて議論を展開したこと、彼が近衛内閣の嘱託という地位にあったことで、当局もなかなか手を出しにくかったのだろう。ゾルゲ事件の一斉検挙は第二次近衛内閣の崩壊後に執行される。

だが、それ以上に、尾崎は独特の議論の展開、言い回しで、軍部に警告を与えながらも言論統制を避ける工夫をしている。前節で尾崎の中国論の実際を紹介したが、これはあくまで尾崎の論点を、分かりやすいように、尾崎の本来の意図の部分に絞って紹介したのであって、原文はそれほど単純明快に書かれているわけではない。多くの論文は、まず日本の大衆世論や軍部の見方を紹介し、それを全面否定するのではなく、「必ずしもそうともいえない」という言い回しで別の見方を提示する。その上で、日本では論じられていない、或いは情報の少ない、例えば中国の民衆や共産党の動向を紹介し、それに対する日本国内の論議が不十分であることを読者に納得させる。同時に日本の期待を実現するため克服すべき課題、問題点を指摘し、日本側の願望通り事態が進展するわけではないことを実証していく。そこでも結論は、日本の目標実現は不可能と断じるのではなく、課題の解決のため、日本自体が変革し、一致団結して奮闘しようと呼びかけるという論法に終始する。

例えば一九三八年四月に書かれた「長期抗戦の行方」(『現代支那批判』所収、『尾崎秀実著作集第二巻』)は「日支事変が始まって以来既に八カ月の月日が流れてしまった。なお戦争は引き続いているし、今のところ何時になったら終わるかということは誰にも見当がついてはいない。……自分等の村には新しい幾本かの墓標が立ち、幾人かの若き友人たちは大陸から永久に帰っては来ない」と、まるで反戦を訴えるかのような書き出しで始まる。しかし、続いて「だが戦に感傷は禁物である。目前日本国民が与えられている唯一の道は戦に勝つということだけである。……『前進！前進！』その声は絶えず呼び続けられねばなるまい」と切り返す。

　このまま戦争支持を訴えるのかと思いきや、続いて「それにしてもいろいろな感慨や反省が生まれてくることはどうしてもやむを得ない」と、本論に入り、日本側、中国側の現情勢の問題点を指摘していく。そこでは日本側だけでなく、中国側の課題も深く追及している。

尾崎はここでも他の論者が避ける軍部批判も巧みに展開している。

「まず何といっても支那の武力と比較して見て日本が圧倒的に優れているということ、これだけは確実である。その考えが或る種の心安さを日本人一般に植え付けていることは確かである」と軍部を持ち上げる。「しかしながらこのことは一方に於て真実に日本が直面している多くの困難をも忘却せしめる結果となっているのではあるまいか」と問題を投げかける。

「日本側としてはあくまで優越せる軍事的力量を発揮して戦果を確実に迅速に摑《つか》むということが正しいであろうから、そうした政策的考慮を抜きにして敏速に進むことが正しいのであるが、一般に、政策が戦略乃至軍事行動に比較して乏しく貧弱なように見えることは確かである。武力で挙げ得た戦果というものはたしかに或る程度までは政治的効果に変わって行くのであるが、真に大きな政治的効果をあげるための政策は、始めから武力を手段として内包する如き大きなものでなければならない」と、軍部の突出した前進を戒めている。

　一方中国側の問題点については、まず「長期的抵抗の可能性を決定するものは結局に於て民族的結合の問題に帰着するが、この点では、支那は確かに一段の進歩を遂げたことは事実である。支那は戦争によって軍事的にも、政治的にも経済的にも全体として力を弱めつつあるのは事実であるが、歴史の長い眼から見た、民族的凝集力は飛躍的前進を遂げたものと思われる」と、「抗日」を目標とする民族運動の高まりを確認する。しかしながら中国の民族主義の高まりを手放しで称賛しているわけではない。今後の課題として①国民党と共産党の合作の行方②軍事的抵抗力の力量③その財政的基礎の持久力の問題④中国内の軍閥の動向を挙げ、これを詳細に分析している。

その上で南京陥落後上海で、憂国の日本人老先輩が「結局に於て日本が支那と始めたこの民族戦の結末を付けるためには、軍事的能力をあく迄発揮して敵指導部の中枢を殲滅《せんめつ》する外にはない」と主張したとのエピソードを紹介しながら、その老先輩の指示に従って、元、清の異民族王朝が、宋、明の華人王朝を撲滅するために四十五年かかったことがわかったと指摘する。したがって民族抗争は長期にわたる性質があり、「日本の新聞に報ぜられた如く〔中国が〕断末魔のあがきと断じることが出来ない」と悲観的な見方も打ち出す。しかし、それを結論とせず、「日本国民の深い決意と、大陸政策遂行の指導的政治家の事態にかんする、より正確なる認識が要望される秋である」と、読みようによっては日本の大陸進出拡大を肯定的に捉えているかのような結論である。

だが、前半でこの戦争が軍人の突出で展開している点や、国民の関心の低さ、政治の遅れを指摘しているのだから、じっくり読めば、持久戦に持ち込まれた日本の苦境こそが尾崎の訴えたい点であることが見えてくる。

## 第六節　尾崎から学ぶ国際報道のありよう

西安事件によって中国研究者としての尾崎の評価は世に知られるようになったが、実は西安事件の勃発を世界に先駆けて報じたのは同盟通信社上海特派員の松本重治《まつもとしげはる》だった。松本はテニス仲間の中国人記者から事件発生の情報を聞いた。中国国内ではこの情報発信を規制していたが、松本は規制の網をくぐって日本に発信し、それが世界に転電され大スクープとなる。西安事件をめぐって、松本は情報発信で、尾崎は情報分析で名声を博したということになる。

尾崎はゾルゲ事件で逮捕された後、検事の取り調べの中で、情報に対する自身の向き合い方をこう述べている。

「私の情報に対する態度は個々の細かい情報を個別的に漁るという態度ではなく、先ず何よりも自分自身の一定の見解を定め、全体の包括的な事実或いは流れの方向というものを作り上げるのに個々の情報を参考にするという態度を採りました。従って私とつき合った人々は私が情報を欲しがって漁っているという感じは、決して得られなかったことと確信して居ります。多くの場合私には既に一定の見解なり情報らしきものが既に集積されていて、相手側は寧ろ私から情報なり意見なり見通しなりを聞かされているという感じを受けたことと思います。私の永い間の経験と勉強とそして作り上げた交友網というものは、私に対する世間的信頼が高まると共に、私に判断力と、それの素材とを提供するに充分でありました……」

「私の評価から見て、単行情報の価値というものはそれがどんなに重要な機密に属しようと大して決定的な意義を持つものではないのであります。今日の如き政治情勢下にあっては事情は常に動揺しております。どんな重要なひとびとの決定も亦忽《たちま》ち変更せられ、又たといそれらの人々、例えば政府軍部などの上層部が如何に主観的には其の決意を固執していても、ついに客観的事情に押されて変更を余儀なくせられるという場合が殆ど全部であります。寧ろ私として重要なことはそれらの情報に示された主観的な意図又は一時的事情よりも、其の底を流れている客観的な方向を正確に知り又は之を予知するということにあることは、大言する様に思われるかも知れませんが、私の自負して居た処であります」

「私の知る立場から充分よく研究と判断を積んで、自分自身が総合判断の一個の情報源泉たる如く自分を完成するのでなければ、今日の如き情勢下に於けるよき『情報マン』と言い得ないと思います」

また長い引用となってしまったが、この尾崎の情報に対する見解は、諜報技術についてという検事の質問に答えたものだが、彼の中国報道、評論活動についても同様に流れていた精神と言えよう。「情報屋」ではない「分析家」尾崎の情報に対する姿勢が明確に示されている。

翻って現在の中国報道に携わる外国人記者にとって、情報統制、情報閉鎖の国である中国は難敵である。正確な情報を他社に先駆けていち早く取ることは至難の業であるし、また逮捕も覚悟の危険な仕事でもある。情報統制の「竹のカーテン」を嘆く声もしきりである。だが、そもそも外国で、一人ないしごく少数の特派員が数年の滞在期間に特ダネを採ろうとすること自体に無理がある。それこそ中国では政権の中枢は公安が眼を光らす竹のカーテンの中にあり、不確かな断片的な情報しか漏れてこない。

それは中国だけでなく、日本においても、アメリカにおいても同様のことである。日本のマスコミのアメリカからの報道も、ほとんどアメリカの新聞、テレビ、通信社の転電であって、独自の特ダネなどお目にかかったことはない。中国報道などは北京にいるのに、香港や海外の報道を参考にした観測記事がほとんどである。その多くは情報源を明示せず、さも北京で入手した情報であるかのように装って発信している。そうした報道は、現地の状況から出発せず、自国の立場からの報道に陥りがちである。

そこで「主観的な意図又は一時的事情よりも、其の底を流れている客観的な方向を正確に知り又は之を予知するということ」に力を注いだ分析家、尾崎の姿勢が、大いに参考になるのではないか。

私（高井）自身、戦後再開した読売新聞の上海支局特派員を務めたが、その当時考えたのは、中国の政治、経済の方針は北京の党中央が決定するので、その情報は当然北京支局が担当する。上海支局の仕事は、そうした方針が実際に改革・開放の現場でどう展開し、いかなる課題に直面しているのか。そうした中央の方針が出てくる背景はどこにあるのか――そうした分析にあるということだった。実は北京においても、中央の人事、方針をめぐる憶測ばかりの情報合戦よりも、それを受けて、中国がどのような方向にむかっているのか、それを実現するための課題はどこにあるかにもっと注力すべきなのではないか、と感じたものだ。現在の憶測情報ばかりの中国報道を見るにつけますますそのように思う。その上で、尾崎のいう「動態的に」中国を捉え、政権よりも社会や民衆の動向にもっと注目して取材を重ねる必要があるのではないか。情報取りよりも分析が重要だと、尾崎の情報論を読むにつけつくづくそう考える。

## 第七節　政治実践者としての尾崎の評価

尾崎は一九三二年に帰国し、大阪朝日本社に配属された後、一九三四年に東京本社が新たに設置した東亜問題調査会に所属した。その頃、ゾルゲも追うように来日し、日本での協力を尾崎に依頼する。一方尾崎はこの頃から上述したような論文、著作の発表によって名声を高め、一九三六年カリフォルニアで開催の太平洋問題調査会第六回会議に中国問題専門家として参加した。この時、後に尾崎を政治の表舞台に招いた西園寺公一、牛場友彦らと知り合いになる。一九三七年四月、当時の人気政治家、近衛文麿のブレーン組織の昭和研究会に招請され、さらに七月内閣秘書官牛場の斡旋《あっせん》で、朝日を退社し内閣嘱託に就任した。それに伴い、政権内部の動向を知るようになったし、中国をめぐる外交戦略について提言する立場に立った。昭和研究会は、近衛内閣の組閣を前に設立された国策献策機関であり、著名な知識人、専門家、ジャーナリストが参加した。

研究会の事務を担っていた酒井三郎が戦後の一九七九年に刊行した『昭和研究会』によると、昭和十年代に入り、「支那問題の検討」が研究会の緊要なテーマとなり、「支那問題委員会」が設置された。酒井によると、「委員のほとんどは支那問題の大家で、いろいろな事情に精通していた」が、「委員の間では必ずしも意見の一致がみられなかった」という。酒井は実名で委員の発言を紹介している。ある委員は「中国人には株式会社を設立する能力はなく、列国から投資を受けても、経済開発に向けずに政治的に使用しているから、経済開発はとうてい不可能である」といい、別の委員は「中国人は概して自然科学的関心や能力が乏しく、計数的能力が欠如しているため、近代的工業の担当者になりえない。したがって、近代国家として成長することは難しい」という。かと思えば、「科挙制度その他記憶力偏重の教育体制が、中国人から思考能力を奪ってきたが、今後はだんだんよくなっていくだろう」という委員もいる。いかにも「大家」らしい発言で、「戦争は避けるべき」という意見では一致していたが、「とくに民族統一の実情と段階について、なかなか一本にまとまらなかった」という。

そこで酒井たちは、「若い者たちによる支那問題の研究会を、これら大家の委員会の下部組織としてつくり、逆に上級委員会をリードすることを考えた」。そこで後に近衛内閣で書記官長となる風見章に相談に行ったところ、風見が委員長就任を引きうけさらに若手ナンバーワン候補として、尾崎の名前を挙げた。すでに本章でも見てきたように、中国の実情から出発して、中国の民族運動を語れるのは尾崎以外にほとんどいなかった。

こうした尾崎の出世は、言うまでもなくゾルゲスパイ団の求めに応じたものでなく、彼の中国研究の実力のなせる技であって、むしろ彼は政権の中に取り込まれたのだ。

その立場が、ゾルゲスパイ団に有用な情報をもたらした。その情報も彼の中国研究や提言に必要な情報であって、スパイ目的で立場を利用し国家機密を盗み出したわけではない。彼は知り得た情報を分析し、その結果をゾルゲにも提供していた。

したがって、尾崎を登用した西園寺や友人たちの多くは、尾崎はスパイではなく、彼の信念、理想に基づいて行動していたと主張する。だが、尾崎は決して上海時代のように、ゾルゲ記者と情報交換していたわけではない。ゾルゲをコミンテルンが派遣したスパイであると認識した上で、尾崎自身の国際共産主義運動への共感、信念から、彼が政権の中枢にいて知り得る情報、政治分析を提供していた。最初のソビエト、当時唯一のソビエトであるソビエト・ロシアを守ることが、国際共産主義運動の一環でもあり、そのためにゾルゲに情報提供していたのだ。

尾崎は上申書の中で当時の心境と政治実践に至る動機をこう述べている。

「近年の日本政治に対する私の中心の憤懣《ふんまん》は、日本の政治指導者が世界のおもむきつつある情勢にはっきりした認識を持たず、日本を駆って徒らに危険なる冒険政策に驀進《ばくしん》せしめつつあるということでした。満州事変以来は軍部がひたすら政治的指導権を握らんとしつつあるものと考え、政治家は無能にしてこの状勢を制御する識見と能力を欠くものと難じたのであります。軍部の目指すところは対外政策に於ては独逸《ドイツ》との緊密なる提携であり、その帰結として、ソ連、又は英米との戦争を惹起《じゃっき》せんとするものであると信じ、日本を駆って破局的世界戦争に投ずるものであると痛憤したのであります」

そこで尾崎は近衛内閣とそのブレーンたちの活動に積極的に参画し、軍部の強硬策を牽制《けんせい》する政策の立案に関与する一方、ゾルゲの諜報工作への協力を惜しまなかった。彼が内閣嘱託など政権に関与するようになった当時の新聞をひっくり返して見ると、彼への期待の大きいことがわかる。

例えば、読売新聞の一九四〇年七月四日の紙面では、軍部を牽制するための新党運動を担う「革新派の人々」という連載記事の三回目に尾崎を登場させている。そこでは「支那事変処理が今日の日本政治の主要根幹をなしているのだから、そうした方面での彼の献言は相当期待しうる」と評している。長期化する日中戦争の打開策として尾崎が構想した「東亜協同体論」、「国民再組織」はいずれも軍部に逆用され、汪兆銘傀儡《おうちょうめいかいらい》政権の樹立や国家総動員体制へと呑み込まれてしまった。

一方、尾崎情報はドイツ大使館内のドイツ人特派員としてゾルゲの評価を高め、大使館が保有する機密情報へのゾルゲの接触を可能にした。例えば、日中戦争の行方について、日本の短期的勝利で終わるとのドイツ大使館の情報とは違って、持久戦に持ち込まれるだろうとの尾崎の分析の通り進行した。ゾルゲの見方、それは尾崎情報にほかならないが、大使の信頼を高め、ゾルゲを大使の相談役という存在にまで仕立て上げた。ゾルゲはそうした立場を利用し、ドイツが対ソ戦を準備しているとの情報をつかみ、ゾルゲの所属するソ連の諜報組織の一つ赤軍第四本部に送った。また日本の対ソ、対中、対米政策の情報などを尾崎から得ることができた。特に尾崎は、日本が対ソ戦よりも南進策を採用する可能性が高く、対米開戦に向けた準備が進んでいるとの情報をもたらし、ソ連側を喜ばせた。尾崎は情報提供だけでなく、政権内部で南進策を促す役割も演じている。その意味でも、やはり尾崎はゾルゲスパイ団の重要な一員だったと言える。

尾崎にとって不幸なことは、彼の国際共産主義に対する共感と使命の実践とは裏腹に、ゾルゲと彼の情報は世界共産主義運動の強化のためではなく、ソ連の一国社会主義の防衛のために使用されたことだった。それは尾崎自身の理想と異なっていたし、ソ連とも対立する日本という国家にとっては許し難い裏切りでもあった。尾崎はゾルゲが赤軍の諜報員とは知らなかったし、ゾルゲに彼の情報の行きつき先を聞きもしなかった。しかも近年のゾルゲ研究でゾルゲ自身、スターリンの粛清に怯《おび》えつつある中での諜報活動であることが明らかにされている。[註iv]

尾崎は研究者の枠を越え政治の実践者としてスパイにも加担しその信念を貫こうとしたが、一方で結果責任を問われる政治家としては失格だったと言えるのではないだろうか。尾崎自身、妻への獄中書簡の中で「私は政治には完全に敗れました」と述べている。

社会評論家の青地晨は『尾崎秀実著作集第四巻』の解説「尾崎秀実と獄中書簡」の中で、尾崎の最初の上申書を引用しながら「日本の必然的な敗戦のあと、日本に革命がおこり、革命された日本、中国共産党が勝利した中国、ソ連の三国が東亜に共産圏を形成する――これが尾崎の戦後構図だったと思われる」と指摘している。

これまで見てきたように、尾崎は日本の強引な軍国主義が中国の民族主義をかき立て、その結果として日本は持久戦に追い込まれ勝利はないと警告してきた。だが残念ながら軍国主義の専横を止めきれず、尾崎は敗戦に伴う革命の機運の高まりというかすかな希望に賭けるしかなかった。最終的には尾崎はそのために外交政策を提言し、スパイ工作にも協力した。しかし、その結果と言えば新党運動も体制翼賛運動も何ら成果が得られず、逆に軍部にその構想を乗っ取られ、尾崎の構想とはかけ離れたものに終わってしまった。尾崎は中国研究者として戦後の中国の赤化まで予測していたが、日本はその中国とソ連と連携し国際共産主義運動を推進するであろうとした戦後の動向予測に関しては全く外れた。それは希望的観測に過ぎなかった。

私は青地とは違って、上申書の以下の部分に注目した。

「我々左翼主義者は現在示されつつある国家主義的対立は、当然超国家的国際主義に進展すべきものと考えて居たのであります。第三国際〔コミンテルン〕の指導下に世界的ソヴエット連邦の完成を目指すことを以て理想となしたのであります」

「その理論にもとずく観測に誤りがあったのだと云うことを今日語らざるを得ないのであります。この事実を決定的にしたのは今次の世界戦争、日本の立場を主として云えば、大東亜戦争なのであります。この点はマルクス主義理論にとっては致命的な誤謬《ごびゅう》の一つをなすものであると思われます」

「社会経済情勢のその後の展開はマルクスの予想したところとかなり異なったものがあったのであります。例えばその一つは新しい技術、科学の進歩は、かえって、資本主義発展の初期の企業が示した如き混乱と無政府的無秩序とを防止し得たことであります」

「他の一つは私がここで問題にしている民族主義、国家主義傾向の新たなる重要性であります。マルクス主義的予想によれば資本主義は高度化するとともに、国際金融資本の性質を帯び、カルテル、トラスト等の超国家的組織をもって国際的支配権を確立し、無産者大衆はますます悲惨なる状態に圧迫せられて行くこととなるであろう。従って無産者大衆もまた国際的に横断的に密接な結合を以て之に対抗し行かざるを得ないであろうということであったのであります」

「満州事変以後における日本の新しい国家権力強化の方向は云うまでもなく、英米等の如き所謂自由主義国家に於てすら、国家主義的、民族主義的傾向は顕著であったわけです。……支那の民族主義運動は近年始めて国家主義的色彩を帯び始めたのであります。印度に於ける統一の要望も同様の方向を指すものに他ならないのであります。それのみかソ連すらも主たる方向は国際主義ではなく国家主義の方向であったのであります[註V]」

青地は同じ解説の中で「二回にわたる『上申書』には、マルクス主義やコミンテルンに対する批判を一行も書いていない。自分の思想の根本に関しては、彼は潔く潔癖に自らの信条をまもりとおした。いわゆる転向声明書とは、類を異にしている」と述べるが、私には先の引用部分はどう読んでもマルクス主義に対する批判としか読めない。同著作集第五巻の月報を書いた戴国煇《たいこくき》も青地同様、マルクス主義批判は一句もないと書いているが、私には不思議でならない。青地らは、この部分を、尾崎が無理矢理書かされたとして無視したのであろうか。

冷戦を経て今日の国際政治の現状をみると、たとえ書かされたにしても、尾崎の以下の指摘はむしろ今日の国際情勢を鋭く言い当てていると思う。

尾崎は「世界大戦及びその以後にあらわれる必然的な傾向は一層の国家主義、民族主義の強化たることは殆んど疑うべからざるところであろうと思われます。……それのみか、支那の如き印度の如きは有力なる国家主義の国家となるでありましょう」とさえ予言した。

研究者から政治の実践者への転身としては、前章の橘樸同様、尾崎も失敗に終わった。二人は中国について優れた研究者であったが、理性を失った日本の軍国主義の強暴さに対する認識が甘かったのではないか。日本自身の変革など不可能であった。

尾崎は先に一部紹介した上申書の他に死刑判決後、二通目の上申書を書いている。死刑執行の先送りを願うように、日米戦争の「大義」への共鳴、天皇崇拝の念の表明など国際共産主義者の誇りを打ち捨てたような内容が続き、その通り受け取れば転向の表明ということになる。しかし、これはどうみても偽装転向であった。この上申書の願いもむなしく、一九四四年十一月、終戦を待たず、死刑が執行された。

尾崎は転向しなかったが、最初の上申書や獄中書簡からみて、マルクス主義について改めて目が覚め、国際共産主義運動に対する過剰な期待を、反省したと言えるのではないか。その結果、獄中にあっても研究者として、戦後、各国が国家総力戦体制を取って、国家主義が跋扈《ばっこ》するであろうという国際情勢の先行きを、しっかり読んでいた。ウクライナ侵略や台湾統一に向けた緊張の激化などロシア帝国、中華帝国の復活を図る全体主義国家の実相が明らかになった現時点で、私はそう強く感じる。

i　『橘樸著作集』では、もともとの原文で「支那」という用語が使われていたにもかかわらず、すべて「中国」に置き換え、また「日支」関係も「日華」関係に置き換えられている。『尾崎秀実著作集』では、「支那」「日支」ともそのままで掲載されている。恐らく尾崎はこの座談会で「中国」ではなく「支那」と発言したにちがいない。

ii　逮捕の事実が発表されるのは、一九四二年五月十六日の起訴の段階。翌日の読売新聞には一面で「国際諜報団発覚」「コミンテルンの命に動く」「中心人物五名起訴さる」の見出しの下に、尾崎の名前と経歴が出てくる。しかし、国防保安法、治安維持法、軍機保護法違反とあるも、具体的な起訴内容は報じられていない。トップ記事は大本営発表の戦果で、逮捕の記事は紙面の下段に置かれている。なぜか多くの研究書で発表日が六月十六日と誤って記載されているケースが目立つ。(恐らく風間道太郎著『尾崎秀実伝』法政大学出版局版の巻末の年譜の誤記が転記されているためだろう)また具体的な容疑内容が紙面で明らかにされるのは死刑の執行、終戦を経た一九四五年十月二十三日、同じ諜報団のクラウゼンらが釈放されたことが契機だった。見出しは「ゾルゲ事件の全貌明るみに」「国家機密悉《ことごと》く筒抜け」とあり、尾崎について「西園寺公一、犬養健の如き相当知名人が尾崎の極めて巧妙な擬装に幻惑せられたための不用意の間に秘密事項を伝えていたことは、尾崎の真の意図を全然察知していなかったためとはいえ、その結果からみてまことに残念」と批判している。読売紙面で尾崎の名誉回復が始まるのは死刑執行一年後の一周忌挙行のお知らせ記事。また十一月七日の紙面では「大陸の反戦闘争、死刑、獄死十数名」という記事の脇見出しで「尾崎秀実氏も活躍」とあり、上海で尾崎が反戦集会に参加したことが紹介されている。なお、風間によれば、尾崎は逮捕時、スパイ容疑だとは考えていなかった。

iii　ヒューマニストとして祭り上げられた尾崎はさらに米ＣＩＡによって共産主義の恐怖を煽る道具にも使われる。東西冷戦が始まり、日本共産党を貶めるため、当時徳田球一委員長の片腕として活躍していた伊藤律政治局員兼書記局員を、ゾルゲ事件発覚のきっかけを作った日本公安のスパイに仕立て、共産主義の卑劣さを喧伝する材料にしたのだ。尾崎の異母弟、尾崎秀樹や松本清張はＣＩＡの資料を基に、伊藤律を「生きているユダ」として描いた。その伊藤律は共産党が非合法化され北京に逃れていたが、北京でスターリンの指示を受けたとする野坂参三によって、伊藤は尾崎を売ったスパイとして、秘密裏に糾弾され、中国当局に委ねられ、拘禁された。伊藤は裁判もないまま二十七年間に渡って中国の牢獄に繋《つな》がれ行方不明とされていた。だが日中の共産党の仲違いを経て、一九八〇年突然解放され帰国した。帰国後、本人の証言や関係者の調査によって伊藤律ユダ説は否定された。それどころか、一九九二年野坂参三がソ連のスパイだったとして、日本共産党から除名された。以上の点は尾崎の死後のことであるので註の中で触れることにした。筆者（高井）はまだ駆け出しの記者であった一九八〇年八月、たまたま上司の指示を受け北京空港で帰国する伊藤律を取材する機会があった。当時、伊藤律に関する情報は「生きているユダ」の突然の帰国という以外になく、今回、尾崎の中国論を研究する中で、伊藤律をめぐる驚くべき事実が次々明らかにされたことを知り、ここに簡単に紹介した次第である。

iv　例えば『ゾルゲ　引き裂かれたスパイ』（ワイマント、ロバート著、新潮社、一九九六年）、『国際スパイ　ゾルゲの真実』（NHK取材班・下斗米伸夫、角川書店、一九九二年）

v　風間道太郎『尾崎秀実伝』の中に、一高時代の同級生だった中村登音夫検事が留置中の尾崎を訪ねた際の会話として、中村が「一度も会ったことのない人間をそれほど堅く信じるなんて理解できない。スターリンは世界人類の解放者であるようなことを言っているが、言葉だけでは何かの謀略に思えてならない」と共産主義を考え直すよう説得したとのエピソード（中村談）が紹介されている。その時、尾崎は「そんなことがあるもんか！」と反発したそうだが、これこそ尾崎が後に考え直し、反省するきっかけとなったエピソードではないか。中村検事はこの面談の際、シンガポール陥落を例に日本の著しい戦果を見ても共産主義を考え直す必要があると指摘した。尾崎は上申書の中で同じ論法で自らのマルクス主義への信念の誤りと語っている。

# あとがきに代えて、本書のまとめ

本書は、先行研究に大きく依拠した研究ノートだが、以下のように、私なりの見解も示すことができたと自負している。

①　アジア侵略のイデオロギーは、福沢諭吉の「脱亜入欧論」ではなく、日本を盟主とする「興亜論」にあること、また戦中にあっても日本の軍国主義に抵抗した石橋湛山《いしばしたんざん》の「独立自主」の姿勢は、福沢精神の継承である――との見方を示した。

②　大正デモクラシーは「内にあっては民主主義、外にあっては帝国主義」といわれるが、吉野作造ら大正デモクラシーの旗手たちが、「外にあっても民主主義」の立場に立ち、アジアの新たな動きに注目、民族主義の高まりを評価し、日本の帝国主義を戒めるに至る過程を明らかにした。アジアの動きを動態的に見ること、さらにそれを認識する彼らの中国論、アジア論を動態的に検証し、評価することの重要性を指摘した。

③　中国の民族主義理解の先駆者、清水安三《しみずやすぞう》と大阪朝日人脈の緊密な関係を明らかにした。また清水と共に『北京週報』で働いた丸山昏迷《まるやまこんめい》の存在とその活動の成果、結末を、トータルに評価した。

④　大阪朝日新聞、毎日新聞の変節をその論説だけでなく、慰問袋の募集運動など各種の戦争協力事業の実態を分析し、軍部と大衆世論との三位一体の総動員体制の構造を明らかにした。

⑤　石橋湛山執筆の『東洋経済新報』社説の表現の工夫を跡付け、石橋が日本の武力行使を是認したなどマルクス主義歴史家の図式的な批判を、反批判した。

⑥　科学的な中国研究を残した橘樸《たちばなしらき》、尾崎秀実《おざきほつみ》がいずれも、一方では「政治の実践者」として失敗に終わったことを明確にした。

⑦　尾崎秀実の非転向を強調する先行研究で見落とされてきた尾崎のマルクス批判、また戦後の中国の国家主義傾斜・世界の総力戦体制への移行予測の言及に光を当てた。

本書の基になった長期にわたる連載の途中、開始当初予想もしなかった事実、関連する興味深いエピソードが次々と浮かび上がって来た。研究の面白味でもある。連載最終回では以下のようなエピソードを紹介した。

「三年近くの連載の中で、いくつかご批判や激励メールを頂いた。それがきっかけで未知の情報や視点に接する機会にも恵まれた。

その一つは、満州事変発生直後、現地に派遣された大阪毎日新聞門司支局記者の発言〔本書第八章第七節〕をめぐって。記者は帰国後、友人に事変は関東軍の鉄道爆破によって起こされ、現地の記者たちもそうと知りながら関東軍の宣伝に沿って記事を書いている、馬鹿々々しいので社命を待たず帰国したと語った。その発言が憲兵隊に伝わり軍参謀本部に報告されていた。歴史研究者によって軍と記者の癒着の証拠としてしばしば引用される。読者から「記者はその後どうなったのか、名前がわかれば毎日新聞で消息がわかるのでは」と問い合わせがあった。スペースの関係で省略したが、憲兵隊資料には「野中成童」とあった。

そこでまずインターネットで「野中成童」を検索してみたが、野中のその後をフォローした情報はなかった。唯一本連載でも登場した前坂俊之・静岡県立大学名誉教授のブログに、池田一之著『記者たちの満州事変』によると、「成童」ではなく「盛隆」とだけあった。

この書名は初耳だった。やはりネット検索で古書店から入手できた。池田氏は前坂氏同様毎日新聞出身で、八四年から明治大学教授を務め、九八年七〇歳で死去。同書は友人たちが遺稿を集め出版したという。そのせいで同書は関係者の間でしか知られていなかったようだ。池田氏は大学の定年を五年早め退職。新聞の戦争責任を問い直すため旧満州に足を運び、現地の図書館に通い当時の資料を発掘したというだけに、同書は活き活きとした情報であふれていた。

まず野中記者の実名問題だが、池田氏は八七年頃江口圭一著『十五年戦争の開幕』で野中証言を知り興味を抱いた。たまたま毎日時代に野中隆一郎という同姓の同僚がいたので「もしかしたら…」の思いで聞いてみたという。隆一郎氏も門司出身で父親も毎日記者と聞いていたからだ。隆一郎氏が大阪毎日の人事部で調べたところ、当時門司支局に父親以外に野中姓の記者はおらず、憲兵隊員が名前を聞き違え報告したのではないかとの結論に至った。

同書では人事部の資料などを基に三一年九月二十二日に出発し、十月二日に帰国するまでの足取りを追い、推測として「奉天に着いた野中は、同月二十四日午前十一時から関東軍が、奉天駐在の内外記者団のために柳条湖の現場で行った説明会に間に合い出席した」とし、野中が事件の真相を知る機会は、この説明会を措いてなかったと記している。記事は別の記者が書き、応援取材の野中記者は厳しい報道規制と操作の現実を目撃しただけで帰国してしまった。同書も野中のその後には触れていない。

幸い同書の序文に出版の協力者として私の知人の名があり、池田氏や野中記者のその後について問い合わせた。知人からは「池田さんについては死後二十年を経過、集めた資料なども残っていないだろう」との回答だったが、毎日人事部に残る詳しい野中記者の経歴を教えてくれた。野中記者は一九三三年一月一日付で、門司支局から大阪本社所属東京支店政治部勤務となる。憲兵隊の報告によるお咎めはなかったようだ。そしてネット検索で『帝人を裁く』(三八年刊)という著書があることも判明した。

帝人事件とは、三四年に発生した帝人株をめぐる贈収賄疑惑で、商工大臣、大蔵次官、帝人社長ら十六人が起訴され、斎藤実内閣が総辞職に追い込まれた。三七年全員に無罪の判決が下され、検察ファッショ事件とも呼ばれる。野中の著書は、裁判の傍聴記録、とくに検察のずさんな捜査が暴露される公判でのやり取りを詳細に盛り込んでいる。「判決は証拠不十分の無罪ではない。全くの犯罪の事実なしである。この二点は特に間違ってはならない」という裁判長の判決後の談話を裏付ける内容だ。満州事変では真相を書けない無念さがあった。が同書では検察の横暴ぶりを厳しく追及する。野中は四二年、四十四歳の若さで亡くなった。帝人事件はＮＨＫ朝ドラ「虎に翼」の中で登場した裁判事件のモデルとなった。

話を池田氏の著作に戻そう。数多くの未知の情報の中で最も驚いたのは、満州事変直前の三一年二月に、満鉄傘下の「満州日報」社長に松山忠二郎が就任し、大正デモクラシー期の大阪朝日張りの論調の再現を試みたという記述だった。松山は、本連載の前半の主役、清水安三が読売新聞に五四運動など中国の新しい息吹を高く評価する記事を書いた時期の読売新聞社長。読売再興に賭け国際報道に力を入れた。東京朝日編集局長だったが、憲政史上最悪の新聞弾圧と言われる「白虹《はっこう》事件」（一八年）の余波で社を追われ読売社長に就任した。だが関東大震災の発生で再興の道は閉ざされ、読売は正力松太郎に買収された。その松山が満州で再び新聞経営に戻ったのだ。白虹事件で退社組の竹内克巳を編集局長に、長《は》谷川如是閑《せがわにょぜかん》や市川房江、橘樸らをコラムニストに抱え、自由な新聞論調を展開した。

池田氏は社説欄に三回にわたって掲載された松山の社長就任直後の「新聞の使命に就て」と題する論文を紹介する。「満州日報の記事及び論評は、決して満鉄幹部の意見を迎合したものではない。…政党、政派の関係においても全然不偏不党である是々非々主義である」と意気軒高だ。

だが、自由独立の論調は一年も持たなかった。事変勃発《ぼっぱつ》直後、筆禍事件に巻き込まれた。柳条湖爆破を中国正規兵の犯行とする関東軍の発表に反し、号外で「馬賊の一団の犯行にあらずや」と報じ軍の怒りを買った。竹内克巳は引責辞任、松山も減給処分を受ける。池田氏は遼寧《りょうねい》図書館でマイクロフィルムに収められた満州日報を丹念に読み、事変前現地の危機を煽《あお》る関東軍、在満邦人への満州日報の批判的姿勢に遠因があったことを明らかにしている。満州の地でも大正デモクラシー報道と軍とのせめぎ合いが繰り広げられていた。

同書のあとがきに大六野耕作明大教授が日頃池田氏の語っていた〝思い〟を記している。「日本の新聞は結局、先読みなんだね。いい悪いではなく、現実がどこに向かうかを先読みしてしまう。満州事変がそうでしょう。関東軍の謀略であることを見抜いて出稿した記者はいたんだ。でもその時には、満州事変はすでに既成事実化して、関心はもう関東軍の次の行動に移っていた。既成事実を先に読むから、どんどん後退するわけ。止めることができなくなる」

メディア変節の原因について、軍部の厳しい規制と検閲、右翼の圧力、メディアの商業主義など諸説ある。実相はその複合と言えようが、池田の指摘は記者ならではの斬新《ざんしん》な視点だ。大六野は「事実の先読み」という問題を「戦後のジャーナリズムは克服しえたか」と問う。

池田や大六野が指摘した「事実の先読み」は満州事変直後、爆破現場を取材しながら本当に中国兵の犯行かどうか十分な検証を行わず、関東軍のメディア操作に乗せられ、次の作戦の先読み合戦を自慢げに語る朝日記者がその典型だろう。そして、「先読み」報道は今もってマスコミの問題点であると言えよう。

一九六〇年代から七〇年代、アジア・アフリカ諸国の台頭で、日本でも、アジア論が盛んに論じられ、戦前の中国論、中国報道に関する研究も大いに進んだ。しかし、二十一世紀に入って日本の国力減退の中で、戦前のような独善的な中国論、アジア論が目立つようになってきた。中国を擁護するような議論を展開するつもりはさらさらないが、日本側の価値観を絶対視し、その立場からだけで、中国を斬り捨てる昨今の議論の危うさは、本書で見てきた戦前の中国論、中国報道の誤りから自ずと見えてくるだろう。

アジア内部の国力、力関係の変化に合わせ、アジアの諸関係が再構成に向かう中で、いかなる中国論、アジア論を描くのか、極めて重要となりつつある。その議論に、本書が多少とも参考になれば幸いである。

最後になってしまったが、長らく原稿をお待たせした集広舎の川端幸夫社長に感謝の意を表したい。とくに紹介していただいた編集者の月ヶ瀬悠次郎さん、校正の校書青信堂の丁寧な作業のお陰でなんとか出版にこぎつけられた。改めて感謝致します。

二〇二四年十月

高井潔司

# 参考文献

## 序章


内村鑑三著、鈴木範久編『内村鑑三選集2　非戦論』岩波書店　一九九〇年
大隈重信著、早稲田大学編『大隈重信自叙伝』岩波文庫　二〇一八年
同『大隈重信演説談話集』岩波文庫　二〇一六年
岡田英弘『日本史の誕生』ちくま文庫　二〇〇八年
清水安三『石ころの生涯』桜美林学園　一九七七年
同『清水安三先生遺文集㈡　日本の対中国政策を激烈批判』清水畏三自家出版　二〇一二年
竹内好など編著『近代日本思想史講座8　世界のなかの日本』筑摩書房　一九六一年
張競・村田雄二郎編『日中の120年　文芸・評論作品選1　共和の夢　膨張の野望』岩波書店　二〇一六年
張競・村田雄二郎編『日中の120年　文芸・評論作品選2　敵か友か』岩波書店　二〇一六年
張競・村田雄二郎編『日中の120年　文芸・評論作品選3　侮中と抗日』岩波書店　二〇一六年
遠山美都男『天皇と日本の起源』講談社現代新書　二〇〇三年
中村修也『天智朝と東アジア』NHKブックス　二〇一五年
野村浩一『近代日本の中国認識』研文出版　一九八一年
保阪正康など編著『太平洋戦争への道　1931－1941』NHK出版新書　二〇二一年
溝口雄三『中国の衝撃』東京大学出版会　二〇〇四年
吉田孝『日本の誕生』岩波新書　一九九七年
吉見義明『草の根のファシズム――日本民衆の戦争体験』東京大学出版会　一九八七年

## 第二章

伊藤正雄編『明治人の観た福澤諭吉』慶應義塾大学出版会 二〇〇九年（徳富蘇峰、竹越三叉、内村鑑三らの福沢諭吉論が収められている）

岡義武『明治政治史 下』岩波文庫 二〇一九年

同『山県有朋』岩波文庫 二〇一九年

同『近代日本の政治家』岩波文庫 二〇一九年

岡本隆司『世界のなかの日清韓関係史』講談社選書メチエ 二〇〇八年

木村時夫『知られざる大隈重信』集英社新書 二〇〇〇年

河野健二「明治維新と『西洋』」田中彰編『世界の中の明治維新』所収 吉川弘文館 二〇〇一年

坂野潤治『近代日本とアジア』ちくま学芸文庫 二〇一三年

杉田聡編『福沢諭吉 朝鮮・中国・台湾論集』明石書店 二〇一〇年

月脚達彦『福沢諭吉の朝鮮』講談社選書メチエ 二〇一五年

遠山茂樹「日清戦争と福沢諭吉」『遠山茂樹著作集第5巻』所収 岩波書店 一九九二年

平山洋『福沢諭吉の真実』文春新書 二〇〇四年

福沢諭吉『学問のすゝめ』岩波文庫 一九四二年

同『文明論之概略』岩波文庫 一九九五年

同『新訂福翁自伝』岩波文庫 一九三七年

同「亜細亜諸国との和戦は我栄辱に関するなきの説」『郵便報知新聞』明治八年十月七日

同『福澤諭吉著作集第8巻 時事小言 通俗外交論』慶応義塾大学出版会 二〇〇三年

真辺将之『大隈重信 民意と統治の相克』中公叢書 二〇一七年

丸山真男「福沢諭吉の哲学」杉田敦編『丸山眞男セレクション』所収 平凡社ライブラリー 二〇一〇年

陸奥宗光『蹇蹇録』中公クラシックス 二〇一五年

安川寿之輔『福沢諭吉の戦争論と天皇制論』高文研 二〇〇六年

渡辺利夫『士魂　福沢諭吉の真実』海竜社　二〇一六年

## 第三章

井上清・渡部徹編『大正期の急進的自由主義』東洋経済新報社　一九七二年
井上寿一『戦争調査会』講談社現代新書　二〇一七年
今井清一『大正デモクラシー』社会評論社　一九九〇年
太田哲男『清水安三と中国』花伝社　二〇一一年
岡義武『転換期の大正』岩波文庫　二〇一九年
クローデル，ポール『孤独な帝国　日本の一九二〇年代』草思社　一九九九年
後藤孝夫『辛亥革命から満州事変へ――大阪朝日新聞と近代中国』みすず書房　一九八七年
子安宣邦『「大正」を読み直す』藤原書店　二〇一六年
清水安三『支那新人と黎明運動』大阪屋号書店　一九二四年
同『支那当代新人物』大阪屋号書店　一九二四年
同『朝陽門外』朝日新聞社　一九三九年
同『桜美林物語』桜美林学園　一九六四年
同『希望を失わず』桜美林大学出版会　二〇二〇年
筒井清忠『戦前日本のポピュリズム』中公新書　二〇一八年
内藤湖南『支那論』文春学芸ライブラリー　二〇一三年（原著は一九一四年）
毎日新聞社編『大正という時代』二〇一二年
松山巖『群衆　機械のなかの難民』中公文庫　二〇〇九年
吉野作造「民族と階級と戦争」『中央公論』一九三二年一月号
同「日支親善論」『吉野作造選集8』岩波書店　一九九六年（原著は一九一六年）
読売新聞社社史編纂室編『讀賣新聞八十年史』一九五五年

## 第四章

飯倉照平「北京週報と順天時報」『朝日ジャーナル』一九七二年四月二十一日号　朝日新聞社
石川禎浩「マルクス主義の伝播と中国共産党の結成」狭間直樹編『中国国民革命の研究』所収　京都大学人文科学研究所　一九九二年
伊藤武雄『満鉄に生きて』勁草書房　一九六四年
伊藤徳也「周作人・魯迅をめぐる日中文化交流」『「帝国」日本の学知第5巻』所収　岩波書店　二〇〇六年
衛藤瀋吉『鈴江言一伝』東京大学出版会　一九八四年
太田哲男「『和やかに支那を語る』〔抄〕凡例・解題」『清水安三・郁子研究』第8号所収　桜美林大学　二〇一六年
小野寺史郎『中国ナショナリズム』中公新書　二〇一七年
小島麗逸「『北京週報』(1922年1月~1930年9月)と藤原鎌兄」『アジア経済』一九七二年十二月号　アジア経済研究所
阪谷芳直『中江丑吉の肖像』勁草書房　一九九一年
同『中江丑吉の人間像』風媒社　一九七〇年
清水安三「回憶魯迅」『桜美林大学中国文学論叢』一九六八年三月
竹内好『日本と中国のあいだ』文芸春秋　一九七三年
藤原鎌兄『北京二十年』平凡社　一九五九年
藤原鎌兄・つた共著『記者五十年のうらばなし』非売品　一九七五年
藤原鎌兄著、小島麗逸編『革命揺籃期の北京』社会思想社　一九七四年
山下恒夫「薄倖の先駆者　丸山昏迷」『思想の科学』一九八六年九月号から十二月号まで四回連載

## 第五章

ヴォートリン，ミニー『南京事件の日々』大月書店　一九九九年
オーシロ，ジョージ「戦前期における清水安三の国際主義と愛国心のジレンマ」桜美林大学清水安三記念プロジェクト『清水安三の思想と教育実践』所収　桜美林大学　二〇〇一年
榑松かほる『小泉郁子の研究』学文社　二〇〇〇年
胡適・室伏高信「胡適と室伏高信の公開往復書簡」張競・村田雄二郎編『日中の120年　文芸・評論作品選2　敵か友か』所収　岩波書店　二〇一六年
相賀渓芳『五十年間のハワイ回顧』同書刊行会　一九五三年
栃木利夫「中国現代史と清水安三」桜美林大学清水安三記念プロジェクト『清水安三の思想と教育実践』所収　桜美林大学　二〇〇一年
山崎朋子『朝陽門外の虹』岩波書店　二〇〇三年

## 第六章

太田哲男『吉野作造』清水書院　二〇一八年
小倉政太郎編『東洋経済新報言論六十年』一九五五年
黄自進「なぜ吉野作造なのか――近代日中関係史を考察する上で――」『吉野作造選集8』附録「月報」所収　岩波書店　一九九六年
鈴木貞美『文芸春秋の戦争』筑摩書房　二〇一六年
成田龍一『大正デモクラシー』岩波新書　二〇〇七年
狭間直樹「吉野作造と中国」『吉野作造選集7』の巻末解説　岩波書店　一九九五年
長谷川如是閑著、飯田泰三・山領健二編『長谷川如是閑評論集』岩波文庫　一九八九年
増田弘『侮らず、干渉せず、平伏さず』草思社　一九九三年

松尾尊兊『大正デモクラシーの研究』青木書店　一九六六年
安田武『昭和　東京　私史』中公文庫　一九八七年
山根幸夫『大正時代における日本と中国のあいだ』研文出版　一九九八年
同「日本人の中国観——内藤湖南と吉野作造の場合」『東京女子大学論集』19－1　一九六八年九月
吉野作造『吉野作造選集7、8、9』岩波書店　一九九五～九六年
同著、岡義武編『吉野作造評論集』岩波文庫　一九七五年
同著、松尾尊兊編『中国・朝鮮論』平凡社ワイド版東洋文庫　二〇〇六年
李秀烈「『民本主義と帝国主義』再考」『比較社会文化研究』11号　九州大学大学院比較社会文化研究科　二〇〇二年

## 第七章

朝日新聞百年史編修委員会編『朝日新聞社史』大正・昭和戦前編　一九九五年
朝日新聞山形支局『ある憲兵の記録』朝日文庫　一九九一年
有山輝雄『「中立」新聞の形成』世界思想社　二〇〇八年
宇垣一成『宇垣一成日記』オンデマンド版　みすず書房　二〇一〇年
緒方貞子『満州事変』岩波現代文庫　二〇一一年（原著は原書房　一九六六年）
掛川トミ子「マス・メディアの統制と対米論調」細谷千博など編『日米関係史　開戦に至る十年4』所収　東京大学出版会　一九七二年
加藤陽子『満州事変から日中戦争へ』岩波新書　二〇〇七年
川田稔『昭和陸軍の軌跡』中公新書　二〇一一年
河本大作「河本大作手記」半藤一利編著『昭和史探索1』所収　ちくま文庫　二〇〇六年
幣原喜重郎『外交五十年』中公文庫　一九八七年（原著は読売新聞社　一九五一年）

杉山栄一郎編『五十人の新聞人』電通　一九五五年
佃隆一郎「〝国防〟運動と〝軍都・豊橋〟上・下」『愛知大学国際問題研究所紀要一〇七、一〇八号』一九九七年
長谷川如是閑「『大阪朝日』から『我等』へ」『我等』創刊号　一九一九年
藤村道生「国家総力戦体制とクーデター計画」三輪公忠編『再考・太平洋戦争前夜』所収　創世記　一九八一年
保阪正康『昭和陸軍の研究　上・下』朝日選書　二〇一八年


## 第八章

『現代史資料7　満州事変』みすず書房　一九六四年
『現代史資料11　続・満州事変』みすず書房　一九六五年
朝日新聞社『朝日新聞七十年小史』一九四九年
朝日新聞社社史編修室編『朝日新聞の九十年』一九六九年
朝日新聞「新聞と戦争」取材班『新聞と戦争　上・下』朝日文庫　二〇一一年
前坂俊之『太平洋戦争と新聞』講談社学術文庫　二〇〇七年
山本武利『近代日本の新聞読者層』法政大学出版局　一九八一年
由井正臣『軍部と民衆統合』岩波書店　二〇〇九年
吉野作造「我憲政の回顧と前望」『我等』創刊号　一九一九年
リップマン，W『世論　上・下』掛川トミ子訳　岩波文庫　一九八七年（原著は一九二二年）
池田一之『記者たちの満州事変』人間の科学社　二〇〇〇年
石原莞爾著、角田順編『石原莞爾資料　国防論策篇』原書房　一九六七年
今西光男『新聞　資本と経営の昭和史』朝日選書　二〇〇七年
臼井勝美『満州事変』中公新書　一九七四年
江口圭一『日本帝国主義史論』青木書店　一九七五年

同「満州事変と地方新聞――『新愛知』『名古屋新聞』の場合」『愛知大学国際問題研究所紀要六四号』一九七八年
川田稔『満州事変と政党政治』講談社選書メチエ　二〇一〇年
日本国際政治学会編『太平洋戦争への道1、2』朝日新聞社　一九六二～六三年
原田熊雄述『西園寺公と政局』岩波書店　一九五〇～五六年
半藤一利編著『昭和史探索』全六巻　ちくま文庫　二〇〇六～〇七年
同著『戦う石橋湛山　新装版』東洋経済新報社　二〇〇八年
藤原彰・功刀俊洋編『資料　日本現代史8　満州事変と国民動員』大月書店　一九八三年
毎日新聞百年史刊行委員会編『毎日新聞百年史』一九七二年
前芝確三『体験的昭和史』雄渾社　一九六八年
三国一朗など編『昭和史探訪1』角川文庫　一九八五年
ヤング，L『総動員帝国』岩波書店　二〇〇一年

## 第九章

石橋湛山著、長幸男など編『石橋湛山著作集』全四巻　東洋経済新報社　一九九五～九六年
同著、松尾尊兊編『石橋湛山評論集』岩波文庫　一九八四年
同著『湛山回想』岩波文庫　一九八五年
上田美和『石橋湛山論』吉川弘文館　二〇一二年
田中王堂『福澤諭吉』実業之世界社　一九一五年
船橋洋一『湛山読本』東洋経済新報社　二〇一五年
松井慎一郎『近代日本における功利と道義』北樹出版　二〇一八年
松尾尊兊「急進的自由主義の成立過程」井上清・渡部徹編『大正期の急進的自由主義』所収　東洋経済新報社　一九七二年

## 第十章

橘樸著、橘樸著作集刊行委員会編『橘樸著作集』全三巻　勁草書房　一九六六年
増田渉『魯迅の印象』角川選書　一九七〇年
山本秀夫『橘樸』中公叢書　一九七七年
同編『橘樸と中国』勁草書房　一九九〇年

## 第十一章

『現代史資料　ゾルゲ事件（一）（二）（三）』みすず書房　一九六二年
伊藤律『伊藤律回想録』文芸春秋　一九九三年
今井清一・藤井昇三編『尾崎秀実の中国研究』アジア経済研究所　一九八三年
尾崎秀実『尾崎秀実著作集』全五巻　勁草書房　一九七七～七九年
風間道太郎『尾崎秀実伝』法政大学出版局　一九六八年
川合貞吉『ある革命家の回想』谷沢書房　一九八三年
小林英夫『満鉄調査部』講談社学術文庫　二〇一五年
酒井三郎『昭和研究会』中公文庫　一九九二年（原本はTBSブリタニカ　一九七九年）
ジョンソン，チャルマーズ『尾崎・ゾルゲ事件』弘文堂　一九六六年（改訂版『ゾルゲ事件とは何か』岩波現代文庫　二〇一三年）
橘樸著、橘樸著作集刊行委員会編『橘樸著作集　第3巻』勁草書房　一九六六年
松本重治『上海時代　上・中・下』中公新書　一九七四～七五年
渡部富哉『偽りの烙印』五月書房　一九九三年

## ▼ 一般用語

## ▼ 専門用語

# 索引

## ▼ 人名

## ◎ 著者略歴


### 高井潔司（たかい・きよし）


神戸市生まれ。都立大泉高校、東京外国語大学中国語学科卒。

1972年、読売新聞社入社、テヘラン、上海、北京特派員を歴任、論説委員を最後に1999年退職。イラン・イラク戦争、ホメイニ革命、胡耀邦失脚事件、天安門事件、鄧小平死去及び中国の改革・開放政策の展開を現地で取材。

2000年北海道大学大学院国際広報メディア研究科教授、2012年同大学名誉教授。同年桜美林大学リベラルアーツ学群教授。2019年退職。

中国メディア研究を中心に、日中関係、現代中国を論じている。

**主な著作、翻訳**

単著／『甦る自由都市上海』（読売新聞社、1993年）、『中国情報の読み方』（蒼蒼社、1996年）、『21世紀中国の読み方』（蒼蒼社、1998年）、編著『現代中国を知るための55章』（明石書店、2000年）、『中国報道の読み方』（岩波書店、2002年）、『中国文化強国宣言批判』（蒼蒼社、2011年）

共著／『「中国」の時代』（三田出版会、1995年）、『新聞ジャーナリズム論』（桜美林大学北東アジア総合研究所、2013年）

共編著／『日中相互理解のための中国ナショナリズムとメディア分析』（明石書店、2005年）

共訳／『中国における報道の自由』（桜美林大学北東アジア総合研究所、2013年）

など多数。

# 民族自決《みんぞくじけつ》と非戦《ひせん》

## 大正《たいしょう》デモクラシー中国論《ちゅうごくろん》の命運《めいうん》

令和6年(2024年) 11月11日　第1刷発行

著者　高井潔司

発行者　川端幸夫

発行　集広舎

〒812-0035 福岡県福岡市博多区中呉服町5番23号
電話 092-271-3767　FAX 092-272-2946
https://shukousha.com/

造本・装幀　月ヶ瀬悠次郎
校正・校閲　校書青信堂

印刷・製本　モリモト印刷株式会社


ISBN 978-4-86735-054-6 C0021